朋辈心理互助员培训教程

主　　编：张江华

副主编：马晓虹

编　　委：（按姓氏拼音排序）

姜美霞　谭林湘

谭　鑫　熊　燕

中南大学出版社
www.csupress.com.cn

·长沙·

图书在版编目(CIP)数据

朋辈心理互助员培训教程 / 张江华主编. —长沙：
中南大学出版社，2020.9(2022.3 重印)
　ISBN 978-7-5487-4182-4

　Ⅰ．①朋… Ⅱ．①张… Ⅲ．①心理辅导—教材 Ⅳ.
①B849.1

中国版本图书馆 CIP 数据核字(2020)第 175872 号

朋辈心理互助员培训教程

主编　张江华

□出 版 人　吴湘华
□责任编辑　杨　贝　陈雪萍
□责任印制　唐　曦
□出版发行　中南大学出版社
　　　　　　社址：长沙市麓山南路　　　　邮编：410083
　　　　　　发行科电话：0731-88876770　传真：0731-88710482
□印　　装　长沙印通印刷有限公司

□开　　本　710 mm×1000 mm 1/16　□印张 14.5　□字数 284 千字
□互联网+图书　二维码内容　音频 38 分钟
□版　　次　2020 年 9 月第 1 版　□2022 年 3 月第 2 次印刷
□书　　号　ISBN 978-7-5487-4182-4
□定　　价　49.80 元

当我们在学习、工作、生活中遭遇到困难、挫折或打击的时候，当我们感到孤独、悲伤或无助的时候，我们往往会求助于身边的朋友，他们也会力所能及地给予我们建议、指导、帮助，以及情感上的关心、慰藉和鼓励。通过帮助我们，他们也丰富了自己的阅历，获得了价值感与成就感，实现了自我成长。如果这些朋友与我们年龄相当，生活背景相似，属于共同的社会群体，那么，实际上我们已经在自发地进行着朋辈心理互助，并取得了双赢的结果。

由于时代变迁的加速、社会问题的积累和社会竞争的加剧，青少年面临的社会、家庭、人际、学业、就业等方面的压力不断增加，各种心理问题日益凸显，单纯依靠学校有限的心理健康服务资源和自发的朋辈互助，已难以适应青少年健康成长和发展的需要。

国外高校对朋辈心理互助模式的探索和实践开始得比较早，如美国在20世纪60年代就开始了对朋辈心理咨询工作的探索，20世纪70年代后朋辈心理咨询在美国学校教育中得到了大规模的推广，如今已成为学校中普遍采用的同龄人互助方式。

21世纪初，我国高校开始探索并建立了班级心理委员制度，于2006年组织召开了全国首届班级心理委员工作机制研讨会，成立了全国高校心理委员研究协作组。从此，我国高校的朋辈心理互助工作迅速蓬勃发展，朋辈心理互助员队伍成为我国高校心理健康教育工作体系中的一支不可或缺的骨干力量，在促进大学生的身心健康和校园的和谐稳定方面发挥了巨大的作用。

朋辈心理互助员（简称互助员）在校园心理健康服务工作中有着得天独厚的优势。首先，目前各高校都建立了"校—院—班—寝"四级朋辈心理互助员队伍体系，层层关注，全员参与，实现了心理健康教育与服务工作的全时空覆盖。其次，因为与需要帮助的同学有共同的话题和生活情境，朋辈心理互助员具有天然的亲和力，不会给人距离感，不容易导致抵触情绪。而且，朋辈心理互助员与其他同学天天生活在一起，零距离接触，在及早发现、预防和干预同学中出现的心理危机方面具有不可替代的作用。

朋辈心理互助员是宣传员，积极在同学们中宣传普及心理健康知识；是信息员，及时发现出现心理异常状况需要帮助的同学；是教练员，用自己的阳光形象感染身边的同学，发挥榜样的力量；是联络员，上传下达，做好老师与同学之间沟通的桥梁；是战斗员，当同学需要帮助或需要进行危机干预时，挺身而出，协助老师做好同学的帮扶工作。

因此，不断完善朋辈心理互助员队伍的选拔、培养、管理与发展机制，建立一支层次分明、结构优化、数量稳定、素质优良的朋辈心理互助员队伍，对于切实做好高校心理健康教育工作有着重要而现实的意义。进行系统的心理健康知识学习，掌握必要的心理助人知识和技巧，是朋辈心理互助员胜任朋辈心理互助工作、实现自我成长的前提和基础。

我国高校长期以来的心理健康教育工作实践证明，学校心理健康教育工作的成效与朋辈心理互助员队伍作用的发挥息息相关，而朋辈心理互助员队伍作用的发挥又与朋辈心理互助员队伍培训的力度密不可分，一支经过系统培训、精干高效的朋辈心理互助员队伍是有效提升高校心理健康教育工作水平和防范大学生心理危机事件发生的重要保障。但目前市面上专门针对朋辈心理互助员队伍培训的教程还比较缺乏，因此，中南大学大学生心理健康教育中心经过长时间酝酿、深入调研和广泛征求意见，组织力量全力编写了这本朋辈心理互助员上岗培训教程，为朋辈心理互助员提供一个基本的心理助人知识和技能框架。本教程可用于学校进行朋辈心理互助员培训或供朋辈心理互助员自学，可作为学生工作干部特别是辅导员组织开展朋辈心理互助工作的参考资料，也可作为心理学爱好者或有心理助人意愿者的心理学知识读本。

大学生朋辈心理互助概述

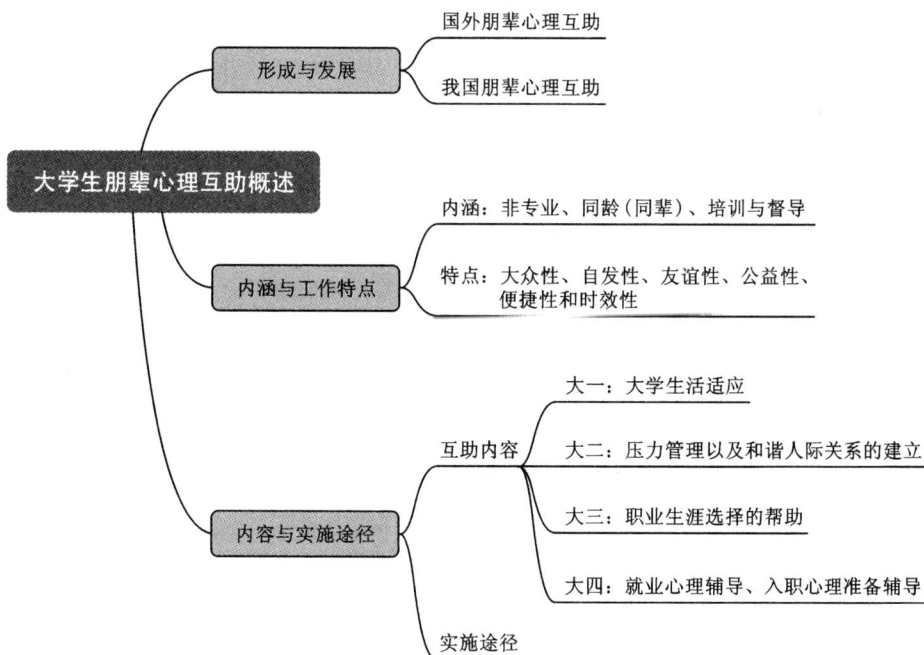

大学生朋辈心理互助概述

- 形成与发展
  - 国外朋辈心理互助
  - 我国朋辈心理互助

- 内涵与工作特点
  - 内涵：非专业、同龄（同辈）、培训与督导
  - 特点：大众性、自发性、友谊性、公益性、便捷性和时效性

- 内容与实施途径
  - 互助内容
    - 大一：大学生活适应
    - 大二：压力管理以及和谐人际关系的建立
    - 大三：职业生涯选择的帮助
    - 大四：就业心理辅导、入职心理准备辅导
  - 实施途径

处在文明高度发展下的当代大学生，是富于理性的、敏感的、有激情的，更是富有创造性、挑战性的，但是面对瞬息万变的社会、日趋激烈的竞争以及来自学习、专业、就业、经济和情感等诸多方面的压力，他们又往往不知所措。如果这些压力得不到及时有效的释放，就容易导致各种不同心理问题的产生，严重影响大学生身心健康，甚至会引发校园危机事件。近几十年来，学者们采用各种方法对大学生的心理健康状况进行了调查研究，结果表明，我国当代大学生的心理健康状况不容乐观，亟须在大学生中大力开展心理健康教育工作。

第一节
大学生朋辈心理互助的形成与发展

从目前的现实情况来看，大多数高校配备的专业心理健康教育工作者的数量非常有限，出现了心理健康教育工作的供给严重不足、无法满足学生心理卫生服务需求的尴尬状态。在现有的心理健康教育资源很难满足大学生的心理卫生服务需求的情况下，及时解决大学生成长过程中普遍存在的心理困惑和心理问题，必须发挥大学生的主观能动性，发挥同伴间的正向影响力。在这种背景下，大学生朋辈心理互助应运而生。近年来，朋辈心理互助已成为增强大学生心理素质、提高大学生心理健康水平的一种重要形式。

一、国外朋辈心理互助的形成与发展

朋辈心理互助起源于 20 世纪 20 年代的美国。《社会安全法案》《贫民健康保险》《儿童安全法案条款》等的相继出台，推动美国福利机构开始招募一些失业人员、社会青年及准备要休学的学生，并在对他们进行短暂的培训后，让他们担任社会福利领域的半专业协助者。朋辈心理辅导这种全新的心理工作模式就是在缺少专业水平人员的背景下迅速发展起来的。

20 世纪 60 年代，种族暴乱、校园骚乱等社会危机波及美国的家庭和学校。美国学校教育中的青少年教育任务日益繁重，而此时美国学校的教师以及能够辅导学生的专业心理教师均严重缺乏，虽然不断培养专业人员，但仍然无法满足学生适应及发展的需要。社会公众对此非常不满，要求重新设计教育并提倡以儿童为中心的教育。因此，半专业助人者再一次引起了教育专家和社会的高度重视。1965 年，卡库(Kaku)在他的著作中提出了训练"门外汉"成为半专业者的想法，指出半专业人员的功能不亚于专业人员。

1969 年，心理学家威兰德(Wieland)发表了她利用受训的高成就中学学生以团体咨询方式帮助低成就学生的研究报告,该研究报告是首篇报告美国学校朋辈心理辅导效果的论文,用数据证实了朋辈心理辅导在个体人格发展和学业成就上的效果。

1972 年,心理辅导专家汉姆伯格(Hamburg)和他的同事瓦伦霍斯特(Varenhorst)等人在美国加利福尼亚州发起了朋辈辅导运动,使朋辈心理辅导逐渐被大家熟悉和认可。

1973 年,依维(Ivory)和阿尔斯切勒(Alschelle)等人也表达了对朋辈互助理念的支持。

1984 年,美国成立全美朋辈互助者协会,后来更名为全美朋辈教育联合会。它是一个非营利性组织,聚集了全美 501 个致力于朋辈心理互助推广的合作伙伴,其中最多的是全美的中小学和大学,旨在共同探讨朋辈心理互助的发展问题,制定朋辈心理互助实施的统一标准,为朋辈心理互助计划的实施提供优质的理论和技术支持;其开展的活动主要包括举办年度大会、开办培训班、创办简报和专业性杂志《朋辈计划前瞻》。

20 世纪末,美国心理咨询领域关于朋辈心理互助的理论研究日渐成熟和深入,朋辈心理互助活动已经得到长足的发展和广泛的应用,在很多领域都取得了成功,特别是在学校心理辅导方面效果显著。

二、我国朋辈心理互助的形成与发展

20 世纪 70 年代初,朋辈心理互助的理念引入香港高校,引入时,将"peer psychological counseling"译为朋辈心理辅导,侧重协助同学认识自己、接纳自己,培养独立自主的能力和勇于面对困难、解决问题的能力,建立融洽的人际关系,充分发挥个人的潜能,以适应大学生活和社会环境。

在我国台湾地区,朋辈被称为"同侪",因此朋辈心理互助就被称为"同侪辅导"。20 世纪 80 年代,我国台湾地区的各级学校心理辅导体制已经逐步确立,社会及医疗机构附设的辅导机构也日益增多,但是同样存在专业人员力量不足的问题,由此半专业的辅导者和同侪辅导者随即被纳入辅导系统。20 世纪 90 年代,我国台湾地区大专院校已有 72.7%设置了协助推动辅导工作的学生组织,其中有 54.5%为心理辅导义工。

我国大陆地区高校的心理互助起步较晚,而作为高校心理教育重要补充的朋辈心理互助,最早大约是在 2003 年至 2004 年间以"心理委员"的形式出现在浙江海洋学院和天津大学。在理论研究方面最早出版的书籍是陈国海、刘勇编著的《心理倾诉——朋辈心理咨询》(2001 年,暨南大学出版社),此书是我国大陆地区朋辈心理互助的开山之作,对我国大陆地区朋辈心理互助的发展起到了非常重要的指引作用。2003年，学者孙炳海、孙怡开始公开发表此方面的学术论文。随后，越来越多的学者和教育工作者开始关注朋辈心理互助问题，朋辈心理互助逐渐发展起来。在理论研究的同时，朋辈心理互助的实践尤其是大学生朋辈心理互助的实践也在摸索中逐步发展起来。

2006年，在天津大学心理学教授詹启生先生的推动下，组建了全国心理委员工作协作组，至2021年，已在全国举办了十五届全国心理委员工作研讨会，大力推动了高校朋辈心理互助工作的进程。

知识拓展

全国高校心理委员研究协作组简介

全国高校心理委员研究协作组隶属于中国心理学会心理危机干预工作委员会，其性质属于非营利性学术组织。该组织的宗旨为：研究推动全国心理委员工作，协助提升学生心理健康水平。所有积极参加心理委员研究工作、开拓创新心理委员的服务与实践的参会单位都可以申请成为会员单位。

至今，全国高校心理委员研究协作组共有理事单位177所（排名不分先后）：天津大学、复旦大学、中国科技大学、中南大学、中山大学、中国农业大学、北京交通大学、北京林业大学、西安交通大学、浙江海洋大学、山东理工大学、中国药科大学、广西大学、合肥工业大学、首都师范大学、陕西理工大学、天津交通职业学院、西安电子科技大学、华北电力大学、东北林业大学、南京师范大学、黑龙江大学、华东理工大学、长安大学、北京理工大学、西北工业大学、南阳理工学院、江苏大学、南京大学、河南工业大学、安徽财经大学、河北大学工商学院、江西师范大学、扬州大学、同济大学、中国科学院大学、东南大学、云南大学、西安石油大学、河北工业大学、滨州学院、南京信息职业技术学院、苏州大学、广西师范大学、西南财经大学、南京工业大学、华中农业大学、广东海洋大学、新乡学院、陕西科技大学、南通大学、吉林师范大学、西安培华学院、南京航空航天大学、西北大学、兰州大学、福建中医药大学、江西中医药大学、西南科技大学、福州大学、洛阳师范学院、岭南师范学院、太原理工大学现代科技学院、四川师范大学、武汉理工大学、安徽大学、河南中医药大学、山东农业大学、贵州大学、重庆大学、滁州学院、新疆财经大学、齐鲁师范学院、天津商业大学、浙江师范大学等。

第二节
大学生朋辈心理互助的内涵与工作特点

人们通常愿意听取年龄相仿、知识背景相似和兴趣爱好相近的同伴、朋友的意见和建议，青少年尤其如此。有关学者的调查研究显示：在回答"我碰到问题首先找谁商量"时，找同伴的占70%，找父母的占10%，找老师的占8%，其他占12%。这项调查结果正佐证了这一点。特别是在一些敏感问题上，同伴的意见和建议较易被听取或采纳。大学生朋辈心理互助就是利用同伴间的这些积极因素在同伴间开展心理健康教育工作。

一、大学生朋辈心理互助的内涵

朋辈，即友好的"同辈"之意。同龄者或年龄相仿者，属于同一个社会群体，通常拥有相似的价值观念、经验、生活方式，具有年龄相近或拥有相似关注点或者经历着相似问题等共同点。

互助，就是相互帮助的意思。美国著名社会心理学家马斯洛(Maslow)的需求层次理论认为，人与人之间是充满友爱的，人人都是富有同情心且希望得到关心和照顾的，每个人都有从心理上帮助他人的需要和行为，同样也都有得到别人帮助的心理需求。

心理互助，就是人们在心理上互相安慰、鼓励、劝导和支持，一般主要发生在同龄人身上。发生在大学生群体中的心理互助就是大学生朋辈心理互助。

从广义上来讲，大学生朋辈心理互助提供的是一种大学生与大学生之间平等、友爱的氛围，激发大学生之间相互关心和帮助，是一个"助人自助"的过程，在帮助别人的同时也促进了自我的发展，当自己需要帮助的时候也可能得到来自他人的帮助。

从狭义上来讲，大学生朋辈心理互助特指受过一定专业心理助人技巧培训的大学生朋辈心理互助员，在专业心理咨询教师的指导下，深入同学之中开展心理帮助的活动。马歇尔夫(Mamarchev)曾把朋辈心理互助定义为"非专业心理工作者经过选拔、培训和监督，向寻求帮助的年龄相当的受助者，提供具有心理咨询功能的人际帮助的过程"。而本书中，所取的是大学生朋辈心理互助的狭义定义。

从大学生朋辈心理互助的内涵来看，大学生朋辈心理互助与其他心理助人工作相比，有以下几个方面的特殊性：

第一，朋辈心理互助是发生在大学生与大学生之间的，朋辈心理互助员来自普通大学生群体，他们是以学生的身份参与学生心理健康教育与心理助人工作的。

第二，大学生朋辈心理互助员虽然接受了一定的专业心理助人技巧培训，但其专业水平依然十分有限，在其助人工作中不能大包大揽，有别于专业的心理助人工作。其主要的职责是提升朋辈的心理素质水平，及时发现大学生朋辈存在的心理危机，为处在心理危机状态下的朋辈提供积极的心理支持、心理疏导，并将危机信息及时传递给专业的心理健康教育工作者并协助其开展工作。

第三，大学生朋辈心理互助，是大学生朋辈之间互助互长的过程，是一个助人—自助—互助的过程。班杜拉（Bandura）认为，人的行为，特别是人的复杂的行为主要是后天习得的。后天习得有两种不同的过程：一种是通过直接的经验获得行为反应模式的过程；另一种是通过观察示范者的行为而习得行为的过程。高校中，接受过培训的朋辈心理互助员是大学生心理互助活动开展的主体和重要力量，他们都经过了严格的选拔和系统的培训，不仅具有一定的心理专业知识和助人能力，而且具有乐于助人、无私奉献、责任心强、善于倾听等人格特点。这些特点有助于他们和学生建立良好的关系。在相互沟通和交流的过程中，这些优秀的品质潜移默化地影响到其他同学，影响到周围的人。其他同学会以朋辈心理互助员为榜样，自觉不自觉地去观察和模仿他们的行为，并不断进行自我强化。而朋辈心理互助员在经验助人的过程中，可以透过受助者的问题反思自己的过往经历或提醒自己可以如何预防或应对该类还未遇到的问题等来思考人生，让自己获得成长，还可以通过在经验助人过程接触的人生百态中，学会怎样面对生活、接受生活；还可以通过在经验助人过程中获得的价值感和意义感来肯定自己，认可自己。

二、大学生朋辈心理互助工作的特点

大学生朋辈心理互助工作有以下几个特点。

1. 大众性

对于大学生而言，影响他们最大的是与他们年龄相仿的同伴，而不是父母、老师或其他人。许多调查都表明，当大学生遇到心理困扰时，大多数首先想到的寻求帮助的对象就是他们身边的同学、朋友，而不是心理咨询老师或其他社会工作者。朋辈心理互助的对象就是朋辈心理互助员身边的广大同辈，在某种意义上比心理咨询所能服务到的对象更多，受众面更广，具有大众化特点，是学校专业心理咨询的一个非常重要的补充形式。

2. 自发性

人在遇到自身无法克服的心理困扰时，会本能地向外寻求帮助。由于人的利他性本质，被求助的人也会自动和自发地给予接待、理解和关心。而在这个付出的过程中，助人者通过发挥自己的能力，获得自我价值感和自我认同感的提升，这份提升的愉悦感也可以推动他们积极助人。朋辈心理互助就是具有这一特征的同学之间的一种自发的互帮互助的利他行为。

3. 友谊性

同学之间，因为相仿的年龄、相似的教育背景、相近的成长经历以及相同的成长话题，很容易沟通和引起情感共鸣，也很容易理解彼此、接纳彼此。所以，受困朋辈与朋辈心理互助员之间会有着深厚的同辈情谊作为情感基础，容易打开心扉，相互信任。

4. 公益性

朋辈心理互助是一种公益性活动，不涉及任何经济利益和经济上的交换，全凭朋辈心理互助员的一颗良善、乐于奉献的心以及助人自助的信念。"送人玫瑰，手留余香。"朋辈互助者也可以从助人过程中收获快乐与成长。

5. 便捷性和时效性

朋辈心理互助员本就来源于同学之中，能广泛地、近距离地和同学接触，他们往往更容易在第一时间内发现朋辈问题，也更容易在第一时间及时与受困朋辈沟通，也最能设身处地地理解朋辈的烦恼，可以提高心理干预的时效性。

第三节
大学生朋辈心理互助的内容与实施途径

一、大学生朋辈心理互助的内容

大学生朋辈心理互助内容架构(以学制四年制为例)如图 1-1 所示。

(一)不同年级的互助主题

不同年级的学生具有不同的心理特征，容易发生的主要心理问题也有所不同。因此，有必要根据不同年级学生的生活学习特点和心理发展规律，建立大学生朋辈心理互助内容体系。

1. 大一：侧重于大学生活适应

很多大学新生第一次离开父母，千里迢迢求学他乡，来到一个全新而陌生的环境，会体验到来自各方面的适应性压力，有环境的、人际的、学习的、生活

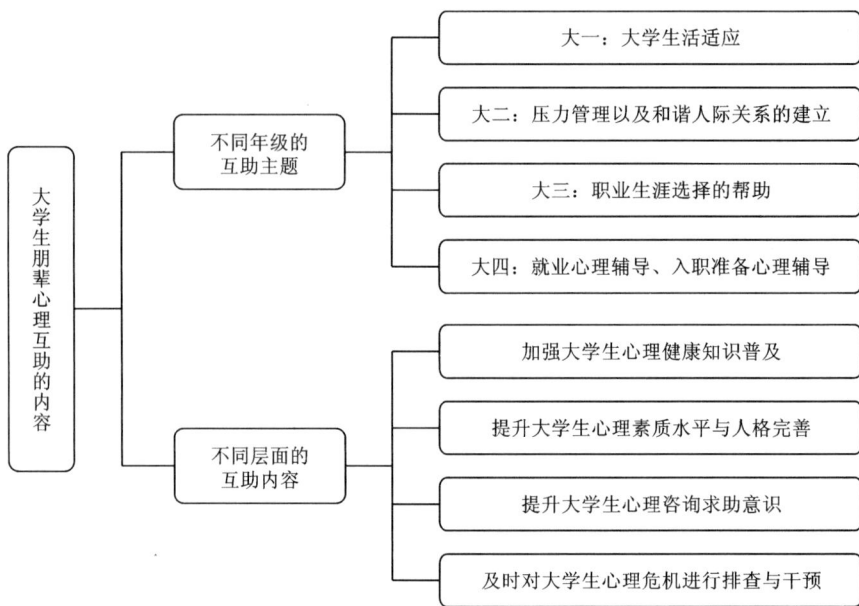

图1-1 大学生朋辈心理互助的内容

的等。这种适应性压力会让新生产生恐惧、焦虑、沮丧等负性情绪，而这些负性情绪反过来又会阻碍新生适应大学生活。如此循环，就会导致各种新生适应性问题的出现。这时应对他们开展适应大学生活、了解大学学习特点、提升耐挫折能力以及大学四年生活规划等方面的训练，让他们掌握一些基本的心理解压方法，改变高中时期应试教育的学习方法，注重自我身心健康。

2. 大二：侧重于压力管理以及和谐人际关系的建立

这个时候的大学生，度过了大一的适应期后，学业压力、人际压力、情感压力和自身全面成长的压力成为他们需要面对的主要问题。所以，大二阶段心理互助的主要内容是让学生学会直面各种压力、应对各种压力并管理压力，掌握人际交往规律、学会处理与异性的关系和交往。

3. 大三：侧重于职业生涯选择的帮助

大三，对于很多大学生来说，是一个十字路口，他们将面对多个人生选择：考研、出国、创业、就业、参加公务员考试等，不知如何选择，不知到底走哪条路对于自己来说才是正确的。这种无法确定会让学生十分焦虑、烦躁，也使其无心其他。所以，朋辈心理互助员可以组织开展各种与职业生涯选择主题有关的活动帮助同学们更好地了解社会各方面的相关信息，更好地了解自己、了解自己的资源优势，促使其人生方向逐渐清晰化，缓解那份不确定带来的焦躁，让同学们能带着一份清晰的坚定继续朝前走。

4. 大四：侧重于就业心理辅导、入职心理准备辅导

大四阶段的学生面临毕业，其心理问题主要因求职择业造成，也有因考研、恋爱以及入职前的焦虑等造成的。心理互助重点可以放在开展就业心理辅导、入职心理准备辅导等主题上。

(二) 不同层面的互助内容

1. 加强大学生心理健康知识普及

利用课堂教学、主题讲座、网络媒体进行各种心理健康知识的宣传与普及，加强同学们关注自身心理健康、维护心理健康的意识。

2. 提升大学生心理素质水平

有针对性地开展各种校园心理文化活动，提升同学们的心理素质水平。

3. 提升大学生心理咨询求助意识

帮助有心理困难的同学知晓学校提供的心理咨询服务并引导其及时前往心理咨询室接受心理辅导。

4. 及时对大学生心理危机进行排查与干预

注意发现学生中出现的各种心理异常现象，给予力所能及的帮助并及时向班主任、学校心理健康辅导教师反映，使其尽快得到专业帮助；协助学院老师处理各种心理危机事件以及危机过后的后续工作。

二、大学生朋辈心理互助的实施途径

1. 网络媒体平台

充分利用学校广播、网络、校刊、校报、橱窗、海报、展板等宣传媒体，多渠道地正面宣传、普及心理健康知识，宣传心理保健和调适方法，以提高学生的心理自我调适能力，培养学生寻求社会支持的意识以及积极适应社会的能力。

2. 校园心理文化活动平台

以校园心理文化活动平台为载体，开展多姿多彩的校园心理文化活动，丰富大家的课余生活、精神生活。

3. 学校图书资源

充分利用学校图书资源，建立朋辈互助读书阅览室，开展主题读书会。"读史使人明智，读诗使人灵秀……凡有所学，皆成性格。"我国汉代文学家刘

向认为："书犹药也，善读之可以医愚。"朋辈心理互助员可以定期开展各种主题的读书会活动，分享读书心得和体会，并把读过的好书分享给其他同伴。这样朋辈之间积极、正面的影响也有利于加强学生之间的相互交流、促进学生的心理健康。

4. 班团活动

针对班级的整体情况，利用班会、团日活动，开展各种形式的主题心理班会，提高班级凝聚力和整体心理健康水平。

5. 课堂教学、专题讲座

利用校级心理健康教育中心的专业教师资源和专业设备，开展各种主题的专业讲座，组织学生参观校心理健康教育中心，体验各种专业设备，更好地了解心理健康教育工作，从而引导学生正确认知心理咨询、心理辅导，提高其心理求助动机。

6. 团体心理辅导

当有相同问题的同伴比较多时，可以采用省时省力又具有较强参与性、互动性、体验性的团体心理辅导和训练活动，这也是非常有效的一种心理辅导。

7. 一对一个体心理帮扶

对一些特殊的个体遇到的特殊性发展问题，进行一对一的个体心理帮扶，有针对性地进行情感支持与经验帮扶的心理辅导。当然，如有遇严重问题的朋辈或自己无法帮扶到的朋辈，可以转介到学校心理健康教育中心。

课堂互动

1. 分小组谈谈你参加大学生朋辈心理互助工作的初衷。
2. 结合本章学习内容，谈谈你对朋辈心理互助工作的理解。

第二章

大学生朋辈心理互助队伍的建设

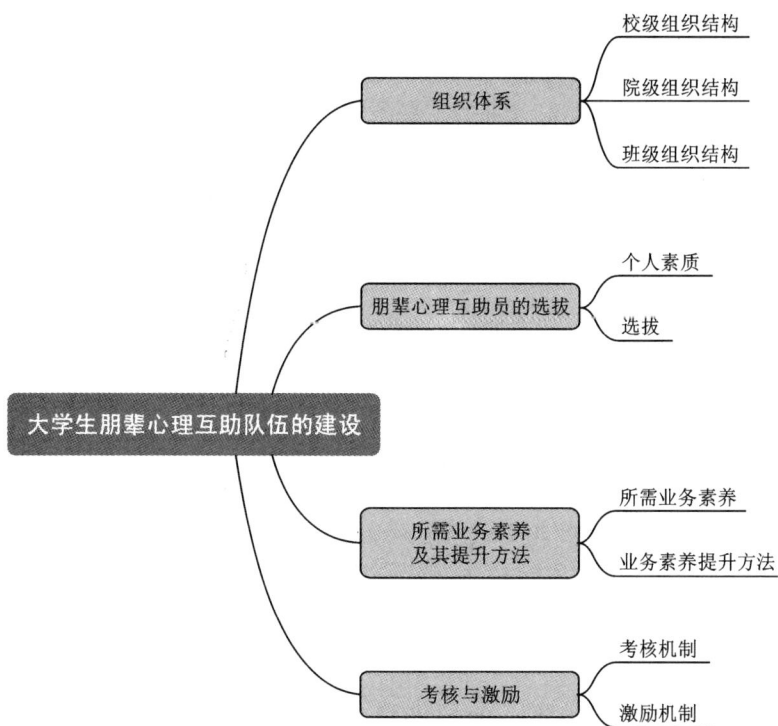

```
                                    ┌─ 校级组织结构
                        组织体系 ────┼─ 院级组织结构
                                    └─ 班级组织结构


                   朋辈心理互助员的选拔 ──┬─ 个人素质
                                        └─ 选拔

大学生朋辈心理互助队伍的建设

                    所需业务素养      ┬─ 所需业务素养
                    及其提升方法      └─ 业务素养提升方法


                      考核与激励 ──┬─ 考核机制
                                  └─ 激励机制
```

高校心理健康教育工作的实践经验表明,大学生朋辈心理互助队伍是我国高校心理健康教育三级网络(学生—学院—学校)中的基础环节,主要任务是提供基层心理援助,在心理健康普及预防教育、一般心理问题疏导和心理危机预警三方面都是不可或缺的力量。

第一节
大学生朋辈心理互助队伍的组织体系

健全的大学生朋辈心理互助队伍的组织体系是朋辈心理助人工作的基础。从校级、院级、班级层面搭建一个环环相扣的朋辈心理互助队伍的组织网络体系是高校朋辈互助工作顺利开展的首要条件,各个层面的朋辈心理互助队伍的组织体系建设对朋辈心理互助的成效性有着直接影响。

一、校级大学生朋辈心理互助队伍的组织结构

学校可以在校级层面组建一个由校级朋辈心理互助队伍构成的组织,由校心理健康教育中心指导,统领院级、班级朋辈心理互助队伍,负责协助学校心理健康教育工作的开展,组织、指导各院大学生朋辈心理互助员开展相关活动。作为一个组织,其内部的组织架构必须层级清晰、职位明确、职责分工明朗,如会长、副会长、部长、干事分别设置多少岗位,每一个职级岗位须担负的职责与工作板块、工作流程、工作考核制度等。目前,许多高校在校级层面都设有这样一个组织,有很多学校将这样的一支队伍称为"大学生心理健康协会",简称"心协"。中南大学将这支队伍命名为"中南大学大学生朋辈心理互助联合会",简称"心联"。

中南大学大学生朋辈心理互助联合会组织架构图如图2-1所示。

二、院级大学生朋辈心理互助队伍的组织结构

高校各学院可以在自己学院内组建一个由学院朋辈心理互助队伍构成的学生朋辈组织(各高校各学院这支队伍的名称不一,中南大学各学院的这支队伍被称为"学院朋辈心理互助会"),隶属于学校朋辈心理互助组织,由学院心理辅导员指导,负责协助学院心理健康教育工作的开展以及校心理健康教育相关工作的落实。同样,作为一个组织,内部也须设置一个职位健全、部门健全、功能健全、制度健全的组织架构。

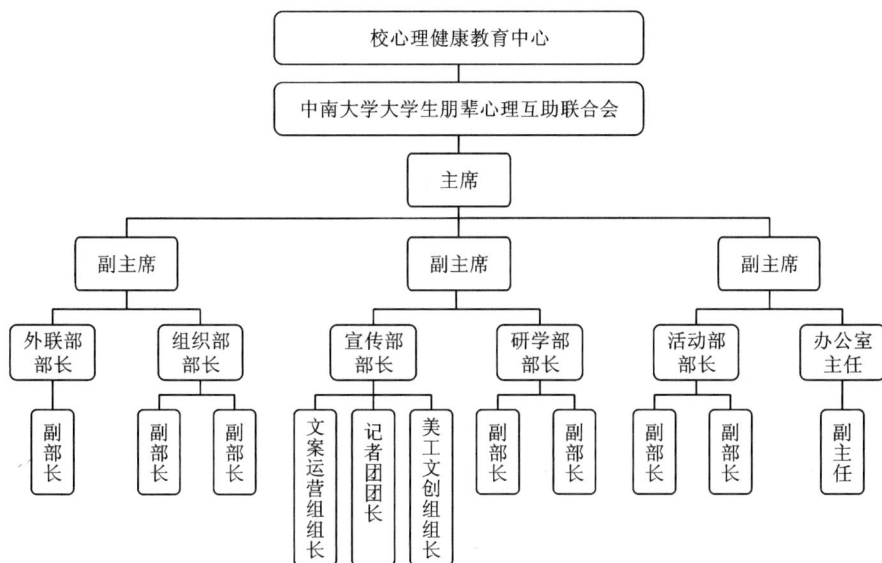

图 2-1　中南大学大学生朋辈心理互助联合会组织架构图

图 2-2、图 2-3 为中南大学化学化工学院、法学院的院级朋辈心理互助会的组织架构情况。

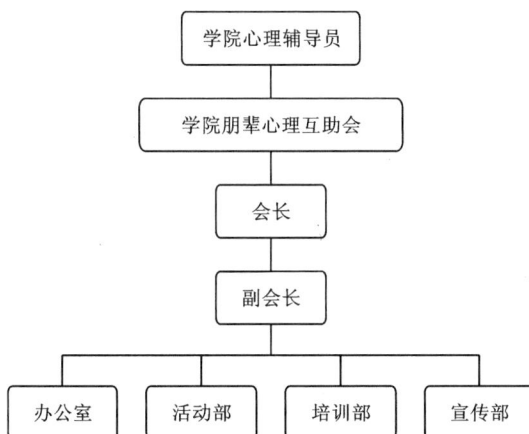

图 2-2　中南大学化学化工学院朋辈心理互助会组织架构图

13

策划特色心育活动　　　　开展线上心育互动　　　　监督心助队员工作
扩大心育覆盖范围　　　　打造优质宣传平台　　　　把握年级心理状况

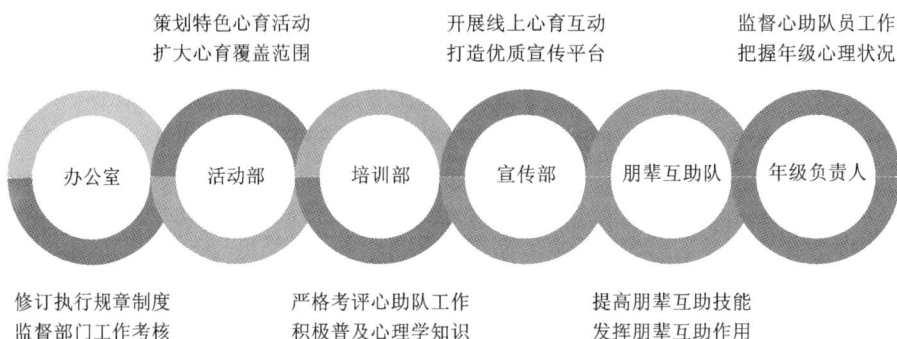

| 办公室 | 活动部 | 培训部 | 宣传部 | 朋辈互助队 | 年级负责人 |

修订执行规章制度　　　　严格考评心助队工作　　　　提高朋辈互助技能
监督部门工作考核　　　　积极普及心理学知识　　　　发挥朋辈互助作用

图 2-3　中南大学法学院朋辈心理互助会各职能部门分工图

三、班级大学生朋辈心理互助队伍的组织结构

学院各班级虽然是一个比较小的单位，但也是最基层的单位，可以及时了解学生需求、观察学生心理状态。这些信息的了解与获取，可以由班级朋辈心理互助员来进行。班级辅导员可以在班级组建一支以班级心理委员为首、以学生干部为辅(包括寝室长)的班级朋辈心理互助队，隶属于学院朋辈心理互助组织，负责组织开展班级心理健康教育工作以及落实学校、学院的相关心理健康活动。中南大学班级大学生朋辈心理互助队组织架构参见图 2-4。

图 2-4　中南大学班级大学生朋辈心理互助队组织架构图

第二节
大学生朋辈心理互助员的选拔

　　大学生朋辈心理互助虽然不是专业心理咨询、专业心理健康教育工作，但也是需要一定的个人素养和基本的心理助人知识和技巧才能达到理想的助人效果。所以，保证大学生朋辈心理互助效果的一个很重要的方面就是大学生朋辈心理互助员的选拔和培养。

一、大学生朋辈心理互助员的个人素质

　　目前，一些高校在朋辈心理互助员的选拔工作上操作不规范，选人时像选班委会其他干部一样，甚至还有让其他班干部兼任的情况，使朋辈助人效果大打折扣。造成这种随意选拔朋辈心理互助员现象的一个原因是不太了解朋辈心理互助员工作的特殊性以及朋辈心理互助员因其工作特殊性而应具备的个人素质。

　　学校心理辅导不同于一般的其他教育辅导，它的对象是个体抽象而复杂的十分隐秘的内心世界，具有一定的特殊性，而作为其重要补充形式的朋辈心理互助工作，服务的对象是一样的，其工作一样是具有特殊性的。所以，在选拔朋辈心理互助员时一定要先了解朋辈心理互助员应具备什么样的素质。

(一)朋辈心理互助员应具备助人品质

　　朋辈心理互助是一个自发助人的行为，如果由助人品质欠缺的人来执行，其助人行为很难达成，助人效果微乎其微甚至适得其反。助人品质包含了乐于助人、有爱心、有奉献精神、尊重关心他人、有耐心、亲切和蔼、遇事冷静、愿意敞开心扉、热情、给人安全感、大度宽容、心思细腻等。这些助人品质是胜任朋辈心理互助工作非常重要的维度，只有由具备这些助人品质的大学生来担任朋辈心理互助员，大学生朋辈心理互助工作才能很好地开展起来。

(二)朋辈心理互助员应具备积极的生活态度、稳重成熟的个性品质

　　心理帮助本身就是以一个生命去影响另一个生命的行为，在助人过程中，助人者自己就是一个可以利用的积极资源。朋辈心理互助员本身就是同辈的一个榜样典范，是同辈学习的范例，其学识水平、言谈举止、生活经验、稳重成熟性以及心理健康状况将直接影响来访的同辈，同时，也将影响同辈解决自己所遇到的问题的信心。有调查研究表明，67.9%的大学生最看重朋辈心理辅导员

的个人品质，具有稳定性、乐群性、敏感性、自律性、有恒性分值较高而世故性较低的人格特质的个体更适合担任朋辈心理互助员。所以，朋辈心理互助员应具备积极的生活态度、稳重成熟的个性品质，因为这是影响朋辈心理助人效果的一个十分重要的因素。

(三)朋辈心理互助员应有一个开放涵容的心，能以真诚、接纳的心态面对来访的同辈

朋辈可能会遭遇各种心理困扰，有些心理困扰不一定是朋辈心理互助员能在第一时间接受和认同的，甚至是与其三观相背离的，另外，遭遇心理困扰的朋辈的情绪、心理状态往往比较消极，甚至会有过激的言辞、极端的认知、不合常理的行为表现和情感反应，朋辈心理互助员都要以维护朋辈利益的原则试着去聆听、接纳、陪伴。所以，朋辈心理互助员必须有一个开放涵容的心，只有这样才能做到以真诚、接纳的心态面对来访的同辈。

(四)朋辈心理互助员应具备良好的人际沟通能力

朋辈心理互助的最大优势就是求询朋辈与施助朋辈之间的同学情谊与彼此信赖的关系，自然性的鸿沟小、防御性低、共通性大、互动性高。良好的人际沟通能力能够创建良好的人际关系。人际关系状况是最具影响力的互助式心理环境，人际关系对心情、情绪、心理乃至个性都有巨大的影响。良好的人际关系，使朋辈之间能够在知识和信息上充分交流，在思想、情绪、意向、态度等方面相互影响和促进，彼此进行有效的、积极的心理交换。

罗杰斯指出："咨询是一个过程，其间咨询员与当事人的关系能给予后者一种安全感，使其从容地开放自己，甚至可以正视自己过去曾否定的经验，然后把那些经验融合于已经转变了的自己，做出统合。"朋辈心理助人工作也是如此。

(五)朋辈心理互助员应具备较强的解决问题的能力，善于理智地分析与引导

朋辈心理互助实际是朋辈遇到心理困扰，寻求一个值得信赖的朋辈的帮助，希望其所信赖的朋辈能够理解并帮助其解决心中困扰的问题，是一个解决问题的过程。这就需要朋辈心理互助员具备一定的解决问题的能力，在面对朋辈的问题时，能保持镇静、自信，并客观、理性地分析朋辈当下的心理状态、遭遇的问题方向及严重程度，引导朋辈一起探讨问题的解决办法；在面对来访同辈突然出现的危机状态时，能保持头脑清醒、内心镇静，并随机应对。

二、大学生朋辈心理互助员的选拔

合格的大学生朋辈心理互助员是开展朋辈心理互助的前提条件。朋辈心理互助的效果在很大程度上有赖于朋辈心理互助员的潜质。朋辈心理互助员的选拔要遵循严格的选拔程序和标准。在其自愿参与的前提下，还应进行专业的心理测试和面试，以考察朋辈心理辅导人员的心理健康水平和人格特征等，从而筛选出最合适的人选。

(一)大学生朋辈心理互助员的选拔模式

目前，大学生朋辈心理互助员的选拔模式主要有两种，一种是先培养后选拔模式，另一种是先选拔后培训模式。前者侧重于在学生中普及心理健康知识，让更多的学生了解和掌握帮助自己、帮助他人的一些简单有效的方法和技巧；后者侧重于对半专业性质的心理互助人员的选拔。

1. 先培养后选拔模式

先培养后选拔模式就是学校心理健康教育中心先发通告招募有助人意愿的志愿者，组织起来集中进行系统的相关专业知识的培训，培训后进行所学专业知识的考核，然后进行面试，考核与朋辈心理互助工作相关的个人综合素质，符合要求的就颁发上岗证书。

这种模式的好处主要在于：第一，在培训的过程中，教授学生心理学的基本知识、人际沟通技巧、自我保健、自我调节方法等，使心理健康知识可以在学生中得到广泛普及；第二，志愿者在报名初期就清楚报名条件以及心理互助的工作性质和工作要求，能坚持参加培训的志愿者的内心经过了深思熟虑，已经对朋辈心理互助工作有了一定的认同，这是今后朋辈心理互助工作得以有效开展的一个基本保障。

2. 先选拔后培训模式

先选拔后培训模式，顾名思义，就是指对递交申请的大学生先通过一定的考核程序，将符合考核标准的同学留下来进行系统的相关专业知识的培训，结业后颁发上岗证书。这一模式的好处是其专业培训可以更具有针对性和专业性，但缺点是心理健康知识普及率没有先培养后选拔模式那么高。

(二)大学生朋辈心理互助员的选拔标准

有学者做了一个关于朋辈心理互助员的素质要求调查，结果发现，被调查者首选的是善于交流，其后依次排序是真诚善意、有责任心、热情开朗，排在第五位的是有一定的专业知识。这说明大学生最看重朋辈心理互助员的个人品质。这也提示，在选拔朋辈心理互助员时，首先要考察的是应聘学生的个人品质，如善于交流、真诚善意、有责任心等，其次才是考察专业技能。所以，大学生朋辈心理互助员的选拔可以从以下几个维度综合考虑(见图2-5)。

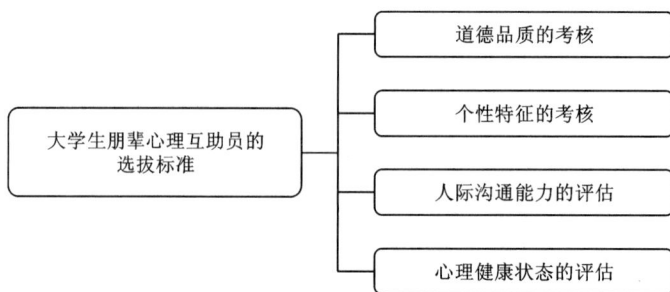

图 2-5 大学生朋辈心理互助员的选拔标准维度

1. 道德品质的考核

道德品质是一定社会或阶级的道德原则和规范在社会成员的思想和行为中的体现和凝结，是人们在处理自己同他人、同社会集体的利益关系时所形成的道德行为习惯。道德是一种为他人、为社会的献身精神，或者说是一种"服务"精神。一个有道德的人，就是要时时处处想到别人、想到国家、想到社会，从而使他人能够因为同自己相处而得到益处。有什么样的道德观，就会有什么样的思想品德和工作作风。大学生朋辈心理互助也是一种服务性质的工作，所以必须考核朋辈心理互助员的道德品质。建议可以通过非常熟悉、了解应聘者的老师、家人或朋友的推荐书来了解这部分的内容，也可以通过设计现场情景演绎来考核这个维度。

2. 个性特征的考核

心理学上所谓的个性（又称人格）指的是一个人在生活实践中经常表现出来的、比较稳定的、带有一定倾向性的个体心理特征的总和，主要体现在一个人的能力、兴趣、气质和性格上，它反映了一个人基本的精神面貌。人们常把那些在现实生活中表现出来的积极向上的心理特征，如勤劳勇敢、真诚热情、活泼开朗、积极乐观、开放的心态、友善、乐于助人、事业心、责任心、创造能力、良好的自控力等称作良好的个性品质。朋辈心理互助是一个助人的工作，是利用自身资源去影响对方的行为，所以个性特征的考核是很重要的环节。建议可以通过专业的个性心理测评工具来考评，也可以通过非常熟悉、了解应聘者的人的推荐书来了解这部分的内容，还可以通过设计现场情景演绎来考核这个维度。

3. 人际沟通能力的评估

人际沟通能力包括两部分的内容：一是指理解别人所表达的意思的能力，即信息接收能力；二是指清晰表达自己想表达的意思的能力，即信息表达能力。一个有效沟通，一定是信息接收和信息表达都比较准确、充分的一个过程。大学生朋辈心理互助工作的对象是人，所以在其互动中，人际沟通能力是一个不可忽视的因素。人际沟通能力可以通过日常对话或角色扮演中的对话质量来评估。

4. 心理健康状态的评估

开展大学生朋辈心理互助工作的大学生自身的心理健康状态肯定要是良好的。只有这样，才能去开展心理互助工作。组织者可以通过对其言行的观察、与之有较亲近关系的家人同学朋友对其的评价以及专业的大学生心理健康测评量表测评结果来综合评估这一指标。

(三)大学生朋辈心理互助员的选拔流程

大学生朋辈心理互助员选拔工作一般主要分为组织方发布招聘通知、递交申请书、组织面试、上岗前的专业考核、岗前实习、工作中的定期评估六个步骤进行。大学生朋辈心理互助员的选拔流程如图 2-6 所示。

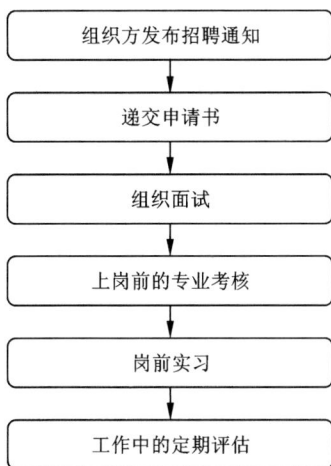

图 2-6　大学生朋辈心理互助员的选拔流程

1. 组织方发布招聘通知

朋辈心理互助工作是一项自主自愿的助人工作，所以，应采取自主自愿报名的方式来招聘朋辈心理互助员。组织方可以通过地面海报、互联网来发布招聘通知，让大学生对朋辈心理互助工作有一个基本了解，然后自行决定是否要递交申请书。

2. 递交申请书

有意愿的大学生向组织方递交意愿申请书，组织方通过申请书初步了解学生情况及其对此项工作的期望。

3. 组织面试

组织方可以通过各种途径和形式并根据大学生朋辈心理互助员的选拔标准进行多维度的考核，全面评估。

4. 上岗前的专业考核

上岗前需进行业务理论知识和助人技能的培训。培训完成之后，组织方进行上岗前的专业考核，考核内容包括基本的心理健康知识、心理调适技巧、助人技能的掌握、案例讨论、对此项工作的看法和感想以及对今后工作的设想等。

5. 岗前实习

可以给学生一个岗前实习时间段，让学生对此项工作有深入了解，进一步判断自己能否胜任此项工作。如果不适应可以申请退出。

6. 工作中的定期评估

为了督促朋辈心理互助员在工作时不松弛懈怠，对正式上岗了的大学生朋辈心理互助员要定期开展工作考核，如学期工作考核、年终工作考核。考核的方式可以从自评和他评两个方面进行。通过定期工作考核，可以发现其工作中存在的问题与不足，及时地给予有针对性的指导和帮助，同时，也可以为今后的大学生朋辈心理互助员的选拔、培训积累经验。

第三节
大学生朋辈心理互助员所需业务素养及其提升方法

一、大学生朋辈心理互助员所需业务素养

大学生朋辈心理互助既然是一项准专业性的工作，就意味着对朋辈心理互助员有着心理助人工作的专业要求，但又不能提出与专业心理助人工作者同等的要求。所以，大学生朋辈心理互助员培训的大纲应根据其工作性质分层次、有侧重、有针对性地安排。培训内容应侧重于一般心理健康知识、问题识别、如何建立良好的助人关系以及常见问题的应对等一般心理互助知识与技能，因

为朋辈心理互助员做的工作是最基层的，基本不涉及深层心理问题的处理。培训的具体内容可分为心理助人所需的基础知识、心理咨询所需的基本知识与基本技能、团体心理辅导所需的基本理论与操作方法，以及上岗培训。

(一)大学生朋辈心理助人所需的基础知识

1. 朋辈心理助人基本工作理念与对工作的认同

对于朋辈心理互助员来说，刚开始时，对自己身份的内涵、任务是不明确的，所以在培训中朋辈心理互助员首先要了解朋辈心理互助工作的基本概念、基本态度、工作职责、工作意义以及助人工作所需的心理素质和道德素质等，提升对朋辈心理互助员这一角色的认同感，实现从普通学生向朋辈心理互助员的转变与升华，对朋辈心理互助工作做到心中有谱，只有这样，头脑中才能产生工作设想、工作开展计划等，为上岗提前做一些准备。

2. 大学生常见的心理问题、心理障碍、心理疾病的识别、诊断与应对

高校心理助人工作的难点之一是及时发现出现心理异常的个体。处于危机之中的学生在平时的生活和学习中都会有一些具体的异常表现，朋辈心理互助员与同学朝夕相处、共同生活，其重要职能是能及时发现学生是否处于心理危机状态之中。学习相关的常见心理问题、心理障碍、心理疾病症状的识别方法，掌握基本的心理应对技术，就可以及时发现同学中存在的心理问题，掌握解决问题的主动权，切实做到心理问题及早发现、及时预防、有效干预。

3. 常见心理状态的调节方法

大学生朋辈心理互助员掌握常见心理状态的调节方法后，可以以各种宣传媒介为载体传播给其他大学生；可以在助人过程中介绍给来访的朋辈，提升助人效果；另外，还可以帮助朋辈心理互助员调整自身心理健康状态。

4. 心理危机干预基本知识与基本技能

心理危机是指"个体或群体运用惯常的应对方式无法处理目前所面临的困境时的一种心理失衡状态"。大学生经常会遭遇各种各样的事情，如考试挂科、失恋、丧亲以及一些自然灾难等，都会对他们带来不同程度的心理失衡，这时，可能就处于危机状态。当有心理危机的时候，就需要有助人者能及时进行干预。危机干预最主要的目的有两个：第一，帮助危机当事人减轻心理压力，阻断危机进一步发展的可能或预防新的危机的出现，如自伤或伤害他人。第二，恢复危机当事人的心理平衡和动力。对高校而言，危机干预不仅是保证大学生身心健康的一个重要举措，而且是一项关系到学生能否健康成长、学校能否稳定发展、家庭和社会能否和谐安定的重要工作。所以，高校相关部门应构建大

学生危机预警及干预工作机制，及时发现和有效控制学生中可能出现的心理危机，以降低心理危机的发生率。而朋辈心理互助员在危机干预中可以发挥不可替代的作用。所以，朋辈心理互助员应了解一定的心理危机干预的基本知识与基本技能。

（二）大学生朋辈心理辅导所需的基本知识与基本技能

1. 心理咨询的伦理守则

朋辈心理互助工作的一个方式就是朋辈心理咨询，虽然这只是一个准专业性质的心理咨询，但依然有一定的专业要求，所以需要掌握心理咨询学的主要知识点，尤其是心理咨询伦理守则与规范中的一些重要内容，如隐私权与保密性、专业关系等，一定是理解并要牢记于心。否则，有可能会伤害受助朋辈，也可能会伤害朋辈心理互助员自己。所以，在进行朋辈心理互助员培训时，这部分内容必不可少。

2. 朋辈心理互助关系建立的技巧

心理咨询是在人际关系的互动中进行的，其成功的关键是良好的心理咨询关系的建立，这就需要朋辈心理互助员对受助同学有足够的爱和真诚，能无条件地积极关注与接纳受助同学，成为他们的知音。同时，也需要掌握基本的沟通技能和技巧，如倾听技巧、反应技巧、会谈技巧等，站在受助朋辈的立场去理解他想要表达的内容和情感，不排斥、不歧视，鼓励其宣泄，帮助其澄清自己的想法。

3. 心理咨询的技术

朋辈心理互助不是一般意义的人际互助，它需要依托心理咨询的理论和技术。各学派的心理咨询技术例如精神分析、行为主义、人本主义、认知主义等学派的咨询技术都适用于朋辈心理辅导，但从多年实践过程中积累的经验来看，因为朋辈辅导的"准专业性"和"朋友""同辈"的特点，在诸多心理咨询学派中，一些便于朋辈心理互助员学习和掌握、有益于大学生心理成长的理论，如人本主义心理学、积极心理学、认知心理学、后现代心理咨询理论的咨询技术更适合作为朋辈心理互助工作的培训内容。

（三）大学生朋辈团体心理辅导所需的基本理论与操作方法

团体心理辅导是在团体情境下进行的一种心理辅导形式，它是通过团体内人际交互作用，促使个体在交往中观察、学习、体验，认识自我、探索自我、调整改善与他人的关系，学习新的态度与行为方式，以促进良好的适应与发展的助人过程。团体心理辅导是一种省时省力又能同时惠及众多大学生的心理健康教育方式。团体心理辅导突破了传统的教学和心理辅导模式，以形式新颖、生动有趣的团体游戏、活动为学生创设一个类似真实的社会生活情境，符合大学生的学习心理，这种寓教于乐的方式深受大学生喜欢，更易巩固辅导效果。将团体辅导引入大学生朋辈心理互助工作中来，对于优化和改善朋辈心理互助员的培训模式和工作内容是必要且可行的。因此，把团体心理辅导的基本理论与实际操作方法作为朋辈心理互助员培训的一个重要内容，是很有必要的。

(四)大学生朋辈心理互助员上岗培训

最后，在完成了朋辈心理互助员业务培训的全部内容后，在朋辈心理互助员正式上岗前，朋辈心理互助员还得进行最后一部分内容的了解，那就是学校、学院关于心理健康教育的相关政策、相关制度和相关工作内容。同时，也应参与新老朋辈心理互助员的交流座谈会，以进一步促进彼此认识、熟悉，做到更好地"老带新"，让新朋辈心理互助员更快适应其角色。

以上大学生朋辈所需要了解与掌握的相关知识与技能技巧在后续相应章节均有详细介绍。

二、大学生朋辈心理互助员业务素养提升方法

(一)自主学习业务知识

朋辈心理互助员在上岗前虽然已经接受了一定的专业知识和技能的培训，但对于心理互助工作来说，还是远远不够的，因为所服务的对象是一个动态的不断发展的个体，其服务对象所处的环境也是在不断发展变化的，会有很多新的问题、新的情况出现，朋辈心理互助员要能及时应对好这些新问题、新情况是很不容易的。心理助人是一个创造性的工作，每个服务对象不一样，每个服务对象所生存的环境不一样，没有一个"放之四海而皆准"的固定解决框架，心理助人者必须一人一策，针对不同的服务对象创造出合适的助人方法。这就要求心理助人者有比较过硬的专业功底和工作经验。所以，朋辈心理互助员除了参加学校、学院定期组织的专业学习之外，还要在课外自主学习更多的专业知识。

(二)定期接受专业指导

专业指导是指专业人员对朋辈心理互助员的业务学习与实践工作及时的、集中的，甚或一对一的指导与监督，不断提高后者对心理助人各流派理论的理解和实践能力。指导的意义在于为朋辈心理互助员在工作中遇到的问题提供及时的、具体的、恰当的帮助与指导。朋辈心理互助员都是由学生担任的，尽管他们经过了层层选拔，在上岗之前也经过了专业培训，但是在解决一般性的心

理问题时也会遇到比较棘手的个案,需要专业的心理咨询老师的指导;同时,朋辈心理互助员也需要不断地自我成长,需要定期接受专业的指导,提升其专业素质、助人能力、工作效率。所以,相关部门应定期组织朋辈心理互助员进行案例讨论,根据在朋辈心理互助实践中遇到的问题,设计后续培训内容,指导教师也可根据每一个朋辈心理互助员的情况进行有针对性的指导。

第四节
大学生朋辈心理互助队伍的考核与激励

朋辈心理互助工作具有隐秘性,而且出于保护同学的隐私的需要在很多场合无法谈及工作的具体情况,服务对象的复杂性也使工作难度加大,工作效果不明显,因而有时得不到同学的理解和认可,有些朋辈心理互助员容易沮丧灰心,自我身份认同出现困惑,工作积极性降低。

只有建立完善的朋辈心理互助队伍的考核机制和激励措施,才能在促进朋辈心理工作更加制度化、系统化、科学化、专业化的同时,有效地增强其工作动机,激发其工作积极性。

一、大学生朋辈心理互助队伍的考核机制

考核机制对于管理一支队伍而言是非常重要的。它既可以在一定层面约束队伍中的每一个人,树立良好的工作作风,也可以产生规范、职责分明、公平、公正的效应。所以,朋辈心理互助队伍应制定一个可以量化的评价指标体系,将朋辈心理互助员的培训参加情况、日常工作情况、业务能力水平以及到岗执勤、各种会议出勤情况等纳入考核指标体系,做到以考核促工作,以考核强管理,以考核全面提升朋辈心理互助服务质量,帮助朋辈互助人员提高工作效率,更好地发挥朋辈心理互助组织的作用。

二、大学生朋辈心理互助队伍的激励机制

当然,要加强朋辈心理互助员的工作动机,激发其工作积极性,仅有考核机制是不够的,不能让朋辈心理互助员一味地付出。应制定一定的激励措施,来肯定其工作表现与工作价值,如确立朋辈心理互助员和其他班干部一样的身份地位以及所拥有的评优评模的机会;每年度进行"优秀学生干部""十佳心理委员""优秀心灵信使""十佳心灵守护天使""优秀朋辈心理互助工作者"等的评选。

✎ 课 堂 互 动

　　分小组交流：作为朋辈心理互助员，你的优势和具备的条件有哪些，你的哪些部分需要进一步提升。

第 三 章

大学生朋辈心理互助员的工作开展

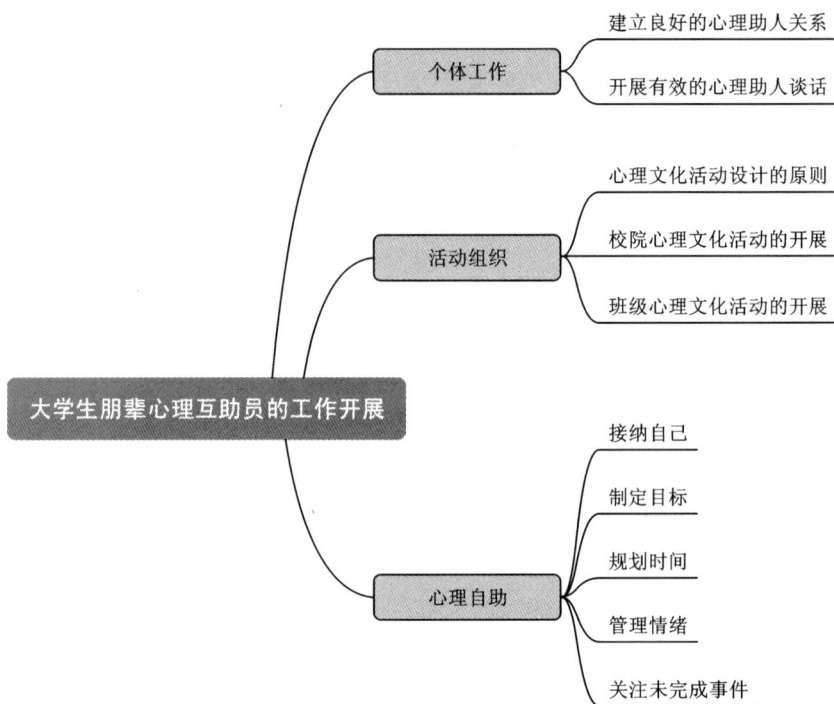

```
                                          ┌─ 建立良好的心理助人关系
                              ┌─ 个体工作 ─┤
                              │            └─ 开展有效的心理助人谈话
                              │
                              │            ┌─ 心理文化活动设计的原则
                              │            │
                              ├─ 活动组织 ─┼─ 校院心理文化活动的开展
大学生朋辈心理互助员的工作开展 ─┤            │
                              │            └─ 班级心理文化活动的开展
                              │
                              │            ┌─ 接纳自己
                              │            │
                              │            ├─ 制定目标
                              │            │
                              └─ 心理自助 ─┼─ 规划时间
                                           │
                                           ├─ 管理情绪
                                           │
                                           └─ 关注未完成事件
```

对于大学生朋辈心理互助员而言，日常的工作开展需要掌握的基本技能主要包括：与需要帮助的个体工作的技能，组织心理健康班团活动的技能以及自我调整心态的技能。

第一节
大学生朋辈心理互助的个体工作

作为朋辈心理互助员，要想帮助到朋辈来访者，首先需要了解他们需要帮助的原因，了解他们的真实情况，了解他们的内心感受。如何去了解来访者，怎样让他们信任朋辈心理互助员并打开心扉，这就需要朋辈心理互助员掌握基础的个体心理助人工作技能。

一、建立良好的心理助人关系

大学生朋辈心理互助员的基本工作就是以心理学和心理辅导的方法帮助身边遇到心理困扰的同学，在做心理助人工作时，助人关系的建立是助人效果获得特别重要的因素。

通常当人们遇到问题或困难时，相比不熟悉的人，大多数人都会去寻求信任的人的帮助，所以一段良好的助人关系是助人的基石。

建立良好的助人关系需要掌握一定的建立关系的技巧。美国心理学家卡尔·兰桑·罗杰斯（Carl Ransom Rogers）指出，助人者在与来访者建立关系时要做到的基本要素包括：尊重、真诚、倾听、共情、热情和积极关注等。此外，在建立助人关系时，具体化和即时化技巧也用得很多，对关系的建立有很好的帮助。本节将具体介绍这些技巧，希望通过介绍能让助人者更好地与来访者建立良好的助人关系。

(一)尊重

尊重来访者是有效助人的基础，也是对助人者最起码的要求。尊重来访者意味着对其完整地接纳，理解人与人之间彼此平等，对来访者以礼待人。同时，尊重意味着要去信任对方，保护对方的隐私，以真诚为基础。当助人者能做到尊重来访者时，就可以创造一个安全、温暖的氛围，使来访者最大程度地表达自己，获得一种自我价值感。

1. 完整接纳对方

要把来访者作为有思想感情、有生活追求和有独立性的活生生的人去对待，既要接纳其优点，也要接纳其缺点，并与之平等交流。有时我们对某些来访者的某些言行难以接受，比如，她(他)的某些想法很片面、无理，却又固执己见，这样就容易产生不满、反感，甚至流露出厌恶情绪，非常不利于助人工作的开展。

下面是一位同学和朋辈心理互助员的对话。

同学：我的问题自己能解决，不用你管。你不就是个朋辈心理互助员嘛，又不是专业的，别整天把自己当心理专家了。

朋辈心理互助员(语气平和)：你说得对，我的确不够专业，我只是接受过一些培训。但作为心理互助员，我有责任和义务去帮助每个同学。你的问题能够自己解决当然最好，如果需要，我愿意和你一起探讨。

在这个例子中，同学的话语带有明显的拒绝意味，但朋辈心理互助员平和接纳的态度会使对方产生信任，消除对方对互助员能力的怀疑和情感的阻抗。

2. 与对方彼此平等

朋辈心理互助员与每一个来访者在人格上是平等的，应当以平等、商量的口吻和他们交谈，而不能站在助人者自己的角度上，把自己的想法、观点和行为模式强加于来访者，更不能指手画脚地教训来访者。朋辈心理互助员应以平和的心态对待来访者，要控制自己的情绪并做到言语行为有礼貌，不嘲笑、不贬低，不发脾气。即使对方的言语有些偏激或者失礼，也应该始终宽容对待。

3. 理解对方的心理问题

生活中时刻都在发生各种各样的事情，按照常识和推理，有些事情是可以理解的，但有些现象和事情常常显得不可理喻，因而也就难以接受。朋辈心理互助员在日常工作中要尝试去理解他人以及他们的行为和心理问题，通过不断地学习心理学知识，找到与之相关的家庭环境、教育经历、生活经历等方面的原因。

(二)真诚

真诚是指朋辈心理互助员在助人过程中，以真我的形象出现在来访者面前，开诚布公，表里如一，真实可信地投身于助人关系。朋辈心理互助员的真诚能为来访者提供一个安全的氛围，为来访者树立榜样，来访者可以因此而受到鼓励，以真实的自我与来访者交流。

真诚是建立在对来访者关切和爱护的基础之上的，也建立在互助员接纳自己、自信谦和的条件之上。真诚的表达应当适度，如果运用不当就可能会起到反作用。因此，朋辈心理互助员在与来访者交往以及助人过程中表达真诚时要注意以下几点。

1. 真诚不等于说实话

表达贵在真与诚，但助人关系中的真诚不等同于简单的说实话。对于朋辈心理互助员来说，真诚应该是对来访者负责、有助于其改变的表达。因此，那些不利于来访者或者不利于沟通进行的话，一般不宜说。比如，"瞧你那样，难怪大家都不喜欢你"，这样的表达从有利于沟通的角度看，不适宜直接表达，可以改为"你的有些言行容易引起别人的误解，从而引发矛盾，是这样的吗?"这样的叙述，既表达了朋辈心理互助员的理解，也容易被同学接受。

2. 真诚不是自我发泄

朋辈心理互助员真诚信任地表达自己的想法和感受，可以为对方提供一个安全自由的氛围，让对方愿意表露自己隐藏在内心深处的创伤和痛苦。但真诚不是互助员情绪的自我发泄。

比如，一位因失恋受到创伤的朋辈心理互助员在与来访同学沟通时，由于同学的叙述勾起了她伤心的往事，于是她花了半个小时非常激动地向同学描述了自己的痛苦遭遇。这位朋辈心理互助员是有感而发，把自己的经历和来访者进行分享，但她只宣泄了自己的感情而没有重视来访者的感受，这样的表达不利于朋辈心理互助员榜样作用的树立，会产生负面效应。如果经过判断，朋辈心理互助员需要将自己的感情和成长经历讲述给对方听，此时讲述也需要节制，并且一定要结合对方的问题去谈，避免不顾对方的感受，只顾自己发泄情绪。

3. 真诚应该实事求是

朋辈心理互助员在与来访者的沟通交流中，一定要避免不懂装懂，避免掩饰自己在某些方面知识的薄弱和欠缺，否则会失去来访者的信任。另外，还要避免过分表现和装腔作势、在来访者面前表现出权威和完美，否则会使真诚度降低，拉大与来访者之间的距离，无形中给沟通增加困难。事实上，作为同学，来访者更愿意接受诚实坦率的朋辈心理互助员。

(三) 倾听

倾听是每个朋辈心理互助员的基本功，是建立良好的心理助人关系的基本要求。有些初学者往往以为心理助人工作主要是靠"讲"，而不知道最重要的是靠"听"。要做到善于倾听、用心去听、设身处地、积极参与、适当反应。

在倾听的过程中，朋辈心理互助员要体察对方的感觉。一个人的感觉往往比他思想更能引导他的行为，越不注意人感觉的真实面，就越不会彼此沟通。体察感觉，意思就是指将对方的话背后的情感复述出来，表示接受并了解他的感觉，有时会产生相当好的效果。比方说朋辈心理互助员可以这样表达："听起来对于同学们的评价你是很不满意的。"

在倾听的过程中，朋辈心理互助员要注意反馈。倾听别人的谈话要注意信息反馈，及时查证自己是否了解对方。为此，朋辈心理互助员不妨这样说："不知我是否了解你的话，你的意思是……"一旦确定了自己对对方的了解，就要进入积极实际的帮助和建议阶段。要抓住主要意思，不要被个别枝节吸引。善于倾听的人总是注意分析哪些内容是主要的，哪些是次要的，以便抓住事实背后的主要意思，避免造成误解。要关怀、了解、接受对方，鼓励或帮助对方寻求解决问题的途径。

在倾听的过程中，朋辈心理互助员要以理解的心态去对待来访者所遇到的困难及痛苦情绪，不能以一个旁观者的姿态，对来访者的感受冷眼相观或站在自己的立场上加以评判。否则，对方很容易出现心理阻抗。耐心、用心地倾听可以帮助来访者进行充分的宣泄，可以帮助朋辈心理互助员对来访者方方面面有深刻、切实的而不是表面、片面的了解。倾听的同时，要善于体会来访者对问题已有的看法。需要注意的是，积极的倾听应与来访者有目光接触，在身体语言上应向来访者方向倾斜，语音上应该柔和而坚定。在谈话过程中不要频繁地点头，不要过多地说"嗯哼""哦"等语气词，不要过多重复来访者的最后一个词。

在倾听过程中，要克服自我中心，不要总是谈论自己；要克服自以为是，不要总想占主导地位；要尊重对方，不要打断对话，要让对方把话说完，不能去深究那些不重要或不相关的细节而打断话。同时，不要激动，不要匆忙下结论，不要急于评价对方的观点，不要急切地表达建议，不要因为与对方不同的见解而产生激烈的争执。要仔细听对方说些什么，不要把精力放在思考怎样反驳对方所说的某一个具体的小的观点上。不要使你的思维跳跃得比说话者还快，不要试图理解对方还没有说出来的意思。

倾听需要注重一些细节：不要了解自己不应该知道的东西，不要做小动作，不要走神，不必介意别人讲话的特点。

总之，倾听是一个主动引导、积极思考、深入了解、澄清问题、表达关注和接纳、建立关系并参与帮助的过程，甚至有帮助、咨询的效果。所以，对于咨询新手，如果觉得自己不知道用什么谈话技巧去帮助来访者时，倾听永远是最好的方法。

（四）共情

共情一词来自英文"empathy"，也可译成通情、共情、同理心、神入，指的是设身处地、深入对方的内心世界去体验他的情感、思维。共情意味着助人者应走出自我，进入来访者的参照框，真正站在他人的角度，设身处地地去思考对方的问题。共情说起来容易，做起来却十分困难，因为每个人都有自己的价值体系、自己的生活经历，如何忘记自己进入他人的价值体系中去，这需要朋辈心理互助员们不断在实践中去练习。

心理测试

　　我们来做一个小游戏，请你伸出自己两只手的食指，摆一个"人字"给正对着你的人看！

　　温馨提示：摆个"人"字给正对着你的人看，给正对着你的人看，给正对着你的人看，重要的事情说三遍！

　　可能这时的你恍然大悟，把手交换过来了。刚刚你摆的"人"字，你自己看到的是"人"，而你正对着的人看到的是"入"喔！

　　设身处地，就是站在他人的角度，看看从他人的感受中，他到底需要的是什么。很多时候，人们都会站在自己的角度去理解别人而不自知，所以感觉"我都这么为你着想，这么理解你了，怎么你还是说我不理解你呢？"

　　这种情况在朋辈心理互助的过程中经常发生，在与来访者交谈时，不要以带有你自己价值观的想法去理解来访者，而是要"钻进他的肚子里"，想想对方真正的需要是什么，多给自己摆摆"人"字。

　　1. 共情的方法

　　(1)解释。解释是在对来访者的体验进行复述的情况下，对于问题现状和产生原因等做必要的分析和判断。解释带有主观性，并具有一定的理论基础。其典型做法是朋辈心理互助员对同学的体验予以因果的推测。

案例 ▶▶

　　吉尔：让她(其女儿)能更顺一点，尽量让她能更顺利一点儿吧。

　　罗杰斯：(停顿)我想，现在你不可能再那么帮助她了，但你很难去面对这个现实。

　　(2)自我表露。自我表露是朋辈心理互助员表达自己对彼时彼地事件的看法、感受等，主要包括朋辈心理互助员表达自身对某一问题的观点看法，或者袒露自身的一些经历。

案例 ▶▶

　　一个同学向你诉说他面对考试很焦虑，你也许可以这样回应："我曾经也有过类似的经历，我当时很紧张，当时特别害怕考砸，连睡觉都想着这个问题，后来我通过一些方法成功地解决了考试焦虑的事情，你想了解吗？"

罗杰斯曾在一个来访者感觉到生命无意义时这样进行回应:"我不知道这么说能不能对你有点帮助,我只想告诉你,我想我非常理解你的那种感觉,就是你觉得自己对于任何人都没有什么意义,因为我曾经有过那样的感觉,而且知道那种感觉让人非常痛苦。"

(3)复述。复述是通过倾听对方的经历然后进行再一次的讲述来让对方感觉到自己在全神贯注地将所有精神和心思放在对方身上。

案例 ▶▶

蒂尔登:是的。(停顿)有时我想我肯定是疯了。我也会想,自己是否应该待在疗养院或诸如此类的地方,在那里可以得到帮助而不是这样一圈一圈地绕圈子。这是不对的。

罗杰斯:你也觉得似乎自己真的是不正常了。

蒂尔登:是、是的。如果没人愿意碰你,没人爱你,也没人愿意和你一起做任何事,你一定是做了坏事。所以,我肯定做过什么坏事,人们才会那样对我。

罗杰斯:所以,你觉得人们那么对待你,一定是事出有因,你由于某种原因、在某个时候以某种方式做了坏事。

语言上的共情可以有这样一个路径:"当你刚刚讲到……的时候,我感觉到有些(表示情绪状态的形容词),我的身体有些(类似紧绷、胸闷、心疼等描绘身体感受的词语),我想也许你是有些(沮丧、喜悦、开心、悲伤、难过、憋屈等描绘感受的形容词),是这样的吗?"通过这样能够得到对方的反馈,从而清楚自己是否共情得比较到位,如果没有,也可以在接下来的谈话中改进方向,达到真正的理解。

案例 ▶▶

(室友深夜交流)前段时间,我表示出一点难过的心情,室友担心地询问我,当我说出原因时,她也表现得很难过,没有语言安慰,但眼神和动作已经足够,一段时间的沉默后,她告诉我自己也有过同样的经历,告诉我自己的体会,并从我的角度分析了事情的经过,最终帮助我解决了问题,我们的关系也更加亲密了。

2. 共情的注意事项

(1)共情不等于认同和赞成来访者的行为和看法。在与来访者沟通交流的过程中,朋辈心理互助员应走出自己的参照框架,把自己放在来访者的立场和处境上，尝试感受对方的喜怒哀乐。对这种感受越准确、深入，共情程度就越高。有些朋辈心理互助员往往仅以自己的处境理解对方，那就无法设身处地为对方着想，也就无共情可言。因此，互助员要多反思自己："我是否对他持开放、接纳、理解的态度，是否从他的角度出发考虑问题？"

当朋辈心理互助员不太肯定自己的理解是否正确时，可以使用尝试性、探索性的语气来表达，请对方检验并做出修正。如：

朋辈心理互助员：听你的话，好像对班长很反感，但又不敢说出来，是这样的吗？

同学：嗯？不是这个意思，我对他的印象还不错，就是他做工作的时候态度有些强硬。

朋辈心理互助员：哦，原来是这样，我理解了。

（2）在表达共情时要适时适度。在与同学交流中会发现，有的同学是寻求和探讨解决问题的方法，而有的则是想倾诉内心的苦衷或不满。对于这两类不同的需求来说，后者更需要朋辈心理互助员给予理解。一般情况下，对于情绪反应强烈的、表达杂乱不清的、需要理解愿望强的同学，朋辈心理互助员应给予更多的共情。也就是说，共情反馈的程度应与对方问题的严重程度、感受程度成正比。反应不足会让对方觉得没有被理解，反应过度会让对方感到小题大做。如：

同学：这次被她甩了，你说我做人是不是太失败了，以后还怎么见人啊？

朋辈心理互助员：听你的话，你似乎觉得被女朋友抛弃很受伤，不如死了算了，是这样吗？

同学：啊？哪里，你说得太夸张了。我根本没有想过去死，只是感觉很丢脸而已。

所以互助员在交流过程中既要共情也要尽可能地反馈。

（3）表达共情需要反馈。共情不只是要进入对方的内心世界去理解对方，更重要的一点是把这种理解用自己的语言和行为传达给对方，让对方清楚自己被理解和接纳。反馈也是朋辈心理互助员正确理解对方问题的综合反映，下面举例说明在沟通过程中如何运用反馈来表达共情。

同学：我这次英语考试很糟，看来我真的学不好英语。

朋辈心理互助员1：不用担心了，你这么用功，一定会学好的。

朋辈心理互助员2：你一定是没下功夫，所以成绩才这么差。

在这段对话中，朋辈心理互助员忽视了对方的感受，否认其情绪和想法，这样的反馈很显然是不合情理的。这种没有共情的回应，对沟通没有帮助。

同学：我这次英语考试很糟，看来我真的学不好英语。

朋辈心理互助员1：这次没考好不代表以后不好，继续努力吧。

朋辈心理互助员2：这次没考好，以后多参加英语角可能会有帮助的。

这种回应只提供了建议以解决问题，属于解答式回应，对同学的情感支持没有什么实际效果。朋辈心理互助员没有针对问题的实质和同学进行充分的交流，也没能完全认识同学的担忧和茫然，同样没有做到共情和理解。上述这两种回应，会不同程度地影响与同学的心理沟通，甚至可能使对方不愿意再继续交谈下去。

下面是共情式回应：

同学：我这次英语考试很糟，看来我真的学不好英语。

朋辈心理互助员1：听得出，这次没考好让你感到很失望。你的这种心情是可以理解的，你希望能够找到有效的方法提高英语成绩，那我帮你一起看看有哪些办法可以帮你来解决英语学习问题。

朋辈心理互助员2：我能体会到你现在不安的心情，如果是我也会有这样的想法。现在我们一起来分析下，看看你的英语学习方法是否存在问题。

朋辈心理互助员在共情式反馈中，首先反映了同学的情绪和想法，也表达了自己的理解和提供帮助的意愿，所以同学会感到自己被理解、被尊重，愿意进一步向朋辈心理互助员敞开心扉。这样，良好的助人关系就建立起来了。

(五)热情

热情体现在心理助人的全过程中，意味着来访者从进门到离去，心理助人者需要保持热情与周到的态度，让来访者感到自己受到了友好的接待。热情与尊重有什么区别呢？热情与尊重相比，尊重更多点平等、礼貌，想保持距离，偏理性成分，热情则更多点友好，想减少距离，偏感性成分，与来访者的距离更近一些。

与共情一样，热情的表达也需适时适度，过于热情容易让来访者感到不舒服、不适应，过于理性又会让来访者感到缺乏温暖。

作为助人者，如何正确表达热情呢？恰到好处的热情表现在：谈话开始时，适当询问，表达关切；谈话过程中，耐心、认真，不厌其烦，注意倾听来访者的叙述；谈话结束时，使来访者感到温暖。

总之，热情需要在心理助人全过程中得以体现，是灌注着心理助人者的温暖情感的表达。

(六)积极关注

积极关注是对来访者的言语和行为的积极面予以关注,从而使来访者对自我拥有正向的理解。助人者必须持有一种信念,即来访者是可以改变的,每个人身上都有优点和潜力。积极关注不仅有助于建立心理助人关系,促进沟通,而且本身就具有助人效果。

在使用积极关注时,助人者应该辩证、客观地看待来访者,帮助来访者学会积极关注自我的技能。同时,也要立足实事求是,避免盲目乐观和反对过分消极。例如来访者在学业上出现挂科,在与其谈话中,我们既要看到来访者学习的潜能,找到来访者学习的资源,又要避免让来访者对自己的成绩盲目乐观,觉得挂科对自己没有任何影响。积极关注的最高目标是促进来访者自我发现和潜能开发,实现其身心健康。

朋辈心理互助员通过学习以上六个关系建立的技巧,能在理论和认知上对这些技巧有所了解,但真正要做到融会贯通,还需要在实际的助人过程中去运用,去体会这些技巧,把它们从理性认知变为自然情感中的一部分。请记住,实践永远是最好的老师。

二、开展有效的心理助人谈话

心理助人工作方法中最为基本的便是谈话技术。如果说外科医生用手术刀治疗病人,那么心理助人者就是用语言来帮助来访对象的。那么,如何才能更有效地开展心理助人谈话呢?

针对新手朋辈心理互助员助人谈话的问题现状,结合心理学专业中的积极心理学理论、行为主义疗法、萨提亚家庭治疗模式、短程焦点治疗、叙事疗法等心理咨询技术,本书总结出行之有效的助人谈话法,有助于提高助人谈话的科学性和实效性。

(一)营造温暖的氛围

弗洛伊德(Freud)曾说,只有分析和了解才能促成改变。所以,要想有一次效果良好的助人谈话,首先要了解来访者的心理。在与助人者谈话的过程中,来访者一般会存在揣测、惶惑、恐惧、防御、对立、沮丧、期盼等心理。由于来访者怀着不同心理状态而来,所以一开始的谈话氛围就显得尤为重要。卡耐基(Carnegie)说过:"要使别人喜欢你,首先你得改变对人的态度,把精神放得轻松一点,表情自然,笑容可掬,这样别人就会对你产生喜爱的感觉了。"因此,无论谈话的主题是什么,助人者在谈话之初都应该首先创造一种和谐、安全、温暖的气氛。

首先，请来访者坐下，助人者做到面带微笑、语气温和，询问与来访者的谈话是否对其安排有影响，如有条件可给来访者倒上一杯水。以微笑融化陌生，用信任沟通心灵。让来访者获得亲近后，助人者可以说：

刚刚过来，辛苦你了，约这个时间段，希望没有给你造成太大的不便。

你刚下课赶过来，挺辛苦的，先喝点水。

谢谢你信任我，愿意敞开心扉，把自己的心里话告诉我，我保证不会轻易告诉其他人。

谈话开场的气氛是谈话是否能顺利进行的基础，对之后的助人谈话效果有着重要影响。

值得强调的是，对于朋辈心理互助员的助人谈话而言，温暖的谈话氛围还包括了时间、地点和时机的选择。助人谈话能够在专业设置的成长辅导室内进行是最好的。如果有困难，那么应该选择双方都能全然投入的时间、安静而方便的地点、双方身心状况都相对良好的时机进行，这样才有利于心理助人工作的开展。

（二）建立有效的沟通

1. 寻找"共鸣点"，让来访者感到"被理解"

著名行为主义心理学家华生（Watson）强调，人们的行为必有原因，任何行为均有其功能。来访者不管做出怎样的行为必然有自己的理由和原因，朋辈心理互助员需要去深入了解来访者行为背后的理由和原因。例如互助员可以和来访者说：

有句话叫不是不理解，而是不了解，我想你这么做一定有自己的原因，能说说吗？

我想你这么做一定有你的理由，能和我说说吗？

我理解你这么说，可能是因为……

很多朋辈心理互助员在谈话中会用很直接的方式直指来访者的问题，然后开始教育来访者，希望以此达到一针见血的效果，但往往适得其反。当朋辈心理互助员表示愿意去理解行为、倾听原因时，会极大地让来访者有一种"被理解"的感觉，也会促使来访者打开心扉、避免抵触。正如三毛在《谈心》中所说的，"人，都是以心换心的，起码百分之七十是如此"。

2. 发掘"积极点"，让来访者感到"被肯定"

马斯洛说过，"荣誉感与成就感是人的高层次的需要"。为了使理解更为深入，让来访者感觉朋辈心理互助员是真正"共情"了自己，就需要朋辈心理互助员更进一步从来访者的行为中找到积极点和资源。从积极心理学的角度来看任何行为都会有其积极点和资源，正如著名积极心理学家马丁·塞利格曼（Martin Seligman）所说，每个人都有向上的动力，每个人都有闪光的资源。即使是来访者犯错误的行为，里面也一定会有值得肯定和赞赏的方面，因为任何行为都是具有功能的。在短程焦点治疗中也坚信每个人都有各自的品性和过往经历，这些品性就是人身上的力量，如果加以利用，对解决他们的困难、创造更美满的生活大为有用。例如，考试舞弊的来访者他实际上也是想把成绩提升；某一次来访者打架可能背后的原因是为同学出头，维护正义；胆小怕事的来访者的积极面是小心谨慎，性格多疑的资源点是自我保护意识强等等。所以，朋辈心理互助员对于来访者看似糟糕的情况也可以找出积极的闪光点。朋辈心理互助员可以说：

可能你觉得大多数人会批评你，但从这件事中也能看到你的勇敢、正义。

可能这件事让你受到了很多非议，也会有人不理解，但在你身上，我看到了一个爱班级、不惜牺牲自己时间和精力的好班长。

这件事听起来很糟糕，让你感觉自己是糟糕的，但我从中发现你其实在这里面有所成长。

即使对于不愿讲话、沉默的来访者我们也可以找到资源：

我相信，你今天愿意来与我交谈，就说明你有和我交谈并想解决这个问题的意愿，有这个心。

可能一部分的你会感到生气、不舒服，但一部分的你仍然愿意来解决这个问题，这就很棒！

"我理解你……"看似简单，但只有做到认真倾听来访者的理由，真诚了解事件的原因，发现并欣赏来访者身上的资源和积极点，这才是对来访者深入的理解和共情，才能减少来访者的防御、反感和阻抗。有人说，"赏识，是一种理解和沟通，也包含了信任和肯定；赏识，也是一种激励和引导，可以使人扬长避短，更健康地成长和进步。其实，社会上的每一个人都渴望别人的赏识，同样，每一个人也应该学会去赏识别人。学会赏识，是一种爱。人与人之间，在相互赏识之中，才能让世界充满爱！"心理咨询中有一个技术叫"跟与领"，即要想去"指领"来访者、引导来访者、教育来访者，首先要做到"跟随"来访者、理解来访者、欣赏来访者，然后不知不觉地提出谈话问题。

3. 询问"疑惑点"，让来访者感到"被关注"

当表示了对来访者的理解和共情，让来访者发现朋辈心理互助员并不是和自己站在对立面并愿意敞开心扉之后，朋辈心理互助员可以与来访者探讨来访者关注的问题。在探讨过程中仍需要以来访者的讲述为主，朋辈心理互助员主要起到倾听的作用，对于有疑问或不明白的地方，朋辈心理互助员可以进行询问，但需要注意提问技巧。

问题类型一般分为：开放性问题，如"最近感觉怎么样？"；封闭性问题，如"你能和我说说你的情况吗？"；祈使问句，如"你能谈谈你第一次发现自己有艾滋病时是这样的吗？""你愿意谈谈……"；间接或隐含性问题，如"我对你毕业后的计划感到好奇"；投射性问题，如"如果你得到一百万，没有任何限制，你会做什么？"

提问的具体分类如表 3-1 所示。

表 3-1　提问的分类表

提问用词	提问类型	来访者通常的回答
什么	开放式	事实和描述性信息
怎么样	开放式	过程或顺序
为什么	部分开放式	解释和防御
什么地方	略微开放式	关于地点的信息
什么时候	略微开放式	关于时间的信息
谁	略微开放式	关于人物的信息
是否	封闭式	具体信息
能否、愿否	祈使式	发散的信息，有时被拒绝
我好奇、你肯定	间接式	对想法和情感的探究
如果	透射式	干预判断和价值观的信息

在提问中要注意，要考虑来访者是否准备好了接受提问。在谈话过程中不能把提问作为最主要的倾听方式或行为反应。提问时要使问题符合来访者关注的内容，同时要注意谨慎地提及敏感问题。

4. 共商"解决点"，让来访者感到"被支持"

在通常情况下，助人谈话中朋辈心理互助员不需要提出建议或给出解决办法，但在一些特殊的情况下，来访者很想得到朋辈心理互助员的实际帮助，这时也可以选择性地给予来访者一些建议或实际帮助，在这个过程中需要注意以下几个方面：

第一，强调"在一起"。

萨提亚家庭治疗模式指出，每个人都非独立的个体，因为人与人之间的联结，给了人生命力。萨提亚模式创始人、心理学家萨提亚（Satir）女士反复强调，每个人都希望与他人产生联结，希望与他人尤其是值得自己信任的重要他人在一起。所以朋辈心理互助员在和来访者讨论问题解决办法的过程中，要让来访者感觉到朋辈心理互助员和自己在一起，和自己一起面对问题，在积极、真心、尽力地给自己想办法、为自己好。例如，朋辈心理互助员可以说：

现在这样的情况发生了，我们一起想办法来面对。
既然现在的情况是这样，我们一起来想想要怎么办？
没有过不去的山，没有过不去的坎，我和你一起面对。

这会让来访者从内心深处感受到来自朋辈心理互助员的关爱，对朋辈心理互助员建议的接纳程度和认可程度也会大大提升。正如一首诗所描述的"关爱是春风为柳杨依依的抚摸，是春色无尽的嫁妆；关爱是新芽呼唤生命的力量，是万物苏醒的灵动；关爱是一把钥匙，轻轻地插入我的心间，是你与我生命的沟通"。

第二，抓住问题的本质。

来访者表述的问题大多情况都是表面现象，朋辈心理互助员要透过现象看本质，抓住问题的主要矛盾。例如一位同学感到学习压力巨大，学习注意力不能集中，学习效率很低下。这个问题从表面上看是学业问题，但如果仔细了解，可能与这位同学近期遭遇的负性生活事件有关，比如，同学之间发生了误会导致交往困难，或者家庭成员之间产生了难以调和的矛盾，也可能是因为对自我的生涯规划感到迷茫等。此时，针对该同学遇到的核心问题进行交流会更加高效。又如有同学上课顶撞老师，从表面上看似乎是该同学不尊重老师，但可能他只是想出风头，博得大家的关注。这时，和该同学探讨如何用合适、恰当的方式来展示自己更能抓住要害。

第三，掌握实用的技巧。

朋辈心理互助员也需要掌握一些心理学上常用的技巧、方法来帮助来访者。例如在来访者面对矛盾、冲突选择时，可教其使用利弊分析法，让其拿一张纸，详细地列出每个选择的优缺点，再来进行比较，将会有新的发现。在来访者面对考试压力时，教其使用音乐想象放松法。面对情绪低落的来访者时，使用倾诉法、运动法、注意力转移法帮助来访者改善情绪状态。面对有拖延症的来访者时，使用制定目标法、行动强化法。在人际沟通问题上采用三段式沟通法等。

(三)给予信任的赋能

在短期焦点解决心理咨询中，特别坚信"每个人都是解决自己的问题的专家"，坚信每个人身上都蕴藏着巨大的能量和资源。所以，朋辈心理互助员在和来访者的谈话中，要坚信来访者是解决自己的问题的专家，相信来访者可以创造自己更满意的生活，给予来访者肯定和赞美，给来访者赋能。例如，朋辈心理互助员可以说：

我一直觉得你是一个有上进心、负责、友善、有想法的同学，我坚信你一定能……

我相信等过段时间再看到你时，你一定会让我刮目相看。

朋辈心理互助员在谈话中要敏锐地捕捉来访者身上的积极品性和过往成功经历，充分相信和肯定来访者愿意努力地做出改变，让来访者体会被信任的感觉，给来访者赋能，将极大地激发其产生改变的动力。正如马斯洛所说的，一个人"心若改变，你的态度跟着改变；态度改变，你的习惯跟着改变；习惯改变，你的性格跟着改变；性格改变，你的人生跟着改变"。

(四)进行积极的引领

来访者很多时候会因为当下的困扰陷入其中，局限在眼前的困境而不可自拔。在心理治疗的叙事疗法中常用"那时那地"的技术，让来访者想象如果是几十年后再来看此时此刻的经历，基本都会发现无论是成功还是失败，不管是顺境还是逆境，都会变成人生路上的一笔宝贵财富，都是一段独一无二的人生体验，于是让人生的意义感得到升华。在助人谈话中也可以使用这种技术，例如朋辈心理互助员可以说：

我们每个人都会遇到各种各样的困难，这次经历是对你的一次考验和磨砺，我们也是在这样的过程中得到历练与成长的。

大学之所以丰富多彩，就是因为在大学里你会有各种各样的经历与体验，希望你能从这次经历中体验到……变成今后人生路上的财富。

这不仅让来访者不再局限于眼前，不对当下的困境感到绝望，而且能让来访者通过此事有所感悟和成长，从一次具体经历中总结收获，举一反三，变成今后应对类似事件的经验，变成人生路上的宝贵财富，提升来访者经历的意义，给来访者一次引导与提升，提升其生命意义感。

（五）播下希望的种子

助人谈话是一门艺术，倘若没有了艺术般的助人谈话，那就很难与来访者心灵相通了。虽然，很多时候通过一次助人谈话不能使来访者的问题得到充分解决，或者来访者在生活中还可能遇到其他问题。但是，朋辈心理互助员需要给来访者一份希望，让来访者感到朋辈心理互助员是他们倾诉的对象、支持的力量、温暖的港湾，为良好的助人关系播下一颗希望的种子。例如朋辈心理互助员可以说：

谢谢你愿意敞开心扉，把自己心里的想法告诉我。如果你以后再遇到什么问题，也可以来找我，我们一起来讨论、想办法。

事实证明，多与来访者谈话、沟通、交流，就能给来访者播下希望的种子，帮其架起通向成功的桥梁。

第二节
大学生朋辈心理互助的活动组织

校园心理文化活动是构建学生关注心理健康的氛围的重要手段，同时也是传播心理健康知识、增强心理素质的有效途径。以心理健康教育为主题的校园文化活动具有发展性、活动性、参与性的特点，强调互动、体验和分享。心理文化活动与其他校园文化活动相比更注重面向全体学生，让所有学生都能有机会参与而并非少数有某些特长的学生才能参加。

一、心理文化活动设计的原则

心理文化活动的开展需要紧扣学生心理发展的需求，学校心理健康教育工作开展的目标，既要强调教育性、指导性，也要增强趣味性、互动性，这就要求在活动设计的时候需要把握好以下原则。

（一）指导性原则

心理文化活动的设计在考虑主题和活动方案的时候需要有心理学理论的支持与指导，而非仅根据学生的需求盲目开展活动，这样才能让文化活动避免为活动而活动、现场热闹却缺少营养的情况。

因此，校级院级的大型心理文化活动应在学校心理中心以及受过系统培训的辅导员老师的指导下设计并开展,班级心理文化活动也应在受过培训的朋辈心理互助员的组织下开展。

(二)参与性原则

心理文化活动与一般的校园文化活动相比较,更注重怎样才能提供活动平台,让一些缺少特长、兴趣爱好少、平时少有机会参与校园心理文化活动的学生也能够得到展示的空间,亲身体验活动参与的乐趣与收获。因此,在心理文化活动设计的时候,除了要有让学生展示风采的竞赛类、表演类活动之外,更需要有普通学生都能参加的讲座类、团体辅导类、游戏类、讨论类、互动交流类等无门槛的活动,增加更多学生的参与积极性。

(三)体验性原则

校园心理文化活动作为第二课堂,与一般课堂教学很大不同的地方,主要在于活动更注重参与者的实践投入以及自身体验的获得。把心理健康的知识融入趣味的活动任务中,让学生在完成任务的过程中或感受到自己的心理变化,从而总结出自我成长的经验;或体会到群体的支持和鼓励,从而扩展原有的视野,加深对关系、对世界的理解。

二、校院心理文化活动的开展

学校和学院在开展心理文化活动的时候,需要更多地结合学校和学院的特点,考虑学生整体的心理状态特征和普遍的心理发展规律,从宏观的层面上设计有指导性意义的心理文化活动。

(一)活动开展时机

目前最常见的两大心理文化活动开展的时机是每年上半年的 5 月(结合"5·25 大学生心理健康日")和每年下半年 10 月(结合"10·10 世界精神卫生日")开展系列宣传教育活动。

另一个思路是结合学生普遍心理状态发生变化的时间节点开展有针对性的心理文化活动,最常见的时间节点参考有:新生入校时、学期开学时、季节变化时、考试前后时、重大节日或事件发生时、毕业季等。

(二)活动主题选择

心理学的领域是十分广阔的,与心理健康密切相关的理论知识也非常丰富,而一次活动能涉及的主题是有限的,为了能让学生们加深印象,增强活动的效果,每次或者每系列的活动最好能确定一个主题方向。"知识拓展"里是历年大学生心理健康日和世界精神卫生日的主题。

知·识·拓·展

历年大学生心理健康日和世界精神卫生日的主题

大学生心理健康日主题与口号

2000 年首届大学生心理健康日口号是"我爱我，给心理一片晴空！"

2001 年第二届活动的主题为改善人际沟通能力，口号是"我爱我，创造一个良好的人际空间"。

2002 年第三届活动主题口号是"我爱我，了解我自己"。

2003 年第四届活动针对"非典"，以危机干预为主题，口号是"我爱我，危机、理性、成长"。

2004 年第五届活动主题为大学生的社会化、和人际关系问题，口号是"我爱我，走出心灵孤岛"。

2005 年第六届"5·25"心理健康日围绕大学生生涯规划的问题，主题是"我爱我，放飞理想、规划人生"。

2006 年第七届主题是"我爱我，快乐自在我心，健康、自信的心理"。

2007 年第八届大学生心理健康教育周的主题是人际交往与师生互助，口号是"我爱我，用心交往，构建和谐"。

2008 年"5·25"心理健康教育周的主题是"和谐心灵，绿色奥运"。

2009 年"5·25"心理健康教育周的主题是"认同　关爱　超越"。

2010 年"5·25"心理健康教育周的主题是"和谐心灵、健康成才"。

2011 年"5·25"大学生心理健康宣传周活动主题为"珍爱生命，责任同行"。

2012 年的主题是"寻找我·拥抱我"。

2013 年心理健康教育周的主题是"大声说出你的爱"。

世界精神卫生日主题

2013 年的主题是：发展事业、规范服务、维护权益。

2014 年的主题是：心理健康，社会和谐。

2015 年的主题是：心理健康，社会和谐。

2016 年的主题是：心理健康，社会和谐。

2017 年的主题是：共享健康资源，共建和谐家庭。

2018 年的主题是：健康心理，快乐人生。

2019 年的主题是：心理健康社会和谐，我行动。

2020 年的主题是：弘扬抗疫精神，护佑心理健康。

2021 年的主题是：青春之心灵，青春之少年。

主题的确立也可以结合心理健康调查数据和高校学生工作的实际来进行。如经过新生心理普测发现在新生群体中具有焦虑情绪的人数比较多，则可以开展与减压或情绪调节相关的活动。也可以通过问卷调查的方式在学生中征集活动主题，学生对哪些方面的主题比较感兴趣就选择哪个方面的主题开展活动。

三、班级心理文化活动的开展

大学生的生活常常是以班级为单位来进行的，班级心理健康教育活动的开展也是学校心育工作开展必不可少的基础力量。班级心理健康教育活动不但在主题和内容选择上要符合班级同学学习与生活的实际，符合学生心理发展的需求，还要在活动方式和程序设计上做到科学、合理、有吸引力。

(一) 班级心理文化活动的设计

1. 确立班级心理文化活动主题

班级心理文化活动的主题选择除了学校的整体安排之外，自选的主题需要基本满足班级同学的心理发展需求，最好是大多数同学都感兴趣或者觉得有困惑的主题，比如学习压力、恋爱问题、生涯发展等，选取一个具体而有感染力的活动名称，能让活动增色不少。活动主题可以通过问卷调查或者个别访谈的方式收集同学们的意见来确立。

2. 收集相关资料

心理文化活动与其他活动不同的地方在于它需要一定心理知识的指导，因此在设计活动时，了解与主题相关的心理学理论对于指导活动的开展是非常有用的。朋辈心理互助队队长因为专业知识和生活阅历有限，可以请教心理老师或辅导员老师，在他们的指导下研究和分析主题，并通过网络、书刊等进一步收集和整理资料。

3. 选择方式方法

班级心理文化活动的方式方法的选择也是一个关系到活动能否达到效果的重要因素，这需要结合主题与活动目标的特点来确定。比如，增加团队凝聚力可以选择户外活动的方式，学习方面的困惑可以选择讨论会的方式，考研升学的问题可以选择经验交流会的方式，情绪调控的问题可以选择辩论赛或者心理剧的方式。

4. 确定时间场所

根据心理文化活动主题要求、活动安排、人数、环境和天气等因素，确定具体的时间和地点，基本要求是选择大多数班级成员感到便利的时间，距离合适、环境宜人、安全正规的场所。

5. 明确具体流程

具体流程是活动设计中的主要部分。为了使活动顺利开展，活动流程应该仔细研究和推敲，从活动开始到结束的每个流程都应有具体的说明，有必要的情况下需进行提前的预演以确定流程的可行性。

6. 活动前期准备

活动前期准备指活动顺利进行所需要的人力、物力、财力等方面的准备，也包括活动中的具体方法的演练等。

7. 总结与评估

活动结束后，朋辈心理互助队队长要听取同学们的反馈意见，对活动进行总结，以便日后能更好地开展班级心理健康教育活动。总结应具体、全面，避免泛泛而谈，要对同学们的感受进行归纳整理，对活动各个环节的效果做出评估，撰写总结报告上报辅导员。

(二) 班级心理文化活动的实施

尽管班级心理健康教育活动的形式是多种多样的，但从结构上而言大体少不了以下几个必要的实施部分。

1. 破冰活动

破冰活动又称暖身活动、热身活动，其目的是通过趣味性、参与性较高的游戏的方式激发同学们参与活动的热情，让所有参与者都投入到活动中来，营造出一种放松、接纳、相互信任的氛围。

2. 主题导入

在活动正式开始前，朋辈心理互助队队长要向全体同学说明活动的主题、时间、规则与要求等，并对前期收集的资料，包括调查结果、文献内容等进行说明，让参与的同学们能够了解活动前期准备的来龙去脉。

3. 工作阶段

根据主题开展正式活动，在这个阶段里成员们逐渐显示出较高的凝聚力和信任感，能够在设计的活动中慢慢投入专注，较愿冒险，愿意让别人更深入了解自己，并愿意改变自己。

4. 领悟与分享

班级心理健康教育活动的核心应该是成员之间对于主题活动的领悟与在活动过程中感受及思考的分享。在这个部分需要留出更多的时间、创造更充分的机会让成员来表达。简单而言，心育活动可以借助任何形式来进行，户外游玩也好，演讲比赛也好，知识讲座也好，但与单纯的游玩、比赛和讲座不同的是，参加的成员可以借助这些形式更深入地交流思想和感受，达成互相了解与支持、促进发展与进步的目的。

5. 促成行动

可以把活动的成果总结成行动计划，比如"时间管理"的主题活动可以让每个成员形成自己的时间管理表，互相监督，用团队的力量促成期望行动的顺利实现。

知 识 拓 展

"网中的我们——认识网络成瘾"主题班会举例

时间：××××年×月×日

地点：可移动桌椅教室

形式：游戏、心理测试、知识讲解、讨论

对象：成员彼此比较熟悉的班级

前期准备：收集网络成瘾的诊断标准及相关的知识介绍

物资准备：可粘贴便笺纸、笔

流程：

1. 热身游戏：调皮的小雨点

指导语：南方多雨，这不，雨水都下到我们教室里面来啦，大家注意，双手轻拍大腿是小雨，双脚跺地是中雨，鼓掌是大雨，双脚跺地加上鼓掌就是暴雨，大家听我的指挥，看看教室里下了多大的雨水呢？

主持人喊出口令：小雨、中雨、大雨、暴雨，可乱序喊出，成员根据口令做出相应动作。

注意：需要让成员先对每个动作和指令的配合进行练习。

2. 开场白：主持人介绍本次班会主题及由来

3. 心理测试：我存在网络成瘾的情况吗？

做心理测试问卷。

请根据你的实际情况如实填写下表，在每题的后面填上符合你情况程度的数字。

Young 的网络成瘾量表

(几乎没有：1　偶尔：2　有时：3　经常：4　总是：5)

	1	2	3	4	5
1. 你觉得你上网的时间比你预期的要长吗？					
2. 你会因为上网忽略自己要做的事情吗？					
3. 你更愿意上网而不是和亲密的朋友待在一起吗？					
4. 你经常在网上结交新朋友吗？					
5. 生活中，朋友、家人会抱怨你上网时间太长吗？					
6. 你因为上网影响学习了吗？					
7. 你是否会不顾身边需要解决的一些问题而上网查 E-mail 或看留言？					
8. 你因为上网影响到你的日常生活了吗？					
9. 你是否担心网上的隐私被人知道？					
10. 你会因为心情不好去上网吗？					
11. 你在一次上网后会渴望下一次上网吗？					
12. 如果无法上网你会觉得生活空虚无聊吗？					
13. 你会因为别人打搅你上网发脾气吗？					
14. 你会上网到深夜不去睡觉吗？					
15. 你离开网络后会想着网上的事情吗？					
16. 你在上网时会对自己说"就再玩一会"吗？					
17. 你会想办法减少上网时间而最终失败吗？					
18. 你会对人隐瞒你上网多长时间吗？					
19. 你宁愿上网而不愿和朋友们出去玩吗？					
20. 你会因为不能上网而变得烦躁不安，喜怒无常，而一旦能上网就不会这样吗？					

计分细则：将每题得分相加即得总分，40~60 分为轻度网络成瘾，60~80 分为中度网络成瘾，80~100 分为重度网络成瘾。

4. 知识讲解：主持人讲解关于网络成瘾的相关知识

5. 分组讨论：将成员分成 5~6 人一组，讨论以下话题，每个话题小组将讨论的结果用便笺纸写出来在班级内分享，并贴在黑板相应区域内。

话题 1：网络给我们带来了什么？(积极的影响)

话题 2：网络让我们损失了什么？(消极的影响)

话题 3：趋利避害小妙招的头脑风暴。

6. 游戏：心有千千结

7. 收获分享、合影

(三)班级心理文化活动注意事项

1. 全员参与筹备

班级心理健康教育活动的重要目标之一是吸引更广泛的成员参加,避免成为少数有特长的同学的展示工具。因此,全员动员,分工覆盖面广,能够让所有成员发挥所长,以不同的角色参与活动就是最为重要的事情。

2. 主题选择正面

班级心理健康教育活动主题的选择须是积极导向的正面表达,避免为了所谓的吸引眼球的效果而堕入烂俗的境地。

3. 重视成员体验

心育活动的特点就是成员在活动中的体验是被重视的,而非仅仅活动本身,因此一次爬山活动并非所有人都爬上山顶就结束了,重要的是在山顶时每个人的体验分享。

4. 严守安全底线

对于任何活动组织方而言,安全性都是不可忽视的考虑因素和底线。因此,组织心育活动同样要事先考虑好相关的安全因素。比如交通工具的安全性、天气状况的安全性、活动本身的安全性以及其他突发意外的安全隐患等。避免去长途危险的地方,提前准备好基本药品,活动前做好充分的安全培训与讲解等都是在活动计划时需要做到的安全保障。

小贴士

可开展的班级心理主题活动

(1)为班级同学过生日。

(2)设立班级心理图书角。

(3)开展心理健康小知识竞赛。

(4)组织同学表演心理剧。

(5)举办班级心理沙龙。

(6)请学长在班级做经验交流。

(7)鼓励同学写心情故事。

(8)组织同学观看有关心理健康或与心理咨询相关的影片。

(9)创建班级心理博客,并且组织大家共同建设。

（10）组织同学去慈善场所，做公益事业。

（11）组织班级团体心理训练，如"优点大轰炸"。

（12）鼓励同学写完善自我的个人计划并坚持实施。

（13）开节日派对，增进同学之间的了解，鼓励交往。

（14）定期做心理热点研讨会，如爱情、友谊与就业等专题。

（15）定期在班级介绍社会有志青年奋发图强的成功实例。

（16）开展科学用脑、健康生活的知识展览。

（17）拍摄自制的如"心理访谈类"DV作品，并在班级中播放。

（18）积累音乐素材，引导不同个性或处在不同心境中的同学欣赏有帮助的音乐。

第三节
大学生朋辈心理互助员的心理自助

与专业心理咨询一样，在朋辈心理辅导过程中，朋辈心理互助员也会出现来自工作中的烦恼和困惑，出现职业倦怠，甚至面临一些心理危机。朋辈心理互助员要及时觉察自身心理健康状态并及时运用所学知识进行心身状态的调整，还可以利用学校心理咨询服务资源接受专业的心理咨询帮助。

一、接纳自己

(一)避免追求完美

追求完美固然是一种积极的人生态度，但如果过分追求完美，而又达不到完美，就必然会产生浮躁心理。过分追求完美往往不但得不偿失，而且会变得毫无完美可言。

(二)接纳不完美会提升自信心

学会接纳自身的不完美，允许自己在适当的时候表现出失误和不足，才能建立起真正的自尊和自信。

(三)接纳不完美就能关注到解决问题的资源

从过去的经历中汲取智慧，重新接纳自己内心的阴暗面。懂得从负面经历中吸取教训、为自己的感情负责、有意识地改变自己生活的人，很少会重复犯同样的错误,而且改变看待生活的视角。

(四)承认不完美需要勇气

承认不完美是一件非常艰难的事。当学会承担不完美时,就可以把一切经历转化为成长的动力。即使会为某些经历感到痛苦或者羞耻,至少也可以意识到这些经历在人生之旅中的意义,从而得到慰藉。

二、制定目标

(一)了解自己的优劣,戒骄戒躁

在自己优势被展示的时候应戒骄,在自己劣势被突出时应戒躁。不管在什么时候、处于什么环境、遇到什么事情,都应以平常心去面对,以理性的角度来看问题。了解自己的起点,才能更准确地设计目标。

(二)调整最佳身心状态

有意识地、适当地对自己的情感表达方式、情绪反应强度、动机的趋向和水平、思维的方向和过程、行动的指向和方式等进行控制和调节,避免冲动混乱下随意定目标。

(三)提炼实践中的经验

通过对实践活动中的具体情况进行归纳与分析,使之系统化、理论化,并上升为经验,以指导自己制定行动目标,获得成长。

(四)分析你所掌握的知识及资源

制定具体目标时必须了解自己的能力,对目标还要做及时的调整。达成了一个目标后,可以再制定更有挑战性的目标;失败时要坦然接受,认真总结教训。

(五)具体目标要切实可行

目标要切实可行。确立奋斗目标一定要结合自己的实际情况,要能够发挥自己的长处。如果目标不切实际,与自身条件相去甚远,那就不可能实现。

(六)保证目标的层次性与阶段性

目标有长期和短期之分,短期目标是具体的目标,除此之外,还应该有长期奋斗目标。有了长期的目标,就不怕暂时的挫折,不会因为眼前的困难而畏缩不前。

三、规划时间

(一)调整观念：积极 VS 消极

培养积极的心态，对所设定的目标充满信心与希望，以乐观的心态面对事情，以十足的勇气主动解决问题，并将工作压力转变为能量，以坚定的决心坚持到底，切实完成目标与计划。

(二)提高做事技巧：分清轻重、统筹规划、学会拒绝

分清轻重主次，在事物发展的进程中，随机应变，果断决策，不失时机地调整原有计划、部署，以适应变化了的新情况。

(三)养成良好习惯：今日事今日毕

习惯是一种长期形成的思维方式、处世态度，习惯是由一再重复的思想行为形成的，可以在有目的、有计划的训练中形成，也可以在无意识的状态中形成。因而，任何一个好习惯的养成都不会是轻而易举的。

四、管理情绪

(一)积极的情绪可以提高人的免疫力

积极的情绪可以提高人体的机能，能够促进人的活动，能够形成一种动力，激励人去努力，而且在活动中能够起到促进的作用。

(二)情绪的转变带来理智的思维与行动

当消极情绪转变成积极的情绪时，有利于人的智力的发展，有助于人取得好成绩，也可以充实人的体力和精力，提高个人的活动效率和能力，促使健康成长。

(三)情绪失控导致失败的体验

情绪失控会使人感到难受，抑制人的活动能力，降低人的自控能力和活动效率。情绪失控因不满意于自身条件或能力，易造成信心的缺失，进而对人的社会生活产生消极影响。

(四)做情绪的主人——先处理心情，再处理事情

学会自我调控情绪，排除不良情绪。应形成积极向上的情绪状态，做到轻松稳定、精力充沛，对生活充满热情与信心，避免不良情绪的发展。

五、关注未完成事件

每个人在其个体成长的生命历程中，都会或多或少地拥有一些个人"未完

成事件"，这些未经处理的内心冲突和伤痛，常常会被周围同学相似的问题所触动。

如果朋辈心理互助员对自己的这些"未完成事件"缺少自觉，就会无法处理同学由内心伤痛所引起的情绪反应，甚至还会由于"同病相怜"，发生被周围同学的强烈的负面情绪影响的危险。所以，朋辈心理互助员要觉知自己的"未完成事件"，有必要时可求助专业的心理咨询师，获得自己内在的成长，同时更好地帮助朋辈。

课堂互动

1. 班级里有一位性格孤僻、不与其他同学打交道的同学，作为朋辈心理互助员，你该如何与他建立良好的助人关系呢？

2. 请根据目前班级同学的需求，设计一场班级心理文化活动并给出方案。

第四章

心理助人的理论基础

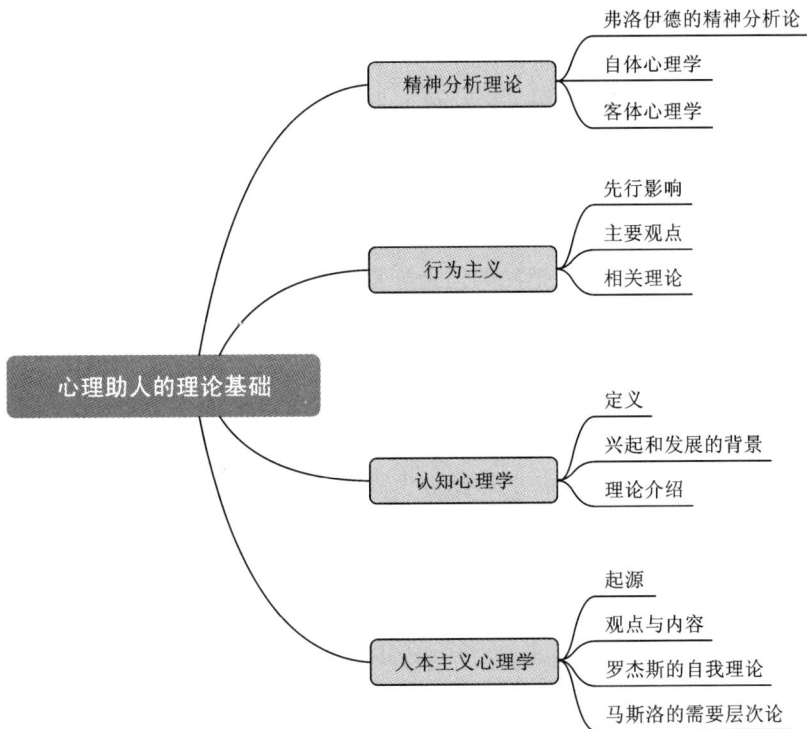

```
                                    ┌─ 弗洛伊德的精神分析论
                    ┌─ 精神分析理论 ─┼─ 自体心理学
                    │                └─ 客体心理学
                    │
                    │                ┌─ 先行影响
                    ├─ 行为主义 ──────┼─ 主要观点
                    │                └─ 相关理论
   心理助人的理论基础 ─┤
                    │                ┌─ 定义
                    ├─ 认知心理学 ────┼─ 兴起和发展的背景
                    │                └─ 理论介绍
                    │
                    │                ┌─ 起源
                    │                ├─ 观点与内容
                    └─ 人本主义心理学 ─┼─ 罗杰斯的自我理论
                                     └─ 马斯洛的需要层次论
```

由于朋辈心理互助员工作的特殊性，除了要求他们具有助人特质、良好的沟通能力等相关素质外，还需要掌握一些心理学的基础知识和心理咨询的基本知识和技能，本章将介绍心理学的四大主要流派的基本理论。

第一节
精神分析理论

19世纪末20世纪初，科学心理学以冯特（W. Wundt）的体系为楷模，着重对意识进行内省，对感觉元素进行分析。弗洛伊德以潜意识为研究中心的精神分析对心理学产生了空前巨大的影响，这种影响远远超出了心理学和精神医学的范围，涉及整个西方文化，成为西方学术领域和社会文化中的一种重要思潮。

精神分析的人格理论是所有人格理论中内容最复杂、影响最大的，但对它的理论和实践存在着很多争议。在人格心理学中，一般把弗洛伊德创立的理论称为古典精神分析学派，而把他的门人和追随者创立的理论体系称为新精神分析学派，如阿德勒、荣格、霍妮、弗罗姆和埃里克森等人创立的体系。

新精神分析的特征是强调社会和文化因素对人心理和行为的影响，强调家庭环境和童年经验对人格发展的重大作用，重视自我的整合和调节，对精神病的治疗持乐观态度，但他们仍保留了弗洛伊德学说中一些最基本的概念。其中虽然提出了一些新的概念，但归根结底，仍然是潜意识的驱动力和先天潜能等概念在起主要作用，只不过它们表现在社会环境和文化背景之中。

一、弗洛伊德的精神分析论

弗洛伊德（Sigmund Freud, 1856—1939）生于摩拉维亚的弗莱堡（现属捷克共和国），父母都是犹太人。弗洛伊德很早就表现出远大志向，中学时代成绩优良，17岁时就以优异成绩考入维也纳大学医学院。在大学学习期间，他最初对生物解剖学感兴趣。他解剖了400多条雄性鳗鱼以研究其性器官所处的位置与结构，并第一次进行了关于性的研究。他认为，被压抑的欲望绝大部分是性方面的，而性的扰乱是精神病的根本原因。1908年首次召开世界精神分析大会，精神分析的声誉在国际上逐渐建立起来。

弗洛伊德1913年前的理论一般被称为早期理论。在他人生的最后20年，他修正了自己的早期理论，形成了后期理论。他之所以要对自己的理论进行较大的补充和修订，是因为他早期的信徒如阿德勒、荣格等人都与他产生意见分歧，当时的精神分析疗效也不理想，加上他要把自己的理论进一步系统化，以便解释第一次世界大战以后社会上发生的变化。1920 年，精神分析已不仅仅是一种治疗疾病的方法，而是一种解释人类动机和人格理论的理论体系。弗洛伊德的后期理论除了提出"生的本能"和"死的本能"这一对新概念外，还在潜意识活动的基础上提出了他的人格理论。

弗洛伊德的学说与他个人经历息息相关，精神分析理论随着弗洛伊德经历的丰富不断发展完善，总体上经历了三个阶段：

第一阶段是早期的医学实践与精神分析理论的形成。弗洛伊德从维也纳医学院毕业后长期从事心理疾病的诊治工作，接触了大量心理疾病患者。在此阶段，弗洛伊德提出了影响深远的潜意识概念，该时期的潜意识理论、泛性欲学说、梦的解析构成了精神分析理论的三大支柱。

第二阶段是战争的影响与人格理论的完善。弗洛伊德成年后连续遭遇了包括一战在内的多场残酷战争，对悲惨现实的认识和思考让他完善了早期的人格理论，在《自我与本我》一书中阐述了自我理论和意识理论。这也是精神分析理论成熟的重要里程碑。

第三阶段是后期文艺理论的发展。随着精神分析理论的日臻完善，弗洛伊德开始用该理论来研究文艺现象。同时，以研究中的例证来支持他的理论，将艺术家的创作冲动、本能、欲望、灵感、风格同人格动力、人格结构理论联系起来，开创了文艺心理分析的先河，精神分析理论也因此走入纵深发展阶段。

弗洛伊德的主要著作有《梦的解析》《日常生活中的心理病理学》《性学三论》《图腾与禁忌》《精神分析运动史》《精神分析引论》《超越快乐原则》《超越本我与自我》《文明及其缺憾》《精神分析引论新编》《弗洛伊德自传》《弗洛伊德全集》等。

（一）人格动力

人格动力是驱使个体进行特征性行为活动的内在原因。人格理论家对此解释不一。早期人格理论家推崇人格动力的驱力降减说。后有人格理论家运用能力动机理论来解释，认为在生理需要获得满足的情况下，还有寻求刺激、追求好奇的需要。也有人格理论家用理想、信念、价值观、世界观等来解释。弗洛伊德是第一个将物理学的动力理论引入心理学的人，他认为人的一切精神活动都是心理能的作用。他认为，人体是一个复杂的能量系统，从大自然获取能量，又为某种目的消耗能量。有机体的内环境通常处于平衡状态，如果受到内部或外界刺激的扰乱，就会产生企图恢复平衡状态的倾向。这种本能的目的就在于发泄能量，满足需要或消除兴奋，恢复平衡状态。

1. 生的本能

生的本能在于追求个体生存和种族的延续，代表爱和建设的力量，包括饥、渴、性等。在文明社会中，饥和渴的本能容易得到满足，而性本能常常因为社会原因而得不到满足，成为影响人格的主要原因。弗洛伊德特别重视性本能，认为性本能具有灵活性，可以被抑制而不活动，也可以升华而转向，形成多样人格。他还指出，性本能在人生的不同阶段具有不同的特点。

2. 死的本能

人的生命是从无机物演化而来的，一开始就有一种返回无机状态的欲望。死的本能体现为恨和破坏的力量。弗洛伊德指出，死的本能可以向内，表现为自责、自罚和自杀等动机；也可以向外，表现为恨、攻击、破坏和征服别人等动机。攻击驱力是从死的本能中派生出来的，个体受挫折时往往朝向自我内部，形成一种自杀倾向。

3. 自我防御学说：焦虑和自我防御机制

自我防御(ego defense mechanisms)是指通过在某些方面歪曲现实以保护一个人免除焦虑的潜意识过程。其两个重要特征为：或多或少都有歪曲现实或否定现实的倾向；经潜意识的过程来运作。

心理防御机制其实是自我的一种防卫功能，很多时候，超我与原我之间、原我与现实之间，经常会有矛盾和冲突，这时人就会感到痛苦和焦虑，这时自我可以在不知不觉之中，以某种方式，调整一个冲突双方的关系，使超我的监察可以接受，同时原我的欲望又可以得到某种形式的满足，从而缓和焦虑，消除痛苦。人类在正常和病态情况下都在不自觉地运用心理防御机制，运用得当，可减轻痛苦，帮助渡过心理难关，防止精神崩溃，运用过度就会表现出焦虑、抑郁等病态心理症状。

(1)压抑：当一个人的某种观念、情感或冲动不能被超我接受时，就被压抑到无意识中去，以使个体不再因之而产生焦虑、痛苦。这是一种不自觉的主动遗忘和抑制，如很多人宁愿相信自己能中六合彩而不愿想象自己出街时遇车祸的危险，其实后一种的概率远比前者大。这是一种压抑机制的不自觉运用，因为当人意识到每次上街都要面临车祸的威胁时就会感到焦虑，人为了避免焦虑故意将其遗忘。

(2)否认：指有意或无意地拒绝承认那些不愉快的现实以保护自我的心理防御机制。比如小孩打破东西闯了祸，往往用手把眼睛蒙起来；癌症患者否认自己患了癌症；妻子不相信丈夫突然意外死亡；母亲发生车祸，不想接受时，拒绝接受。

（3）投射：指个体将自己不能容忍的冲动、欲望转移到他人的身上，以免除自责的痛苦。如一个人性张力过大，做梦时都梦见另一个人与异性在发生性行为，这是自我为了逃避超我的责难，又要满足本我的需要，将自己的欲望投射到别人身上从而得到一种解脱的心理机制。

（4）退行：当人受到挫折无法应付时，会放弃已经学会的成熟态度和行为模式，使用以往较幼稚的方式来满足自己的欲望，这叫退行。如某些性变态患者就是如此，成年人遇到性的挫折无法满足时就用幼年性欲的方式来表达非常态的满足。例如，在异性面前暴露自己的生殖器等。

（5）隔离：将一些不快的事实或情感分隔于意识之外，以免引起精神上的不愉快，这种机制叫隔离。如人们来月经很多人都说成"来例假"，人死了叫"仙逝""归天"，这样说起来可以避免尴尬或悲哀。

（6）抵消：以象征性的行为来抵消已往发生的痛苦事件，如强迫症患者固定的仪式动作常是用来抵消无意识中的乱伦感情或其他痛苦体验。

（7）转化：指精神上的痛苦，焦虑转化为躯体症状表现出来，从而避开了心理焦虑和痛苦。如歇斯底里症患者的内心焦虑或心理冲突往往以躯体化的症状表现出来，如瘫痪、失声、抽搐、晕厥、痉挛性斜颈等，患者自己对此完全不自知，转化的动机完全是潜意识的，是患者意识不能承认的。

（8）补偿：是指个体利用某种方法来弥补其生理或心理上的缺陷，从而掩盖自己的自卑感和不安全感，所谓"失之东隅，收之桑榆"就是这种作用。比如某女子因身体发育有缺陷而努力学习，以卓越成绩赢得别人的尊崇。

（9）合理化：是个体遭受挫折时用利于自己的理由来为自己辩解，将面临的窘境加以文饰，以隐瞒自己的真实动机，从而为自己进行解脱的一种心理防御机制。如吃不到葡萄就说葡萄是酸的。

（10）升华：指被压抑的不符合社会规范的原始冲动或欲望用符合社会要求的建设性方式表达出来的一种心理防御机制，如用跳舞、绘画、文学等形式来替代性本能冲动的发泄。

（11）幽默：指以幽默的语言或行为来应付紧张的情境或表达潜意识的欲望。通过幽默来表达攻击性或性欲望，可以不必担心自我或超我的抵制，在人类的幽默中关于性爱、死亡、淘汰、攻击等的话题是最受人欢迎的，它们包含着大量的受压抑的思想。

（12）反向形成：自认为不符合社会道德规范的内心欲望或冲动会引起自我和超我的抵制，表现出来会被社会惩罚或引起内心焦虑，故朝相反的途径释放导致反向形成。如有些恐人症的患者内心是渴望接受异性的，但却偏偏表现出对异性的恐惧。

(二)人格结构

1. 人格两部结构模型

弗洛伊德早期把人格划分为意识(conscious)、前意识(preconscious)和潜意识(unconscious)。根据弗洛伊德的意思,意识处理很少的信息,大量可再现的信息构成前意识,潜意识是我们内心想法的主体。弗洛伊德认为,人格中有潜意识和前意识(包括意识)两大系统。它们类似于两个房间,潜意识系统就像一个大的前厅,而前意识系统就像接着前厅的一个小房间,意识也居住于这一房间内。在意识居住的小房间与潜意识居住的前厅之间的门槛上站着一个检查官。未经他的许可,是不能进入会客室的。其中,前意识起检查作用。这就是弗洛伊德早期提出的以潜意识为核心的人格两部结构模型。

弗洛伊德认为不同的意识层次包括意识、前意识和无意识三个层次,就像一座冰山,露出水面的只是一小部分意识,但隐藏在水下的绝大部分前意识和无意识却对人的行为产生重要影响。

(1)意识(conscious)是可以直接感知到的有关的心理部分,由个人当前感觉到的心理内容组成。具有逻辑性、时空规定性和现实性,是能够随意而清楚地觉察到的主观经验。就好像一座冰山,露出水面的只是一小部分,这部分属于意识。

(2)前意识(preconscious)则介于意识与无意识之间,存储近期经历的内容,处于注意范围之外的意识成分。很容易进入注意,所包含的内容可以回到意识中去,是我们加以注意就能觉察的心理内容。其主要作用是检查。

(3)无意识或潜意识(unconscious)指个人不可能觉察的心理现象,但对个人的思想和行为影响极大。其特点为无矛盾性、无时间性、无是非性、非现实性且最具活力和能量。无意识常在生活中有所表现,如做梦、直觉、生活中无意识的错误甚至某些身心疾病。

意识、前意识与无意识三者之间保持一种动态平衡。

2. 自我理论

自我理论是指西方心理学上关于自我的本质、发展和作用等方面的论述。不同的心理学派和心理学家对自我有不同的理解。动机心理学认为,自我是动机的一个来源或目标,是行为和经验的组织中心;经验心理学认为,自我是经验内容和行为模式的整体;行为主义则排除对自我的研究和这一概念的使用。西方心理学家一般认为,自我是人格理性和现实的功能系统。

在弗洛伊德的精神分析学中,自我理论是该学说的早期理论基础,也是人格理论的发展和提升,他认为人格由本我、自我、超我构成,分别对应早期的意识、前意识、潜意识(见图4-1)。

(1)本我(id):原我,是指原始的自己,包含生存所需的基本欲望、冲动和生命力。本我是一切心理能量之源,本我按"快乐原则"行事,它不理会社会道德、外在的行为规范。本我的目标是求得个体的舒适、生存及繁殖,它是无意识的,不被个体所觉察。

(2)自我(ego):德文原意即指"自己",是自己可意识到的执行思考、感觉、判断或记忆的部分。自我的机能是寻求"本我"冲动得以满足,而同时保护整个机体不受伤害。它遵循的是"现实原则",为本我服务。

(3)超我(superego):人格结构中代表理想的部分,它是个体在成长过程中通过内化道德规范、内化社会及文化环境的价值观念而形成的。超我包括良心和理想自我两个部分,其机能主要在监督、批判及管束自己的行为。超我的特点是追求完美,所以它与本我一样是非现实的。超我大部分也是无意识的,超我要求自我按社会可接受的方式去满足本我,遵循"道德原则"。

本我、自我、超我三者之间存在交互作用。自我在超我的监督下,按现实

图4-1　弗洛伊德的人格理论

可能的情况,允许来自本我的冲动有限地表现出来。在一个健康的人格当中,这三种结构的作用必然是均衡、协调的。

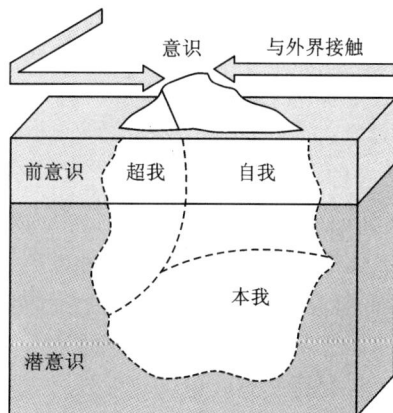

二、自体心理学

有一种方法敏锐地聚焦于个人的自体(self),认为自体是个人体验与发展的可能性的决定中心,这是已故的海因兹·科胡特理论取向的精华。科胡特是一位杰出的精神分析师,是美国精神分析协会前任主席。他最初致力于开发一套用于治疗原本无法治愈的病理性自恋(pathological narcissism)问题的理论与技术方法。在这个过程中,他清晰地阐述了自体心理学(self psychology),并认为它将带来传统的精神分析理论和自我心理学(ego psychology)理论与技巧的变革。

科胡特于1959年提出了自体心理学,学术界内对于自体概念进行充分研究已形成一个日益增强的趋势,伊迪斯·雅各布森(Edith Jacobson,1954)认为"正常的自我功能预设了一个充分的、分布平均的、持续的、原欲投注

(libidinous cathexis)的客体表象和自体表象"。从这个观点出发，自体评估甚至是对自体的爱，都被置于与客体评估和对客体的爱同等的高度上。弗洛伊德和哈特曼对这一可能性从未做过满意的认可，甚至不认为其具有可能性。雅各布森的观点的意义在于，将原欲投注平均地分布于自体表象和客体表象，我们就可以正常地爱我们自己，与爱他人一样多。与弗洛伊德的爱的经济学相比，即认为处在爱中的人自尊感将降低，更多地关注于爱的客体这一观点，雅各布森认为，健康的自尊是持久的爱的基础。

科胡特在临床上将"上位自体"(supraordinate self)概念化，同时修正了驱力理论。他注意到，"当个体为了寻求快乐或是毁灭而努力时，不论过程中有何种冲突，都有可能觉察到一个成了上位结构的自体，当然在这个组织中同时还包括驱力（或者防御），这个自体的重要性将超越其所有部分的总和"（1977）。

"自体客体(self object)"是一个重要的相关概念。它被体验为自体的一部分(科胡特，1971)，组成了一个人从出生起就需要的有反应的环境，以确保核心自体能够可靠地发展为成熟的内聚性自体。内化一个稳定的自体结构需要自我抚慰(self-soothing)的经验，如果没有意外，父母往往会成为这一经验的提供者。由于父母的过失，治疗师常常必须成为来访者那个缺失的自体客体。

科胡特最勇敢也最具发展性的贡献之一，就是他关于攻击性的观点，他没有将攻击性视为需要释放的天生驱力，而是将其视为在回应无反应的环境时产生的一个分解产物，这种没有反应的环境抑制了婴儿核心自体的发展。

三、客体心理学

英国客体关系理论是一个关于人类人格的理论，是从对治疗师与患者之间的关系的研究中得出的，并认为这种关系可以反映母婴二连体。这一理论认为，婴儿对其与母亲之间关系的体验是人格形成的原始决定因素，而婴儿对母亲的依恋需要也是婴儿期自体发展的激发因素。这是英国分析师工作的总结，这些分析师包括英国独立学派的罗纳德·费尔贝恩(Ronald Fairbairn)、唐纳德·温尼科特(Donald Winnicott)、哈里·冈特瑞普(Harry Guntrip)和米歇尔·巴林特(Michael Balint)，并由梅兰妮·克莱茵(Melanie Clein)和其他克莱茵学派的成员加以扩展。独立学派和克莱茵学派的理论截然不同，并且它们分别以不同的方式从弗洛伊德的心灵理论中分离出来，但在关注婴儿对母亲育养关系体验的重要性上是相似的。独立学派继承了弗洛伊德对性心理发育阶段的应用，但是不同意这些发育阶段的必然性是基于原始的本能。相反，他们认为与照顾者的关系需要是基本的驱动力，不同年龄阶段看到的具有关联性的特征是由相关需要的变迁来决定的，而不是由性欲为基础的本能负荷所决定。克莱茵学派继承了弗洛伊德关于原始本能的观点，并完善了死亡本能，但是他们修改了他的性心理发展时间表。他们描述了婴儿如何运用潜意识幻想来完成源于本能的张力释放，以及幻想的过程如何创造心理结构的观点。

客体关系是一个内容丰富的专业术语，跨越了内心和人际两个维度。它是指人格中内在的各个部分所组成的系统，它们在自体内相互联系。这些部分在现代关系理论中也有所体现，通过现代关系理论，客体关系的原始内心表征得到了进一步的修正。内在客体和自体中的其他部分同外在客体是相互作用的，因此，在任何关系中，双方的人格都在相互地彼此影响。我们的外在关系与我们的内在心理结构也在不断地相互作用。

内在客体是心理结构的一个部分，它形成于个人在早年生活中对重要照顾者的体验，在人格中就记录为那段早期关系留下的踪迹。不是记忆，不是表征，它是自体存在的一部分。内在客体关系是一个术语，它是指自我的某部分与其客体通过自我对与该客体之间关系的体验联系在一起。内在客体关系成为一个持续的但有可能被修改的自体的一部分，它可能存在于意识当中，而如果它激发起无法忍受的焦虑，那么它可能需要被排除到意识范围之外。

外在客体是指关系中的重要他人，它可以是指早期的重要他人或现在的重要他人。它与内在客体有关联，因为内在客体是基于与原始外在客体之间的体验，并通过现在对外在客体的选择体现。内在客体也会通过它与现在的外在客体之间的关系而得到修改。

第二节
行为主义

行为主义心理学（behavioristic psychology）是美国现代心理学主要流派之一。行为主义（behaviorism）的根本特点是排斥意识，主张以行为为心理学的研究对象。行为主义是由华生于 1913 年创立的。

行为主义的形成和发展可分为两个时期：1913—1930 年为早期行为主义，或称古典行为主义。包括第一代行为主义学家华生、霍尔特、魏斯等。他们基本都主张放弃意识改以行为作为心理学的研究对象，抛弃内省法改以客观法作为心理学的研究方法。1930—1960 年初为新行为主义。狭义的新行为主义通常指托尔曼、赫尔、斯金纳等的行为主义。这些第二代行为主义学家虽然理论体系有所不同，但是他们已不像早期行为主义者那样完全无视有机体的内部过程,开始注意对动机和认知机制的研究。而广义的新行为主义还包括第二代行为主义者的学生和助手对新行为主义的发展,又称为新的新行为主义。

虽然这些第三代的行为主义心理学家没有根本摆脱经典行为主义的理论架构,但他们已经大胆地把传统上被行为主义拒之于门外的心理学概念,诸如意识、思维等回归为心理学的研究对象,以趋向认知、整合吸收和突出社会内涵为主要特征。

一、行为主义的先行影响

(一)行为主义是机能主义心理学发展的必然结果

华生深受机能主义心理学的影响。机能主义心理学把人的心理、意识作为适应环境的工具,也就抹杀了人在意识指导下的行为与动物本能行为之间的本质差异,把人的行为等同于动物的行为,为华生提出行为主义原则做了必要的理论准备。华生的行为主义正式把机能主义心理学合乎逻辑地推向了极端,剔除掉原来残余的思辨痕迹,把机能主义顺利地过渡到行为主义。

(二)动物心理学的发展是行为主义产生的重要前提

华生曾明确宣称,他的行为主义心理学是动物心理学研究的直接结果,这表明行为主义与动物心理学的发展有着密切的内在联系。1910年,在美国已经有哈佛大学等8所大学建立了动物心理学实验室。华生明确承认,正是在芝加哥大学长期从事动物心理学的研究,使他形成了一种观念,既然能对动物的行为进行纯粹客观的观察和解释,那么也就能够对人的行为进行同样纯粹客观的观察和解释。

(三)巴甫洛夫的客观心理学对华生有重大影响

巴甫洛夫在研究高级神经活动的课题上创造性地运用了条件反射。有关条件反射的理论和实践是巴甫洛夫最伟大的科学成就。尽管巴甫洛夫本人拒绝把他的研究和心理学联系在一起,但是条件反射的观念和实验技术确实深深地影响了心理学的发展,尤其是对华生创立行为主义心理学产生了重大作用。

二、行为主义的主要观点

行为主义的主要观点是认为心理学不应该研究意识,只应该研究行为,把行为与意识完全对立起来。在研究方法上,行为主义主张采用客观的实验方法,而不使用内省法。主要观点可以概括如下。

(1)机械唯物主义决定论。

(2)认为心理学是一门自然科学,是研究人的活动和行为的一个部门,要求心理学必须放弃与意识的一切关系，提出两点要求：第一，心理学与其他自然科学的差异只是一些分工上的差异；第二，必须放弃心理学中那些不能被科学普遍术语加以说明的概念，如意识、心理状态、心理、意志、意象等。

（3）极力要求用行为主义的客观法去反对和代替内省法，认为客观方法有四种：①不借助仪器的自然观察法和借助仪器的实验观察法；②口头报告法；③条件反射法；④测验法。斯金纳则属于新行为主义心理学，他只研究可观察的行为，试图在刺激与反应之间建立函数关系，认为刺激与反应之间的事件不是客观的东西，应予以排斥。斯金纳认为，可以在不放弃行为主义立场的前提下说明意识问题。

三、行为主义的相关理论

行为主义心理学学派兴盛于美国，影响遍及全世界。20 世纪 20 至 50 年代，其间 40 多年，各国心理学界几乎全为行为主义的天下，它对于心理学的发展有着不可替代的作用。下面介绍几个主要的行为心理学者及其主要理论。

（一）巴普洛夫的经典行为主义理论

巴甫洛夫曾做过一个相当著名的实验，他利用狗看到食物时或吃东西之前会流口水的现象，在每次喂食前都先发出一些信号（一开始是摇铃，后来还包括吹口哨、使用节拍器、敲击音叉、开灯等），连续了几次之后，他试了一次摇铃但没有喂食，发现虽然没有东西可以吃，狗却照样流口水，而在重复训练之前，狗对于"铃声响"是不会有反应的。他从这一点推知，经过了连续几次的经验后，狗将"铃声响"视作"进食"的信号，因此引发了"进食"会产生的流口水现象。这种现象称为条件反射，这证明动物的行为是因为受到环境的刺激，将刺激的讯号传到神经和大脑，神经和大脑做出反应而来的。

条件反射的情境涉及四个事项，两个属于刺激，两个属于机体的反应。一个是中性刺激，它在条件反射形成之前，并不引起预期的、需要学习的反应。这是条件刺激（CS），在巴甫洛夫的实验中就是铃响。第二个刺激是无条件刺激（UCS）。它在条件反射形成之前就能引起预期的反应：条件反射形成之前，出现了肉，即 UCS，就引起唾液分泌。对于无条件刺激的唾液分泌反应叫作无条件反应（UCR）。这是在形成任何程度的条件反射之前就会发生的反应。由于条件反射的结果而开始发生的反应叫作条件反应（CR），即没有肉，只有铃响的唾液分泌反应。当两个刺激紧接着（在空间和时间上相近），反复地出现，就形成条件反射。通常，无条件刺激紧跟着条件刺激出现。条件刺激和无条件刺激相随出现数次后，条件刺激就逐渐引起唾液分泌。这时，动物就有了条件反应。一度中性的条件刺激（铃响）现在单独出现即可引起唾液分泌。

后人将他的试验概括为五个学习律：

（1）习得律（acquisition）：在条件刺激和无条件刺激之间建立联结的过程称为条件反射的习得过程。

（2）消退律（extinction）：条件反射形成后，如果得不到强化，条件反应会逐渐削弱或消失。

（3）泛化律（generalization）：条件反射形成后的初期，另一些相似的刺激也会引起条件反射。新刺激越接近原来的刺激，泛化现象越明显。

（4）分化律（discrimination）：对事物差异的反应。实现分化的手段可以是选择性强化，也可以是消退。

（5）二级条件作用（secondary conditioning）：把已经习得的条件反射当作无条件反射，加入另一个中性条件刺激，形成新的条件反射。

经典条件反射实验如图4-2所示。

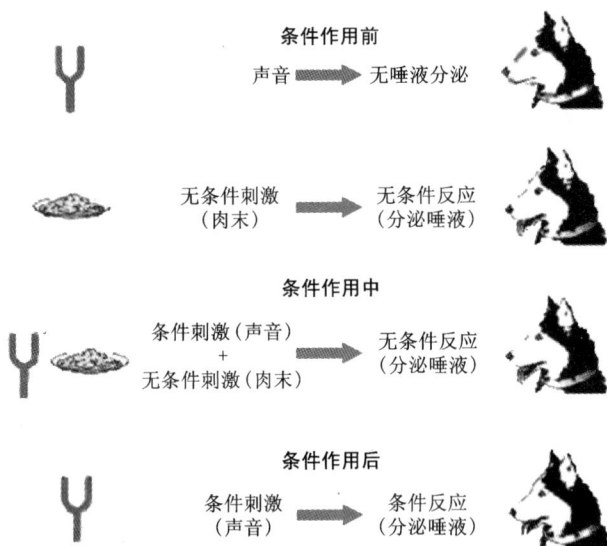

图4-2　经典条件反射实验

（二）华生的恐惧形成实验

华生找来一个11个月大的婴儿艾伯特作为被试，让艾伯特玩一只大白鼠，孩子在几周之内毫无惧怕的迹象，反而只有好奇和开心。有一天正当艾伯特伸手去摸那只大白鼠时，华生用锤子猛敲钢棍并发出很强的噪声，孩子被吓得猛然跳了起来。之后每当孩子伸手触摸大白鼠时，华生便敲击钢棍，孩子的反应更强烈了，猛然跳起然后跌倒并哭泣。这种实验重复多次之后，他不但惧怕大白鼠，而且害怕兔子，害怕用海豹皮做的衣服外套和棉花(刺激泛化)。华生得出的结论是：条件化的情绪反应具有扩散或迁移的作用。而在适当的条件下，又可分化开来，形成分化的条件情绪反应。这个实验放在今天会因为违反"道德原则"不能重复进行。华生可以通过重新形成条件反射的方法(去条件反射)使形成的恐惧予以消除。

华生是行为主义的创始人，也是经典行为主义的代表。他认为心理学研究的对象不是意识而是行为，心理本质是行为，心理学的研究方法必须抛弃"内省法"，而代之以自然科学常用的实验法和观察法。华生认为遗传特质和本能不能解释行为的产生，并认为条件反射和环境控制对人类的行为有非常重要的作用。行为可以模拟和控制，已知刺激能预知反应，已知反应可以推断出刺激，这就是经典的"刺激—反应"理论(S-R)。学习的本质是刺激与反应之间的联系。他有一句名言"给我一打健全的婴儿，我可以保证，在其中随机选出一个，训练成为我所选定的任何类型的人物——医生、律师、艺术家、商人，或者乞丐、窃贼，不用考虑他的天赋、倾向、能力、祖先的职业与种族。"

(三)新行为主义理论

1. 目的行为主义

托尔曼坚持认为心理学必须以客观的方法来研究可以外部观察的行为。但托尔曼所谓的行为与早期行为主义者有所不同，他反对在分子水平上研究行为，认为心理学应研究整体行为，而且整体行为是具有目的性和认知性的。在他看来，所有行为都是由目的来指导的，如白鼠走迷津、猫试图逃出迷箱等都是由目的导向的，白鼠每次走迷津，都是越来越快地达到目标，这就是说，白鼠正在学习，正是学习这种行为为达到目的提供了高度客观的证据。

2. 逻辑行为主义

赫尔认为可以建立一条从简单的电子质子运动一直到复杂的目的性行为的连续不断的逻辑链索，并把它作为科学的研究目标。赫尔提倡把数理演绎系统作为模型发展成为一种普遍的和形式化的行为系统。这一假设—演绎系统开始于假设，每个假设都充分、完满地与一个逻辑系统相合，从中演绎出结论来。如果结论与经验事实相符合，假设就保留；否则，假设就需要被修改或者排除。赫尔力图使心理学体系数量化，他的学习理论一度成为西方最有影响的学说。

3. 操作行为主义

斯金纳强调行为的科学研究必须在自然科学的范围内进行，其任务就是建立实验者控制的刺激情境与继之而来的有机体反应之间的函数关系。斯金纳的立场是严格的行为主义，他只研究能够观察到的行为；他所关心的是描述行为，而不是解释行为。斯金纳关于操作条件作用的原理是他对有机体行为进行分析的核心部分。他把条件作用区分为 S 型和 R 型。S 型反应是由一个特殊的、可观察的情境刺激所激起的反应，他称之为应答性反应；R 型反应是在没有任何可观察的外部刺激情境下发出的反应，他称之为操作行反应。他认为，在行为和环境的因果关系中，反应、刺激和强化是顺序发生的基本的偶合（contingency）。在这个过程中，强化的作用很重要。斯金纳按照操作强化原理制成的能够帮助教学的教学机对美国影响很大。在所有的新行为主义者中，斯金纳是坚持行为主义基本立场最激进的一位，也是对当代心理学影响最大、最重要的新行为主义者。在所有的新行为主义观点中，斯金纳的观点是最纯粹、最极端的，也是与华生的行为主义观点最接近的。

(四) 近代新行为主义

1. 接近联想行为主义

相对于其他新行为主义者来说，埃德温·古斯里的立场和观点更加与早期行为主义接近。他认为，条件作用是人类一切行为的基础，而刺激与反应的接近则是条件作用发生的普遍原则。因此，刺激和反应接近的条件作用原理可以说明人类的学习行为，其他概念诸如练习、动机、习惯、强化、遗忘等都是不必要的，因为它们都可以用接近原理来说明。古斯里的成就主要反映在他的学习理论中，而他的学习理论只强调刺激与反应的客观联结。古斯里主张，联结只发生于可观察的刺激与反应之间；而刺激和反应的联结只需要一个条件，即刺激和反应的接近，或称同时性条件作用。古斯里的接近联想行为主义简明扼要，并被其弟子集成和发展，广泛发展成为行为技术学，应用于多种行为治疗中。但他的理论也因为过于简单而遭到批评。

2. 诱因动机理论

斯彭斯是赫尔的合作者和继承者。他对赫尔理论和体系最主要的修正和发展就是关于诱因动机（incentive motivation）的理论。赫尔认为，诱因动机是刺激-反应联结的中介者，其强度受强化条件的影响。也就是说，强化在某一特定刺激做出某一特定反应上的奖励作用越大，那么它在那个刺激—反应上所产生的诱因动机作用也越大。而斯彭斯主张把奖励设想为对习惯有激励作用，而不认为它直接影响习惯强度本身。这是假定习惯强度是 S-R 接近次数的函数，奖励是通过诱因动机作用而对反应发生影响的。这个学说兼顾了诱因动机和接近原理。

3. 社会学习理论

社会学习理论（social learning theory）是解释人在社会环境中学习的行为主

义理论。它是在华生、赫尔、斯金纳等人的学习理论的基础上发展起来的,着重阐明人如何在社会环境中进行学习,从而形成和发展其人格特征。早期社会学习的代表多拉德和米勒合著的《社会学习与模仿》等书,进行了模仿的实验研究,强调行为受社会条件制约。由于他们是从动物行为研究的模式中去推论人的社会行为的,终究无法摆脱传统行为主义学习理论的局限性。20 世纪 60 年代,班杜拉创立了现代社会学习理论,认为人的社会行为是通过观察学习获得的,即观察他人行为和模仿他人的榜样形成的。在这一社会学习的过程中,起决定性作用的是环境,人们只要控制了环境,就可促使儿童的社会行为朝着预期的方向发展。与此同时,米契尔还提出了认知社会学习理论,主要用五种变量来阐明人们是怎么对各种刺激做出反应的,即认知和行为的构成能力、对行为的转译策略和个人的认知构成物、对自己行为结果的预期、主观上的刺激价值的倾向,以及自我调节系统和计划。这五个变量既是决定人们行为的重要因素,又是人格结构的主要成分。班杜拉和米契尔的理论既属于行为主义的范畴,又与传统的行为主义有区别,体现出了行为主义与人本主义心理学的渐趋一致。

行为主义者都强调心理学应采取科学的方法对行为进行精确的观察和度量,这对心理学走上科学化道路起到了积极的作用。但是他们排斥研究心理的内部结构和过程,否定意识研究的重要性,因而他们的人格理论与研究方法遭到了人本主义与认知心理学家的严厉批判。

第三节
认知心理学

20 世纪 50 至 60 年代,是世界心理学发展史上具有重要意义的时代。在现代信息科学(信息论、控制论和系统论)和语言学的推动下,认知心理学诞生了。现代认知心理学以人类认知为研究对象,通过与计算机的信息加工进行类比,研究人类认知的内部结构与过程。作为一种新的研究范式,它在心理学的各个领域迅速得到应用,并产生了深刻的影响。

一、认知心理学的定义

1. 认知

认知,是指人们获得知识或应用知识的过程,或信息加工的过程,这是人的最基本的心理过程。它包括感觉、知觉、记忆、思维、想象和语言等。人脑接受外界输入的信息，经过头脑的加工处理，转换成内在的心理活动，进而支配人的行为，这个过程就是信息加工的过程，也就是认知过程。

2. 认知心理学

认知心理学分为广义和狭义两种。广义的认知心理学是指以认知为研究对向的心理学，主张人的心理因素如认知、价值、选择等在人的行为中具有重要的作用，并重视对高级认知过程如思维、智力等的研究。狭义的认知心理学是指信息加工心理学，即运用信息加工观点来研究认知过程。信息加工心理学是现代认知心理学的主流，也是本节讨论的重点。

二、认知心理学兴起和发展的背景

由于历史上的元素主义、格式塔学派和行为主义在认知活动面前的无能为力，许多心理学家对心理学理论的发展表现出忧虑和不满，大家都希望有一个综合各派研究成果的统一理论和方法，认知心理学的兴起正是融合了许多心理学家的这一共同愿望。认知心理学是在科技时代背景下兴起和迅猛发展起来的。

(一)行为主义心理学受到批判

20世纪50年代以前由于行为主义只研究人的外显行为，拒绝研究人的心理意识，用"S(刺激)-R(反应)"公式来表述人的认识过程，否认人的主观能动性，把人的心理水平降低到动物的心理水平。现代认知心理学强调，决定行为的是内部机制，并用它来解释人类的行为。在其看来，刺激虽然重要，但它不能成为单独和直接说明行为的原因。行为与一系列的中间变量有关，用公式表示就是S-O-R。这个中间变量(O)包括需要和认知，需要是支配行为的动机，认知是对环境中客体的再认，环境提供的信息是通过支配外部行为的各种认知过程来编码、储存和操作的，正是这些内部过程把S和R联结起来，才能成为行为的决定因素。认知心理学抛弃了行为主义的一个重要观念：只有可以直接观察到的东西才能成为科学研究的对象。

(二)心理语言学的产生和发展

20世纪60年代，心理语言学产生了，并对现代认知心理学的兴起起到了积极推动的作用。其积极贡献主要表现在：用事实使人们看到了行为主义的环境决定论的缺陷，促使人们转向对人的心理过程的研究。支持研究人的认知过程，反对以动物行为推论人的行为规律的特点。支持对人的先天能力的肯定性看法。支持现代认知心理学所坚持的人的认知活动(知觉、记忆、思维、理解)。

(三)信息论思想的流行

20世纪60年代,新理论迅速发展。信息论是一种给信息的不确定性定量的方法,并能说明输入和输出之间的关系。该理论支持和构成了现代认知心理学中说明人的行为和内部心理过程密切联系的重要理论。因此,信息论的许多概念也就成了现代认知心理学的概念。

(四)计算机科学的发明和应用

20世纪50年代中期,计算机的发明和推广使用,使人们产生了将计算机与人脑进行类比的构想。计算机的功能包括信息的输入、存储、加工和输出。人的系统和计算机一样,它通过各种感官接收信息,经过神经系统不同水平、不同层次的加工,将信息存储在大脑中,然后产生有计划、有目的的行为。认知心理学对认知的最初解释就是从这种观点出发的。

三、认知心理学理论

(一)信息加工心理学理论

信息加工心理学把人和计算机进行类比。计算机从周围环境接受输入的信息,经过加工并储存起来,然后产生有计划的输出。人的系统和计算机一样,人的知识的获得也是人对信息的输入、转换、存储和提高的过程。人的认知的各种具体形式是整个信息加工的不同阶段。人的信息加工可以用图4-3来说明。

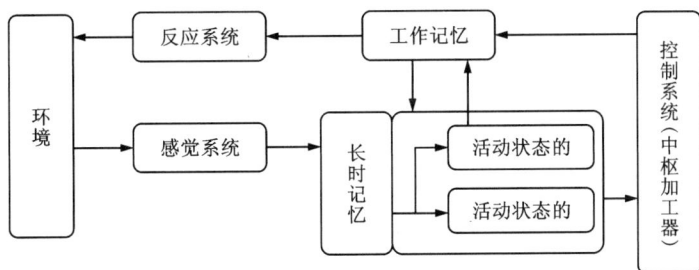

图4-3　人类信息加工系统模型

从图4-3我们可以看到,人类信息加工系统由四个主要部分组成:感觉、记忆、控制和反应系统。每一系统都表现出与其他系统有关的加工过程,箭头表示信息流通的方向。首先,环境向感觉系统输入信息,感觉系统对信息进行转换和结合,即抽取并连接刺激的基本特点,使已编码的物理刺激进入记忆系统之中。在这里，刺激和记忆中的模式相比较并得到大致的匹配。记忆系统包括两种记忆。一种是长时记忆，它是较长时间存贮的记忆，而且影响着对心理活动的加工。长时记忆中的信息只有一部分能对当时的加工产生影响。哪些信息能产生这种影响有赖于现在的和以前的输入。此时，这部分长时记忆便被激活，而这类被激活的成分有时就叫作活动的记忆。不过，被激活的记忆也只有一部分能得到精心的加工。这些得到精心加工的记忆被称作工作记忆。它虽然来自长时记忆，但却成了一种独立的结构。人的信息加工系统中的第三种结构成分是中枢加工器或加工系统的控制部分，它决定着加工系统如何去发挥作用，具体来说就是处理加工系统发挥作用的计划或目标，产生出达到目标、完成计划的手段。最后一种成分与实际反应有关，反应系统控制整个人的信息加工系统的输出，从运动的动作到言语乃至表情。

现代认知心理学认为这四种成分是以各种形式相互作用的。来自环境的信息在达到长时记忆之前必须先经有关感觉系统的加工处理。然而这类信息能对长时记忆产生什么影响作用常有赖于它们是否经过工作记忆而得到进一步的加工。而这种加工又依赖于中枢加工器当时所具有的目标。同时，记忆也为中枢加工器安排优先目标提供输入。计划和目标以及当前的信息状态导致采取什么动作的决策。这是信息激活反应系统。反应系统的输出又成为环境的一部分，向感觉系统提供输入。用司机看见红色交通灯就会刹车来举例，这个事件的整个过程可以粗略地分成以下几个阶段：①灯光记录在司机的视觉系统中；②司机提取和利用存储在记忆中的有关信息，识别出这是红色交通灯；③提取存储在记忆中的一条规则，即遇到红灯要停车；④执行这条规则。在这一进程中，原初信息经历一定的转换，从视觉刺激变成一个被识别的范畴，然后又成为一条应用规则的条件部分，最后转化为被执行的动作。

(二)认知心理学主要理论概述

认知心理学的主要代表人物有美国心理学家和计算机科学家纽厄尔(Alan Newell，1927)以及美国科学家、人工智能开创者之一的西蒙(Herbert Alexander Simon，1916)等。他们的主要理论如下。

1. 把人脑看作类似于计算机的信息加工系统

他们认为人脑的信息加工系统是由感受器、反应器、记忆和处理器(或控制系统)四部分组成的。首先，环境向感觉系统即感受器输入信息，感受器对信息进行转换；转换后的信息在进入长时记忆之前，要经过控制系统进行符号重构、辨别和比较；记忆系统贮存着可供提取的符号结构；最后，反应器对外界做出反应。

2.强调人头脑中已有的知识和知识结构对人的行为和当前的认识活动有决定作用

认知理论认为，知觉是确定人们所接受到的刺激物的意义的过程，这个过程依赖于来自环境和来自知觉者自身的信息，也就是知识。完整的认知过程是定向—抽取特征—与记忆中的知识相比较等一系列循环过程。知识是通过图式来起作用的。所谓图示是一种心理结构，用于表示我们关于外部世界的已经内化了的知识单元。当图示接收到适合它的外部信息时就被激活。被激活的图示使人产生内部知觉期望，用来指导感觉器官有目的地搜索特殊形式的信息。

3. 强调认知过程的整体性

现代认知心理学认为，人的认知活动是认知要素相互联系、相互作用的统一整体，任何一种认知活动都是在与其相联系的其他认知活动配合下完成的。

在人的认知过程中，前后关系很重要。它不仅包括人们接触到的语言材料的上下文关系，客观事物的上下、左右、先后等关系，还包括人脑中原有知识之间、原有知识和当前认知对象之间的关系。

除此之外，ABC 理论是由美国心理学家埃利斯创建的。她认为激发事件 A（activating event 的第一个英文字母）只是引发情绪和行为结果 C（consequence 的第一个英文字母）的间接原因，而引起 C 的直接原因则是个体对激发事件 A 的认知和评价而产生的信念 B（belief 的第一个英文字母），即人的消极情绪和行为结果（C），不是由于某一激发事件（A）直接引发的，而是由于经受这一事件的个体对它不正确的认知和评价所产生的某种信念（B）所直接引起。这种信念也称为非理性信念。常见的不合理信念有：

（1）人应该得到生活中所有对自己是重要的人的喜爱和赞许；

（2）有价值的人应在各方面都比别人强；

（3）任何事物都应按自己的意愿发展，否则会很糟糕；

（4）一个人应该担心随时可能发生灾祸；

（5）情绪由外界控制，自己无能为力；

（6）已经定下的事是无法改变的；

（7）一个人碰到的种种问题，总应该都有一个正确、完满的答案，如果一个人无法找到它，便是不能容忍的事；

（8）对不好的人应该给予严厉的惩罚和制裁；

（9）逃避可能、挑战与责任要比正视它们容易得多；

（10）要有一个比自己强的人做后盾才行。

✎ 课堂互动

案例：

一般资料：李××，女，20岁，大学一年级学生。

主诉：与人交往感到紧张、害怕，因此不敢到教室上课、不敢去人多的地方。自我报告：在高一那年，我对班上一男生有好感，我也发觉他经常看我，每当看到他看我时，我感到很紧张。有一次放学回家路上，他提出要与我交朋友，当时我紧张极了，连想都没有想就拒绝了他。自那以后他不再理我，我想他肯定很恨我，我不敢去面对他，总是有意无意躲着他，后来大概是为了报复我，他坐在自己的座位上一个劲地咳嗽，我有时也用咳嗽回敬他，他就更加明显，分明他咳嗽是针对我来的，我学习也学不进去。后来请老师换了一个座位，我开始还满有信心的，可到后来我对那个声音还是特别敏感，每当周围同学咳嗽就担心是针对我的，我感到很烦恼。后来在与同学交往时也感到紧张，面红出汗，很在意同学的言行，担心对方鄙视、嘲笑、看不起自己，后来变得不敢与同学交往，甚至不敢去教室上课。

他人介绍：能力发育正常，父母性格急躁，管教严格，对学习要求很高。性格内向、胆小。平时与男同学很少交往。记得在初二的一次期末考试，同桌的一位男同学问她一道题怎么答，她很高兴地告诉了那位同学，后来被监考老师发现，并说"有些同学眉来眼去的干什么"，当时她感到十分害怕，怕别人说她不正经。

如何运用认知心理学的理论方法对来访者进行帮助。

第四节
人本主义心理学

人本主义心理学(humanistic psychology)是第二次世界大战后美国在当代西方心理学中的一种革新运动。20世纪60年代初美国人本主义心理学会成立后，这一运动有较大发展，1971年在荷兰举行过国际会议，影响扩及欧洲和亚洲。

一、人本主义心理学的起源

在人本主义心理学之前，欧洲有一批心理学家与存在主义哲学家的观点非常一致，他们被冠以"存在主义心理学家"的称号。他们以著名的存在主义哲学家尼采、萨特等的学说为基础，发展他们的心理学理论。这些存在主义心理学家包括宾斯万格、弗兰克尔和罗洛·梅等人。

存在主义心理治疗的焦点是解决存在的焦虑，解决个人因为生活没有意义而产生的惊慌感、恐惧感，治疗一般包括通过强调自由选择，以及建立一种可以减轻空虚、焦虑和烦恼的生活方式，培养对人生的更加成熟的态度。

存在主义哲学深刻地影响到了当时的一些美国心理学家的观点。卡尔·罗杰斯便是其中之一。但同时罗杰斯也渐渐意识到，早期的利用存在主义而做的心理治疗并不能替患者决定他们的问题是什么以及如何去解决。另外一位被影响到的亚伯拉罕·马斯洛则说，我们需要一种科学的、比存在主义更加有证明力的心理学去"思考那些一直由非科学家解决的问题——宗教、诗歌、价值观、哲学和艺术"。

建立一个新的心理学流派去理解人类行为，便成为罗杰斯和马斯洛毕生的工作——这便是早期人本主义心理学的雏形。

二、人本主义的观点与内容

(一)人本主义主要观点

人本主义心理学家认为心理学应着重研究人的价值和人格发展，他们既反对弗洛伊德的精神分析把意识经验还原为基本驱力或防御机制，又反对行为主义把意识看作行为的副现象。关于人的价值问题，人本主义心理学家大都同意柏拉图和卢梭的理想主义观点，认为人的本性是善良的，恶是环境影响下的派生现象，因而人是可以通过教育提高的，理想社会是可能的。在心理学的基本理论和方法论方面，他们继承了 19 世纪末 W. 狄尔泰和 M. 韦特海默的传统，主张正确对待心理学研究对象的特殊性，反对用原子物理学和动物心理学的原理和方法研究人类心理，主张以整体论取代还原论。

(二)人本主义核心内容

至今为止，全世界还没有一个普遍认可的人本主义理论的定义。这种现象在 20 世纪 60 年代和 70 年代初期尤为突出。当时，似乎每个人都认为自己是"人本主义"的，并努力使自己的理论普及。结果人本主义成了一种热门理论，似乎它包治百病。近年来，由于人本主义心理学不再像以往那样流行，对人本主义理论的宣扬也变少了，但还是有不少心理学者认为自己属于这一流派。虽然目前还没有明确的标准来判别一种心理治疗的方法是否属于人本主义的范畴，但是一般认为，人本主义心理学的核心内容有四个方面：强调人的责任、强调此时此地、从现象学角度看个体、强调人的成长。

1. 人的责任

人们自己最终要对所发生的事情负责，这就是人本主义人格理论的基础。人本主义心理学家把人看作自己生活的主动构建者，可以自由地改变自己，如果不能改变，只是因为身体上有局限。

2. 此时此地

根据人本主义的观点，只有按生活的本来面貌去生活，我们才能成为真正完善的人。对过去和将来的某些思考虽然有益，但是多数人花费过多的时间反省过去、计划未来其实是在浪费时间。因为，只有生活在此时此地，人才能充分享受生活。

3. 个体的现象学

人本主义心理学家认为，没有人比你更了解自己，他们鼓励自己能够克服自己遇到的暂时的困境。

4. 人的成长

根据人本主义心理学的观点，让所有需要立刻得到满足并不是生活的全部。当人们眼前的全部需要得到满足后，他们不会感到满意或幸福，而要得到满意或幸福必须永远地、积极地寻求发展，这就是人的"自我完善"。人本主义心理学认为，除非有困难阻碍我们，我们会不断朝着这种满意状态发展。

三、罗杰斯的自我理论

(一) 自我理论

罗杰斯认为，一个人看待他自己的方式是预测即将发生行为的最重要的因素。刚出生的婴儿并没有自我的概念，随着他(她)与他人、环境的相互作用，他(她)开始慢慢地把自己与非自己区分开来。当最初的自我概念形成之后，人的自我实现趋向开始激活，在自我实现这一股动力的驱动下，儿童在环境中进行各种尝试活动并产生大量的经验。通过机体自动的估价过程，有些经验会使他(她)感到满足、愉快，有些则相反，满足愉快的经验会使儿童寻求保持、再现，不满足、不愉快的经验会使儿童尽力回避。

在孩子寻求的积极经验中，有一种是受他人的关怀而产生的体验，还有一种是受到他人尊重而产生的体验，不幸的是儿童这种受关怀尊重需要的满足完全取决于他人，他人（包括父母）是根据儿童的行为是否符合其价值标准、行为标准来决定是否给予关怀和尊重，所以说他人的关怀与尊重是有条件的，这些条件体现着父母和社会的价值观，罗杰斯称这种条件为价值条件。

儿童不断通过自己的行为体验到这些价值条件，会不自觉地将这些本属于父母或他人的价值观念内化，变成自我结构的一部分。渐渐地，儿童被迫放弃按自身机体估价过程去评价经验，变成用自我中内化了的社会的价值规范去评价经验。这样，儿童的自我和经验之间就发生了异化，当经验与自我之间存在冲突时，个体就会预感到自我受到威胁，因而产生焦虑。当预感到经验与自我不一致时，个体会运用防御机制（歪曲、否认、选择性知觉）来对经验进行加工，使之在意识水平上达到与自我相一致。如果防御成功，个体就不会出现适应障碍，若防御失败就会出现心理适应障碍。

（二）以人为中心的治疗策略

罗杰斯的以人为中心的治疗目标是将原本不属于自己的是经内化而成的自我部分去除掉，找回属于他自己的思想情感和行为模式，用罗杰斯的话说"变回自己""从面具后面走出来"，只有这样的人才能充分发挥个人的机能。人本主义的实质就是让人领悟自己的本性，不再倚重外来的价值观念，让人重新信赖、依靠机体估价过程来处理经验，消除外界环境通过内化而强加给他的价值观，让人可以自由表达自己的思想和感情，从而健康发展。

以人为中心的治疗策略有三项核心条件，它们分别是真诚一致、无条件积极关注、设身处地地理解。

1. 真诚一致

真诚一致是指治疗者在治疗关系中是一个表里一致、真诚统合的人。罗杰斯认为真诚一致是提高治疗的最基本也是最重要的条件，它意味着治疗者在这个过程中无须用他的职业角色来掩饰自己的真正面目，要求治疗者必须保持较高水平的自我意识。治疗者对患者来说是透明的，必要时也要表达自己的思想、情感及态度，需要不断地把患者的情感和思想符号化并纳入自我概念中以保持自己的真诚一致。同时，治疗者要认可患者的那些反面的思想、感情或态度并把它们当作正面一样来表达。

2. 无条件积极关注

"无条件"是指无须患者争取，无须取决于患者的特殊行为；"积极"指的是趋向热忱和友爱;"关注"指的是把患者当成重要的人那样去关心。三个词连在一起就有了一个完整的意义,即不附加任何限制地对患者表现出热忱和认可,不管患者表现出什么行为都继续尊重他。

3. 设身处地地理解

治疗者可以尽可能多地理解患者看待自己和客观世界的方式,只有通过这种理解才有可能促进自我概念向积极方面良性发展,这种理解包括治疗者愿意且拥有毫无惧怕地进入患者的隐蔽的内部世界的能力并彻底通晓这个内部世界。

只要上述三个条件存在,患者就会产生积极的变化。

四、马斯洛的需要层次论

马斯洛认为人类行为的心理驱力不是性本能,而是人的需要。他将需要分为两大类、七个层次,好像一座金字塔,由下而上依次是生理需要、安全需要、归属与爱的需要、自尊需要、认识需要、审美需要、自我实现需要(见图4-4)。人在满足高一层次的需要之前,至少必须先部分满足低一层次的需要。第一类需要属于缺失需要,可产生匮乏性动机,为人与动物所共有,一旦得到满足,紧张消除,兴奋降低,便失去动机。第二类需要属于生长需要,可产生成长性动机,为人类所特有,是一种超越了生存满足之后,发自内心的渴求发展和实现自身潜能的需要。满足了这种需要个体才能进入心理的自由状态,体现人的本质和价值,产生深刻的幸福感,马斯洛称之为"顶峰体验"。马斯洛认为人类共有真、善、美、正义、欢乐等内在本性,具有共同的价值观和道德标准,达到人的自我实现关键在于改善人的"自知"或自我意识,使人认识到自我的内在潜能或价值。人本主义心理学就是促进人的自我实现。

自我实现的需要是最高等级的需要。满足这种需要,就要求完成与自己能力相称的工作,最充分地发挥自己的潜在能力,成为所期望的人物。同其他基本需要不同,别的需要一经满足就自行消失,不再作为需要至少不作为占优势的需要而存在,而自我实现则永远不会消失,马斯洛认为它是"一种单纯的、终极的价值,或者说是人生的目的"。

自我实现是一个连续不断的发展过程。自我实现不是单纯的观念运动,而是随时随地、点点滴滴地实现个人潜能的过程,去工作,去劳动,去认知,去体验,使之处于满意状态,努力做好自己想做的事情。

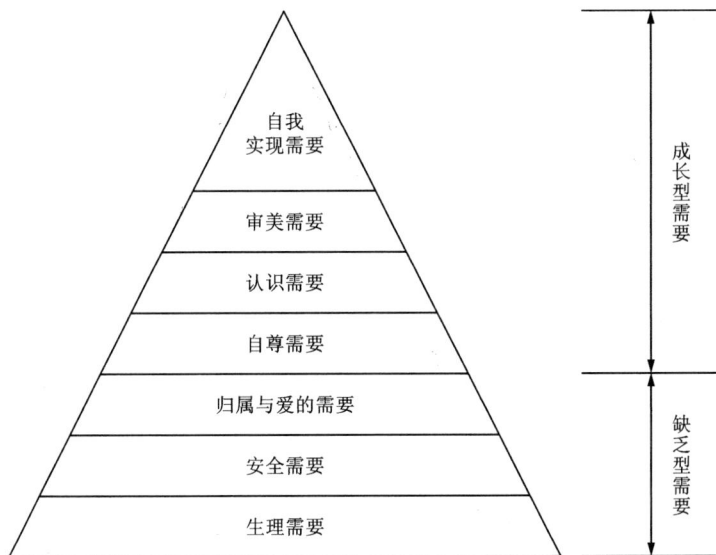

图 4-4　马斯洛需求层次分布图

课 堂 互 动

小林，女，22 岁，某大学四年级学生。在毕业离校前一个月服安眠药自杀，被室友发现，送医院抢救，自杀未遂，由辅导员和室友陪同来到心理咨询室。

小林父母在其 5 岁时离婚，后随母亲寄居在其姨妈家。姨妈一家人生活很严肃，虽在经济上资助她们，但很少和她们有更多的情感的沟通，小林常有一种寄人篱下、受人施舍的屈辱感。在小林 8 岁时，和妈妈搬出姨妈家，两人单独过活，她的这种执拗使姨妈家又气又无奈，关系变得较疏离和冷漠。小林 9 岁时妈妈患了抑郁性精神病，后来稳定，很少复发，但常常会歇斯底里地向小林乱发脾气。小林虽心里感到很委屈，但知道母亲不容易，也常常是忍了又忍。

考上大学后，家里没人照顾母亲，小林在学校旁边租房将母亲接到身边，边学习边打工，还照顾母亲，但常常会受到母亲的无端辱骂。所有这一切，外表坚强的她都忍受了下来，从未让同学知道自己的事情，而且担任系学生会宣传部部长。她性格外向，朋友较多，很有能力，也很开朗豪爽。毕业实习期间小林凭借自己的能力找到了一份文秘工作。她工作干得很好，因此得到了公司的留用。后来公司决定让她熟悉一下销售业务，让其搞营销，她觉得自己最不愿意求人，不擅长，不喜欢，没信心做好，但又担心公司因此解除与她的聘用合同，不好拒绝，所以内心很矛盾，心情很沮丧。在这个时候，她回到学校，想暂时放松一下，自己特别想找一个依靠，于是向一位心仪已久的同学表白了自己的爱慕之情。但没有料到该同学会断然拒绝。这一系列的不如意，使她感到无助、沮丧和无边地绝望。"太累了，好想休息一下。"但是不能，只有死，才可以彻底摆脱这一切，彻底放松。她给自己的母亲、那个男孩、她的两个要好的朋友分别写了信或遗书，吞下了安眠药。

如何运用人本主义的理论方法来帮助来访者。

第五章

心理健康状况的评估

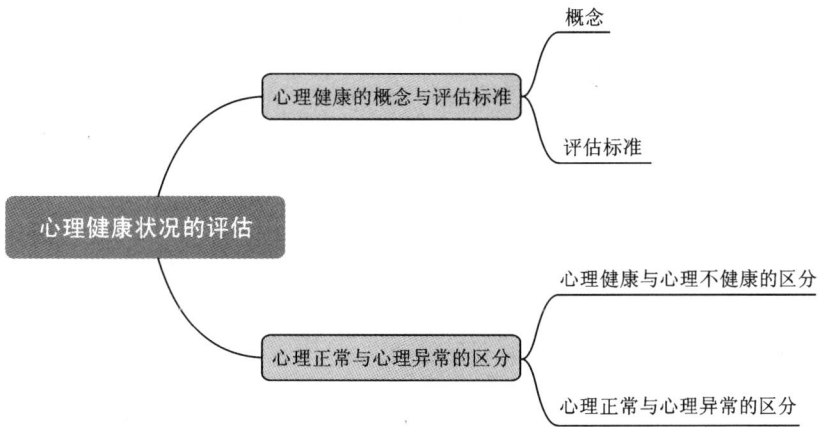

心理健康的概念与评估标准
- 概念
- 评估标准

心理健康状况的评估

心理正常与心理异常的区分
- 心理健康与心理不健康的区分
- 心理正常与心理异常的区分

第一节
心理健康的概念与评估标准

一、心理健康的概念

健康是人类生存和发展的基础，随着现代社会的发展和进步，人们对健康的观念也在不断地发生变化。过去，人们对健康的理解强调的是身体没有缺陷和疾病，即大部分人会认为"身体没病就是健康"。但是，随着医学水平的提高和人们对精神世界认识的加深，人类对健康的认识也发生了质的变化。

1948年世界卫生组织（简称WHO）成立时，在宪章中把健康定义为："健康是一种生理、心理和社会适应都日臻完满的状态，而不仅仅是没有疾病和虚弱的状态。"1977年，恩格尔（Engel）在《科学》杂志上发表了一篇著名的论文，在该论文中他提出了一个基本的假设：健康和疾病是生物、心理、社会因素相互作用的结果，即生物—心理—社会模式。这立即在医学和健康领域产生了广泛的影响，导致由单纯生物医学模式转向了当代生物—心理—社会医学模式。与此相一致，1989年WHO对健康做了新的定义："健康不仅是没有疾病，而且包括躯体健康、心理健康、社会适应良好和道德健康。"

在生物—心理—社会模式下，健康与疾病其实就是个体的生理、心理与环境相互作用过程中的平衡或失衡的状态，对于疾病和健康，生理、心理和社会具有同等重要的作用。心理与社会的相互作用更多地反映了健康与疾病过程中的宏观变化过程，如人格特征、应对方式、生活事件、负性情绪等，而生物因素则更多反映了健康与疾病过程中的微观变化过程，如基因突变、组织细胞损伤、生理生化系统紊乱等。

1946年第三届国际心理卫生大会指出，心理健康是指"身体、智力、情绪十分协调；适应环境，在人际交往中能彼此谦让；有幸福感；在工作和职业中能充分发挥自己的能力，过有效率的生活"。国内外许多学者从各自关注的角度对心理健康进行论述，迄今为止，对于什么是心理健康还没有一个统一的、公认的定义。一般认为，心理健康是指心理形式协调、内容与现实一致和人格相对稳定的状态。

二、心理健康的评估标准

关于心理健康的标准，不同学者的观点不同，并且随着社会文化和时代的变化不同，心理健康标准也在不断地发展和变化。比如，在封建社会，安贫乐道可能是一种理想的保持心理平衡的观念，但是在现代社会，如果安于现状而不思进取，就可能在激烈的社会竞争中被淘汰。不少学者都对心理健康的标准提出了自己的看法。

(一)马斯洛的心理健康标准

美国著名心理学家马斯洛提出了心理健康的十条标准：

(1)充分的安全感；

(2)充分了解自己，并对自己的能力做适当的估价；

(3)生活的目标能切合实际；

(4)能与现实环境保持接触；

(5)能保持人格的完整与和谐；

(6)具有从经验中学习的能力；

(7)能保持良好的人际关系；

(8)适当的情绪表达及控制；

(9)在不违背集体要求的前提下，能做有限度的个性发挥；

(10)在不违背社会规范的前提下，对个人的需要能做恰如其分的满足。

(二)许又新的心理健康标准

我国心理学家许又新教授提出了评估心理健康的三个标准，并把这三个标准联系起来综合考察：

(1)体验标准：是指个人的主观体验和内心世界的状况，主要包括是否有良好的心情和恰当的自我评价等。

(2)操作标准：是指通过观察、实验和测验等方法考察心理活动的过程和效应，其核心是效率，主要包括个人心理活动的效率和个人的社会效率或社会功能。如工作和学习效率高低、人际关系和谐与否等。

(3)发展标准：着重对人的个体心理发展状况进行纵向考察与分析。

(三)郭念锋的心理健康标准

我国心理学家郭念锋教授在其所著的《临床心理学概论》一书中提出从以下十个方面判断心理健康的水平：

(1)心理活动强度——对于突然强大精神刺激的抵抗能力；

(2)心理活动耐受力——对慢性、长期精神刺激的抵抗能力；

(3)周期节律性——用心理活动的效率做指标；

(4)意识水平——以注意力品质的好坏为客观指标；

（5）暗示性——易被周围环境的无关因素引起情绪波动和思维的动摇；

（6）康复能力——从创伤刺激中恢复到往常水平的能力；

（7）心理自控力——对情绪、思维和行为的自控程度；

（8）自信心——正确自我认知的能力；

（9）社会交往——能否正常与人交往；

（10）环境适应能力——采取主动或被动措施，使自身与环境达到新的平衡。

综上所述，心理健康的标准是多层次、多方面的，要科学、正确判断一个人的心理是否健康，必须从多个角度进行考察，还要结合不同地区、不同民族、不同文化、不同时代的具体情况。

第二节
心理正常与心理异常的区分

一、心理健康与心理不健康的区分

（一）心理健康与心理不健康的概念

心理健康和心理不健康是相对的一组概念，心理健康是指一个人各类心理活动正常、关系协调、主观反应的内容和现实刺激一致、人格相对稳定的状态。从静态角度来看，心理健康是一个相对稳定和平衡的心理状态，它在某一时段内展现着自身的正常功能。这种平衡在常规条件下，是通过自身与内外环境的相互作用来实现的。然而，从发展角度来看，无论是自身状态还是生存环境都处在变化之中，个体为应对千变万化的内外环境，围绕某一群体的心理健康常模，在一定（两个标准差）范围内不断上下波动。当自身或内外环境发生了剧烈变化的时候，这种平衡就可能被打破，心理活动也就有可能会发生偏离，处于一种相对失衡的状态。从动态角度来看，健康的心理活动是一种动态平衡的心理过程，当心理活动变得相对失衡，而且对个体的生存发展和稳定生活质量起负面影响的时候，心理活动便处于"心理不健康"状态。心理不健康状态也是一个动态失衡的过程，只要及时进行调整，平衡又可以得到恢复。

无论是心理健康状态，还是心理不健康状态，心理功能都没有遭到破坏，没有出现"精神障碍"的症状，因此都属于"正常心理"的范畴，只是"正常"的水平高低和程度不同而已。因此，心理健康和心理不健康都是人的正常心理活动，即使是心理不健康，也不是心理不正常，只是心理健康的水平低于一般人群。

(二)心理不健康状态的分类

根据刺激的性质、反应持续的时间、反应的强度以及反应是否泛化，心理不健康状态分为三类：一般心理问题、严重心理问题和神经症性心理问题(可疑神经症)。

1. 一般心理问题

一般心理问题是由现实因素激发，持续时间较短，情绪反应能在理智的控制之下，不严重破坏社会功能，情绪反应尚未泛化的心理不健康状态。

刺激的性质：由于现实生活、工作压力、处事失误等因素而产生内心冲突，并因此而体验到不良情绪(如厌烦、后悔、懊丧、自责等)；

反应持续时间：不良情绪反应不间断地持续一个月，或间断地持续两个月仍不能自行化解；

反应强度：不良情绪反应仍在相当程度的理智控制下，始终能保持行为不失常态，基本维持正常生活、学习、社会交往，但效率有所下降；

反应是否泛化：自始至终，不良情绪的激发因素仅仅局限于最初事件，即便是与最初事件有联系的其他事件也不引起此类不良情绪。

2. 严重心理问题

严重心理问题是由相对强烈的现实因素激发，初始情绪反应剧烈，持续时间长久，内容充分泛化的心理不健康状态。有时伴有人格缺陷。

刺激的性质：较为强烈的、对个体威胁较大的不同现实刺激，并因此而体验到不同的痛苦情绪(如悔恨、冤屈、失落、恼怒、悲哀等)；

反应持续时间：痛苦情绪反应间断或不间断持续两个月以上、半年以下；

反应强度：遭受的刺激强度越大，反应越强烈。在多数情况下，开始短暂失去理性控制，随后痛苦可逐渐减弱，但单纯依靠"自然发展"或"非专业性的干预"也难以解脱。对生活、工作和社会交往有一定程度的影响。

反应是否泛化：引起来访者目前不良的心理和行为反应的刺激事件不再是最初的事件，同最初刺激事件相类似、相关联的事件(已经泛化)甚至是同最初刺激事件不类似、无关联的事件(完全泛化)也能引起这些心理和行为反应(症状表现)。

案例分享

> Z同学向心仪的女生表白后遭到拒绝，从此见到女生就会感到紧张、拘谨，不敢主动与女生交流，与女生说话时会脸红、结巴，眼睛不敢正视女生，在教室会坐在远离女生的位置。他自己也意识到了自己的问题，看了一些心理方面的文章，想自己进行调整并改变这种状况，寝室室友也给了一些建议，但始终没得到改善。两个月后，他看到杂志、广告中的女性图片后也开始感到不自在，会尽量转移视线(部分泛化)。近来，看到女生相关的用品，如服饰、化妆品等也开始出现胸闷、呼吸不畅的状况(完全泛化)。

3. 神经症性心理问题(可疑神经症)

神经症性心理问题已经接近神经衰弱或神经症，或者本身就是神经衰弱或神经症的早期阶段。它与严重心理问题的区别在于"内心冲突的性质"和"病程"。严重心理问题的心理冲突属于心理冲突的常形，持续时间在半年之内。心理冲突的常形有两个特点，一是它与现实处境相联系，涉及大家公认的重要的生活事件，例如：一男生因性格不和想与女友分手又怕伤害到对方，犹豫不决，内心痛苦；二是带有明显的道德性质，无论你持什么道德观点，你总可以将冲突的一方视为道德的、另一方视为不道德的。神经症性心理问题的内心冲突属于心理冲突的变形，心理冲突的变形也有两个特征，一是它与现实处境没什么关系，或是它涉及的是生活中鸡毛蒜皮的事，一般人认为不值得为它操心，或者很容易解决的问题他却解决不了。例如，某人总是为早上出门穿什么衣服而纠结，以致焦躁不安。二是不带有明显的道德色彩。神经症性心理问题持续时间在半年以上。

(三)心理不健康的应对

心理不健康的各类状态是心理咨询的工作对象。现实生活中，大部分人的心理状态处于一般心理问题的范围内，通过自身努力可以自行摆脱，也可寻求帮助更快更好地解决。严重心理问题必须靠别人帮助或改善处境才能摆脱，应及时找心理老师咨询与指导，以免因心理问题影响情绪以及学习、生活质量，如果不及时进行咨询与疏导，也有可能转化为其他心理障碍或疾病。神经症性心理问题应及时到专业机构寻求专业的咨询与干预。

目前心理咨询的实际工作，已经远远超出上述"心理不健康状态"的范围，实际上已经涉及神经衰弱或神经症。

二、心理正常与心理异常的区分

(一) 心理正常与心理异常的概念

心理正常是指人的心理发展与社会生活发展相一致,表现为智力正常、情绪稳定、人际和谐、行为合理、人格完善和能适应环境。心理异常是指偏离正常人的心理活动的心理和行为,是大脑的生化功能障碍或者人对客观现实反映的紊乱和歪曲,既反映为个人自我概念和某些能力的异常,也反映为社会人际关系和个人生活上的适应障碍。人们在日常生活中常用精神病、变态行为、情绪障碍这样的词来对此加以描述和区分。心理异常的表现受多种因素的影响,包括客观环境条件、大脑神经活动过程、主观经验、当时的心理状态以及不同的社会文化背景等,所处的角度不一样,标准也不一致。

心理正常和心理异常之间的差别往往是相对的,两者之间没有明显的界线,在某些情况下两者可能有本质的区别,但在更多的情况下又可能只有程度的不同,甚至在一定条件下双方可以相互转化。正常人在某个时期也会有异常心理活动,精神病患者哪怕是最严重时也有正常心理活动。心理问题诊断中经常出现的几个诊断结果按严重程度从轻到重依次为:一般心理问题、严重心理问题、神经症性心理问题(疑似神经症)、神经症、重性精神障碍。

心理正常与心理异常的区分如图5-1所示。

(二) 心理异常的判别标准

近年来,国内外不少心理学家为正确地区分心理正常和心理异常,制定了不少测验工具和量表,并应用现代化的仪器去处理数据,使心理测量有了很大进步。但是,由于人的心理活动极其复杂,简单的量表测得的结果只能起参考作用,判断一个人心理是否异常及异常的程度,主要还靠认真观察。

常用的心理异常的判别标准主要有如下几种。

1. 个体经验标准

个体主观上感受到心理不适或痛苦,有求助求医意愿;医生或咨询师凭借自身的临床实践经验加以判别。

2. 社会适应标准

以社会适应标准衡量心理活动是否与社会的生存环境相适应,并从个体对社会、集体、人际关系、人和自我的态度以及习惯的行为方式中来观察正常与否。适应者为正常,不适应者为异常。

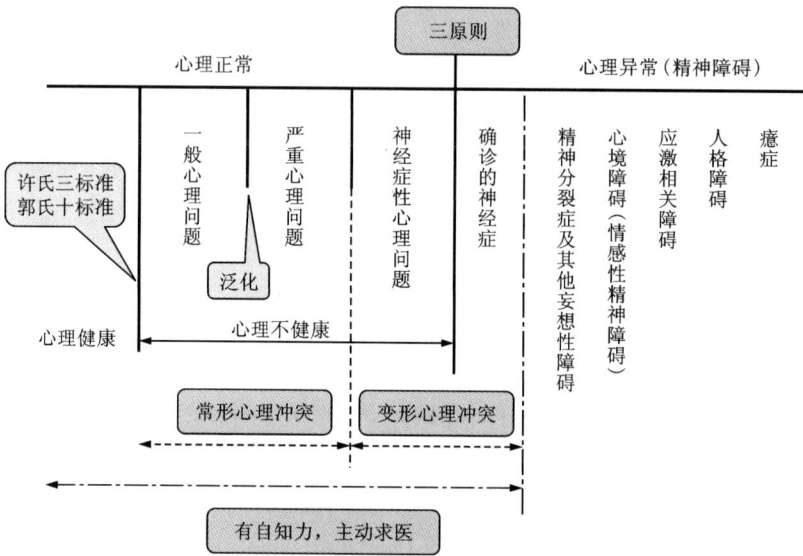

图 5-1　心理正常和心理异常图示

3. 医学标准

根据病因与症状存在与否，通过各种医学检查，找到引起心理异常症状的生物性原因，以此判断心理活动的正常或异常。

4. 统计学标准

对人群的心理特征通过心理测量进行量化，心理测量结果通常是呈正态分布的，处于平均数正负两个标准差区间的人数通常被定义为正常，而远离平均数的两端被视为异常。因此，决定一个人的心理正常或异常，就以其心理特征偏离群体平均值的程度做依据。

(三)心理异常的判断原则

在临床上判断心理是否异常，一般依据以下三个原则。

1. 主客观世界统一性原则

一个人的心理活动，与其所处的社会环境、自然环境是否统一是决定其心理是否健康的重要指标。也就是说，当一个人说话办事能被常人理解，不感到离奇、出格时，其心理一般是正常的。如果他看到了、听到了实际上不存在的内容，主观、客观不一致，显然是不正常的心理活动。

2. 心理活动内在协调性原则

人的精神活动是一个完整的统一体，认知、情感、意志和行为应该是协调一致的。人们常说"人逢喜事精神爽，闷来肠愁盹睡多"，"酒逢知己千杯少，话不投机半句多"，都说明了这种知、情、意、行的一致性。如果一个同学面带笑容地讲述他的不幸遭遇，我们说他对痛苦的事件缺乏相应的内心体验，知觉、情感、意志行为不协调，是一种心理异常状态。

3. 人格相对稳定性原则

一个人在长期的生活经历过程中形成了独特的个性心理特征，具有相对的稳定性，也就是俗话所说的江山易改、本性难移。如果一个人的心理活动稳定性被打破，例如：一个本来乐观开朗的人变得沉默寡言，或者一个情绪稳定的人突然变得脆弱，一点轻微的刺激就让他情绪崩溃，都预示着其心理可能出现了问题。

知识拓展

《症状自评量表SCL90》（Symptom Check List-90，SCL-90）是世界上最著名的心理健康测试量表之一，是当前使用最为广泛的精神障碍和心理疾病门诊检查量表，协助被测试者从十个方面来了解自己的心理健康程度。该测验适用对象为16岁以上的人群。该测验共包括90个条目，共九个因子：躯体化、强迫症状、人际关系敏感、抑郁、焦虑、敌对、恐怖、偏执及精神病性。每一个因子反映出个体某方面的症状情况，通过因子分可了解症状分布特点。当个体在某一因子的得分大于2时，即超出正常均分，个体在该方面很可能有心理健康方面的问题。

由于自评量表是测量个体在一段时间内感觉到的症状的严重与否，所以在量表分数的解释上应该慎重，并不是得分高就一定说明个体出现了很严重的心理问题，某些分量表上的得分较高有可能只是由于个体当时遇到了一些难题如失态、面临考试、生病等，因此还应该对被测试者得分高的原因做进一步的了解。

课堂互动

请利用本章所学知识对自己当前和曾经某个时期的心理健康状况进行一个初步评估，并与同学分享与交流自己对于心理健康的理解。

第六章

心理异常的常见症状与精神障碍的常见类型

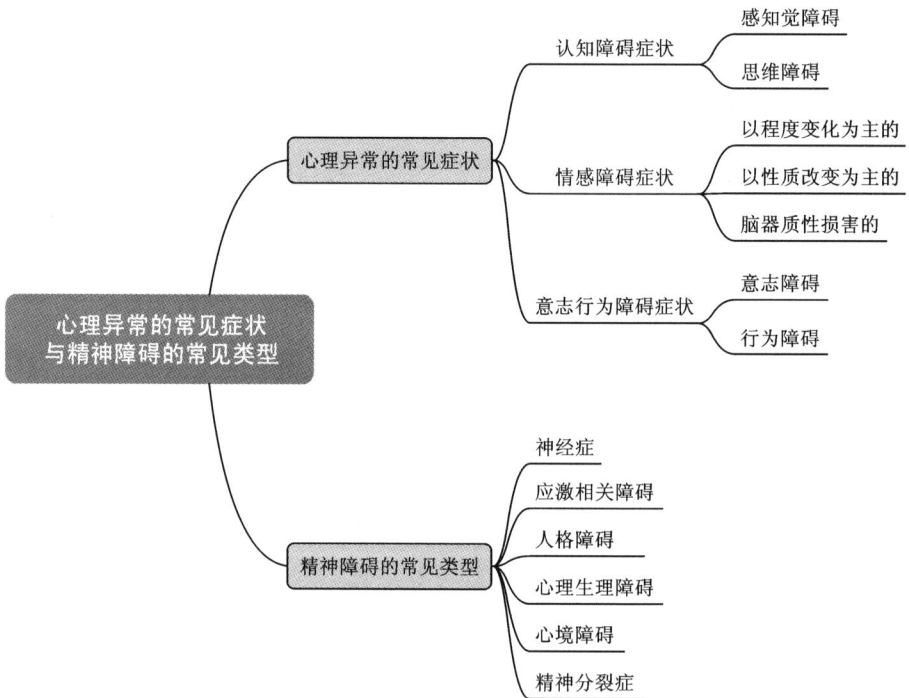

```
                                                    ┌─ 感知觉障碍
                                 ┌─ 认知障碍症状 ─┤
                                 │                  └─ 思维障碍
                                 │
                                 │                  ┌─ 以程度变化为主的
              ┌─ 心理异常的常见症状 ─┼─ 情感障碍症状 ─┼─ 以性质改变为主的
              │                  │                  └─ 脑器质性损害的
              │                  │
心理异常的常见症状 ─┤                  └─ 意志行为障碍症状 ─┬─ 意志障碍
与精神障碍的常见类型   │                                    └─ 行为障碍
              │
              │                  ┌─ 神经症
              │                  ├─ 应激相关障碍
              └─ 精神障碍的常见类型 ─┼─ 人格障碍
                                 ├─ 心理生理障碍
                                 ├─ 心境障碍
                                 └─ 精神分裂症
```

第一节
心理异常的常见症状

异常的心理活动往往会通过人的外显行为如言谈、书写、表情、动作行为等表现出来，我们称之为心理异常的症状。常见心理异常的症状是精神障碍患者异常精神活动的一些具体表现形式，它有助于我们对个体心理活动的正常与异常进行鉴别，对精神障碍的有无做出判断，对精神障碍的具体类型进行诊断。

心理异常的症状有程度轻重之分，同一种心理异常症状可能出现在不同类型的精神障碍中，同一种精神障碍也可能表现出多种心理异常的症状。若干心理异常的症状在一起可以组合成症状群，对各类精神障碍的诊断更加有意义。

人类的正常心理活动，可以按心理学概念分为认知过程、情感过程和意志行为过程，心理异常的症状通常也按以上三个过程分为认知障碍、情感障碍和意志行为障碍三大类。

一、常见认知障碍症状

(一) 感知觉障碍

1. 感觉障碍

(1)感觉过敏：感觉阈限降低，对外界低强度刺激产生过强反应，不能耐受。如对声、光、冷、热、皮肤不适感等的感受性增强。多见于神经衰弱或感染后身体虚弱状态患者。

(2)感觉减退：感觉阈限增高，对外界刺激的感受迟钝，甚至消失，如对强烈的疼痛或难闻的气味，都只有轻微的感觉。常见于抑郁状态、木僵、意识障碍、神经系统器质性疾病。

(3)感觉倒错：对外界刺激可产生与正常人不同性质的或相反的异常感觉。如对凉的刺激反而出现了热感。多见于癔症。

(4)内感性不适：躯体内部产生各种不舒适的或难以忍受的异样感觉，而且往往性质不明、部位不具体、难以表达，如牵拉、挤压、游走、蚁爬感等。多见于精神分裂症、抑郁状态及颅脑创伤所致精神障碍。

2. 知觉障碍

(1)错觉：是歪曲的知觉，即把外界客观存在的事物歪曲地感知为与实际完全不相符合的事物。正常人偶尔也有错觉，但通过验证可纠正，病理性的错觉不能接受现实检验。可见于有躯体疾病的人，正常人疲劳或光线不充足时，以及精神病患者。

(2)幻觉：在客观现实中并不存在某种事物的情况下，却感知有它的存在并对此坚信不疑，是一种无对象的、虚幻的知觉。如无人在旁边时，听到有人在骂自己或看到有人在跟踪自己。根据感觉器官的不同可分为幻听、幻视、幻嗅、幻味、幻触、内脏性幻觉等；根据体验的来源可分为真性幻觉和假性幻觉；按产生的特殊的条件有功能性幻觉、思维鸣响、心因性幻觉等。可见于多种精神疾病，如精神分裂症，脑器质性、心因性、功能性精神障碍等，是一种很重要的精神病性症状。

(3)感知综合障碍：患者对某一事物的整体感知是正确的，但对这一事物(包括个人躯体本身)的某些个别属性，如形状、大小、颜色、位置、距离等却产生与该事物的实际情况不相符合的感知，包括视物变形症、非真实感、窥镜症等。可见于精神分裂症、抑郁症、神经症、脑器质性精神障碍等多种精神障碍。

(二)思维障碍

1. 思维形式障碍

(1)思维奔逸：一种兴奋性的思维联想障碍。主要指思维活动量增加、联想速度加快，话多、语速快、话题随境转移。多见于躁狂状态或心境障碍的躁狂发作。

(2)思维迟缓：一种抑制性的思维联想障碍。以思维活动显著缓慢、联想困难、思考问题吃力、反应迟钝为主要特征。患者话少，语速慢，不主动，语音低沉，反应迟缓。常见于抑郁状态或心境障碍的抑郁发作。

(3)思维破裂：思维连贯性障碍，指在意识清晰情况下，思维联想过程破裂，谈话内容缺乏内在意义上的连贯性和应有的逻辑性，多见于精神分裂症。

(4)思维云集：又称强制性思维，指感到脑内不受自己控制涌现出大量的无现实意义的想法，好像是一种外力强加的。其特征是突然出现、迅速消失，内容不固定，无法去控制。多见于精神分裂症。

(5)病理性象征性思维：以一些普通概念、词句或动作来表示某些特殊的、不经患者解释别人无法理解的含义。多见于精神分裂症。

(6)逻辑倒错性思维：以思维联想过程中逻辑的明显障碍为主要特征，其特点是推理过程十分荒谬，既无前提，又缺乏逻辑根据，更突出的是推理离奇古怪、不可理解，甚至因果倒置。多见于精神分裂症。

（7）语词新作：患者自己创造一些文字、图形或符号，并赋予特殊的含义。多见于精神分裂症。

（8）刻板语言：患者机械而刻板地重复某一无意义的词或句子。如患者总是重复"吃饭了吗？吃饭了吗……"

除上述思维形式障碍症状外，还有思维贫乏、病理性赘述、思维松弛、思维不连贯、思维中断、诡辩性思维、持续言语、重复言语、模仿言语等症状。

2. 思维内容障碍

（1）妄想：妄想是一种在病理基础上产生的歪曲信念、病态的推理和判断。它虽然与客观现实及所受教育水平不符，但患者坚信不疑，无法被说服。按妄想的内容可分为关系妄想、被害妄想、特殊意义妄想、物理影响妄想、夸大妄想、自罪妄想、疑病妄想、嫉妒妄想、钟情妄想和内心被揭露感等。妄想常见于精神分裂症、偏执性精神障碍和躁狂发作。以下是几种最常见的妄想。

关系妄想：患者把实际与他无关的事情认为与他有关系。如电视里演的、报纸上写的、马路上陌生人议论的都是他或他们家的事，因而不看电视和报纸；司机按喇叭、别人咳嗽是针对他，因而拒绝出门。

被害妄想：患者无中生有地坚信周围某些人或某些集团对他进行跟踪监视、打击、陷害，甚至在其食物或饮水中放毒。受妄想的支配可有拒食、控告、逃跑、或伤人、自伤等行为。

夸大妄想：夸大自己的财富、地位、能力、权力等。

钟情妄想：坚信某异性对自己产生了爱情，即使遭到对方严词拒绝，也认为对方是在考验自己，仍纠缠不休。

（2）强迫观念：指某一种观念或概念，反复出现在患者的脑海中，患者知道这种想法是不必要的，甚至是荒谬的，并力图加以摆脱，但事实上常常是违背患者的意愿，想摆脱，又摆脱不了，患者为此而苦恼。常见于强迫症。

（3）超价观念：是一种以强烈情感为基础，在意识中占主导地位，显著影响个人心理活动和行为的顽固信念。它的发生常常有一定的事实基础，但这种观念是片面的，与实际情况有出入。这种观念有强烈情感色彩的存在，所以患者才会做出超出寻常的评价并坚持这种观念不能自拔。如某人因绘画作品偶尔一次在校内获奖后，便认为自己是美术天才，抛开所有学习、工作沉迷于画画。常见于人格障碍和心因性精神障碍。

3. 注意障碍

（1）注意减弱：主动注意和被动注意的兴奋性减弱，以致注意容易疲劳、注意力不容易集中、稳定性下降，从而记忆力也受到影响。多见于神经衰弱症状群、脑器质性精神障碍及意识障碍。

（2）注意狭窄：注意范围显著缩小，主动注意减弱。当注意集中于某一事物时，不能再注意与之有关的其他事物。常见于应激状态、意识障碍、智力障碍。

（3）注意转移：很容易受外界环境的影响而不断地转换注意对象。由于被动注意增强，主动注意不能持久，注意稳定性下降。多见于躁狂症。

4. 记忆障碍

（1）记忆增强：是一种病理性的记忆增强，表现为病前不能够并且不重要的事情都回忆得起来。多见于心境障碍躁狂发作或抑郁发作、偏执状态。

（2）记忆减退：记忆过程普遍减退，包括记不住刚做过的事的近记忆减退和回忆不起过往经历的远记忆减退。常见于脑器质性病变及神经衰弱。

（3）遗忘：对局限于某一事件或某一时期内的经历不能回忆。不能回忆疾病发生后一段时间内所经历的事情称为顺行性遗忘。不能回忆疾病发生之前某一阶段的事情称为逆行性遗忘。二者常见于脑器质性病变。对生活中某一特定阶段的经历完全遗忘称为心因性遗忘，常与这一阶段发生的不愉快事件相关，常见于癔症。

5. 智能障碍

（1）精神发育迟滞：先天或围产期或在生长发育成熟以前（18 岁以前），由于多种致病因素影响，使大脑发育不良或受阻，智能发育停留在某一阶段，不能随着年龄增长而增长，其智能明显低于正常的同龄人。致病因素可能包括遗传、感染、中毒、头部外伤、内分泌异常、缺氧等。

（2）痴呆：是一种综合症候群，是后天获得的智能、记忆和人格的明显受损，但没有意识障碍。痴呆大多是脑器质性的，也有心理应激引起的假性痴呆，可见于癔症、应激障碍、抑郁症。

6. 自知力障碍

自知力是指患者对其自身精神病态的认识能力。如果患者能认识到自己患了病，知道哪些是病态的表现并主动求医，称为自知力完整，常见于神经症患者。精神障碍患者随着病情的加重，丧失了对精神病态的认识和批判，否认自己有精神疾病，甚至拒绝治疗，称之为自知力完全丧失或无自知力。如仅对部分症状有正确认识，称为有部分自知力。自知力完整程度及变化是精神疾病诊断及病情变化和治疗效果的重要指标之一。

二、常见情感障碍症状

(一) 以程度变化为主的情感障碍

1. 情绪高涨

情感活动显著增强，总是表现得欢欣喜悦、轻松愉快、兴高采烈、洋洋自得。讲话时眉飞色舞、喜笑颜开，表情丰富生动。对一切都感到非常乐观，好像从来没有什么忧愁和烦恼。对任何事都有兴趣，有冒险冲动行为，精力充沛，自我评价过高，易激惹。有感染力，能引起周围人的共鸣。多见于心境障碍躁狂发作。

2. 情绪低落

负性情感活动增强，情绪低落，整日忧心忡忡，愁眉不展，唉声叹气，思维缓慢，兴趣下降，生物节律改变；自我评价降低，甚至悲观绝望，感到自己一无是处，有度日如年、生不如死的感觉。常见于心境障碍抑郁发作，也可见于器质性和躯体病症所致精神障碍。

3. 焦虑

过分担心发生威胁自身安全或其他不良后果的心境。在缺乏相应的客观因素或充分根据的情况下，仍然对自身健康或其他方面感到忧虑不安、顾虑重重、紧张恐惧，严重时搓手顿足，似有大祸临头之感，惶惶不可终日，伴有自主神经功能紊乱症状。多见于焦虑神经症、惊恐障碍。

4. 恐怖

恐怖是一类不以人的意志为转移的恐惧情绪，对特定情境或事物感到紧张恐怖，明知没有必要，仍无法摆脱。离开该特定情境或事物后，紧张情绪即消失。多见于恐怖性神经症，也可见于精神分裂症早期。

(二) 以性质改变为主的情感障碍

1. 情绪迟钝

对平时能引起鲜明情感反应的事情反应平淡，缺乏相应的情感反应。多是细微的情感逐渐丧失，如患者变得对亲属不体贴，对同事不关心，对工作不认真，荣誉感、责任感降低等。多见于精神分裂症早期和脑器质性精神障碍。

2. 情感淡漠

对外界任何刺激均缺乏相应的情感反应，即使一般能引起正常人的极大悲伤或高度愉悦的事件,如生离死别、久别重逢等也无动于衷。对周围事物漠不关心,面部表情冷淡呆板,内心体验贫乏,与周围环境失去情感上的联系。多见于精神分裂症衰退期和脑器质性精神障碍。

3. 情感倒错

情感反应与现实刺激的性质不相应,与思维内容不协调。如遇到悲伤的事时反而喜笑颜开,喜欢一个人时反而对他怒目相视。多见于精神分裂症。

(三)脑器质性损害的情感障碍

1. 情感脆弱

常常因为一些细小或无关紧要的事情而产生情感波动,如伤心落泪或兴奋激动,无法克制。可见于神经衰弱等功能性精神障碍。

2. 易激惹

遇到一些轻微或细小的事情也会引起强烈的情感反应,但持续的时间较短暂。如遇到一些鸡毛蒜皮的小事也会大动肝火。可见于躁狂状态等功能性精神障碍。

脑器质性损害的情绪障碍症状还有强制性哭笑、欣快等。

三、常见意志行为障碍症状

(一)意志障碍

1. 意志增强

不同精神障碍的意志活动增多的表现不尽相同。躁狂状态的意志增强表现为本能的亢进,事事都感兴趣,都想去做,终日不知疲倦地忙忙碌碌,但往往做事有始无终,结果是一事无成。精神分裂症的意志增强往往由妄想引起,患者受妄想的支配,不断地调查了解,寻找所谓的证据或到处控告,等等。

2. 意志减退

意志活动显著减少,由于情绪低落,意志消沉,不愿参加外界活动,经常一个人宅在屋内,生活懒散,行动迟缓。有一定的意志要求,但总感觉自己做不了或由于愉悦感缺失觉得什么都没意义,因而不想做。感到工作学习好像非常吃力,甚至不能进行,严重时日常生活也不能自理。常见于抑郁症。

3. 意志缺乏

对任何活动都缺乏明显的动机,在学习、工作和事业上都缺乏追求,缺乏应有的积极性和主动性,行为被动。个人生活极端懒散,个人卫生极差,严重时自卫、摄食及性等生活本能也丧失。多见于精神分裂症或痴呆患者。

4. 意向倒错

意向要求与一般常情相违背或为常人所不允许,行为让人感到难以理解。如伤害自己的身体,吃正常人不能吃、不敢吃的东西。常见于精神分裂症。

(二)行为障碍

1. 精神运动性兴奋

(1)协调性精神运动性兴奋:患者动作和行为的增加与其他精神活动协调一致,并且和环境协调一致。患者的动作和行为是有目的的、可理解的。多见于心境障碍躁狂发作。

(2)不协调性精神运动性兴奋:患者的动作、行为增多与其他精神活动之间的统一性、完整性遭到破坏,不相协调。患者的动作杂乱无章,动机和目的性不明确,缺乏指向性,使人难以理解。多见于精神分裂症的青春型和紧张型,也可见于意识障碍的谵妄状态时。

2. 精神运动性抑制

(1)木僵:一种高度的精神运动性抑制状态,经常保持一种固定的姿势。表现为不言不语、不吃不喝、不动,言语活动和动作行为处于完全抑制状态。

(2)违拗:对他人命令或要求不仅没有相应的行为反应,甚至加以抵制或反抗。主要有两种类型:①主动性违拗,对于别人要求做的动作,不但不执行,反而做出与要求完全相反的动作;②被动型违拗,对别人的要求不做出任何行为反应,一概加以拒绝。

(3)蜡样屈曲:精神运动性抑制的一种表现,指在紧张性木僵的基础上,患者的肢体可以任人摆布,即使放在一个很不自然的位置也能保持较长时间而不主动改变,就像蜡人一样。

(4)缄默:言语器官无器质性病变,智力发育也无障碍而表现得沉默不语,也不回答问题,有时可以用手势或点头、摇头示意,或通过写字与别人交流。

(5)被动性服从:被动地服从医生或他人的命令或要求,甚至完成别人所要求的动作对他不利、毫无意义或使他难受,也绝对服从。

(6)刻板动作:机械刻板地重复做某一单调的动作,尽管这个动作并没有什么指向性或意义,常与刻板语言同时出现。

(7)模仿动作:毫无目的地模仿别人的动作,常与模仿言语同时出现。

以上七种症状常见于精神分裂症紧张型。

（8）作态：做愚蠢而幼稚的动作和姿态，但使人感觉好像是故意装出来似的。如尖声怪气地说话、扮鬼脸等。多见于精神分裂症青春型。

（9）强迫动作：一种违反本人意思、反复出现的动作。患者清楚地知道做这些动作完全没有必要，努力设法摆脱，但徒劳无益，并为此感到非常痛苦。常见于强迫性神经症，也可见于精神分裂症早期。

对于出现上述常见心理异常症状者，可建议其到专业的心理咨询机构进行心理咨询，或到医院心理门诊或精神科门诊就诊。如遇到失去部分或全部自知力、存在自伤或伤人风险者，在保证自身安全的前提下，照看好对方，并及时向其监护单位或监护人报告，包括其辅导员老师、家长、保卫部门等。如在情况紧急、存在重大自伤或伤人风险情形下，可报警求助。

第二节
精神障碍的常见类型

精神障碍是指大脑功能活动发生紊乱，导致认知、情感、意志和行为等精神活动不同程度障碍的总称。精神障碍的致病因素有多种，包括先天遗传、个性特征及体质因素、器质因素、社会性环境因素等。

根据致病原因，精神障碍大体可分为功能性精神障碍和器质性精神障碍两大类。器质性精神障碍是指以脑部有明显的组织形态方面改变为病理基础的精神障碍，包括脑器质性精神障碍、躯体疾病所致精神障碍等。功能性精神障碍是指根据目前的病理解剖学和组织学方法，还未能发现有特殊的脑组织形态学改变的一类精神障碍，目前认为包括精神分裂症、心境障碍、神经症等。但需注意两者的区分是相对的和有条件的。随着科技水平的不断发展、各种检测手段的日益进步，原先被认为纯属功能性的精神疾患已被发现有肯定的脑实质性及超微结构方面的变化，并不是纯功能性的了。

根据病情严重程度，精神障碍可分为轻性精神障碍和重性精神障碍两种。轻性精神障碍患者的认知、逻辑推理能力和自知力基本完好，一般能够适应社会生活，和外界保持比较良好的接触。因此，通常又称为非精神病性精神障碍，一般指的是神经症。重性精神障碍患者的认知、逻辑推理能力会变得很差，自知力部分或完全丧失，不能适应社会生活，不能和外界保持良好的接触。因此，通常又称为精神病性精神障碍，包括精神分裂症、双相情感障碍、偏执性精神障碍、脑器质性精神障碍以及躯体疾病所致精神障碍等。

知识拓展

2018 年 6 月 18 日，世界卫生组织（WHO）发布的《国际疾病分类》第 11 版（ICD-11）将精神、行为或神经发育障碍分为如下十八类：（1）神经发育障碍；（2）精神分裂症及其他原发性精神病性障碍；（3）心境障碍；（4）焦虑与恐惧相关障碍；（5）强迫及相关障碍；（6）应激相关障碍；（7）分离障碍；（8）躯体痛苦与躯体体验障碍；（9）喂养及进食障碍；（10）排泄障碍；（11）物质相关及成瘾障碍；（12）冲动控制障碍；（13）破坏性行为和反社会障碍；（14）人格障碍；（15）性反常障碍；（16）做作性障碍；（17）神经认知障碍；（18）与其他疾病相关的继发性精神和行为障碍。

一、神经症

神经症又称神经官能症，是一组心因性、非精神病性精神障碍的总称，包括神经衰弱、强迫症、焦虑症、恐怖症、躯体形式障碍等，表现为持久的心理冲突，患者深感痛苦且妨碍心理功能或社会功能，无可证实的器质性病变基础，有自知力。人格因素、心理社会因素是神经症主要致病因素，但非应激障碍和人格障碍。神经症是可逆转的，外因压力加大时加重，反之症状减轻或消失。

（1）症状标准。

根据许又新教授的"神经症的临床评定"方法，神经症的诊断标准如下（至少有下列 1 项症状）：

①恐惧；②强迫症状；③惊恐发作；④焦虑；⑤躯体式症状；⑥躯体化症状；⑦疑病症状；⑧神经衰弱症状。

（2）严重程度标准。

社会功能受损或有无法摆脱的精神痛苦，促使其主动就医。

（3）病程标准。

符合症状标准至少三个月，惊恐障碍除外。

（4）排除标准。

器质性疾病；精神活性物质、非成瘾性物质所致精神障碍；各种精神病性障碍，如精神分裂症、偏执性精神病及心境障碍等。

神经症的主要类型有焦虑症、恐惧症、强迫症、神经衰弱、躯体形式障碍等。

(一)焦虑症

焦虑症是一种内心紧张不安,预感到是否将要发生某种不利情况而难以应付的不愉快情绪,包括广泛性焦虑障碍(慢性焦虑障碍)和惊恐障碍(急性焦虑障碍)。常伴有头晕、胸闷、心悸、呼吸困难、口干、尿频、尿急、出汗、震颤和运动性不安等症,其焦虑并非由实际威胁所引起,或其紧张惊恐程度与现实情况很不相称。焦虑症包括广泛性焦虑障碍和惊恐障碍。

1. 广泛性焦虑障碍

广泛性焦虑障碍又称慢性焦虑障碍,以经常持续的、没有明确客观对象或具体内容的提心吊胆或恐惧不安,或以对现实生活中的某些问题的过分担忧或烦恼为特征的心理障碍。并伴有持续的焦虑症状(担忧紧张、不安全感、注意集中困难、易激惹、运动性不安等)和自主神经症状(胸闷、气憋、心悸、濒死感、失控感、崩溃感、头疼、头晕、耳鸣、睡眠障碍等)。

2. 惊恐障碍

惊恐障碍又称急性焦虑障碍,是指以出乎意外的或无先兆的,同任何特殊刺激无联系的惊恐发作为特点的焦虑障碍。惊恐障碍的临床表现是患者在进行正常的工作或活动、无任何特殊的恐怖处境而出现的强烈恐惧、害怕、担心等情绪,并伴有自主神经症状,往往有人格解体、濒死恐怖、失控感。此种发作历时 5~20 分钟,一般不超过 1 小时,即可自行缓解。发作后的患者仍心有余悸,害怕下次再次发作,因而惴惴不安,也可出现某些自主神经症状,大多患者在间歇期正常。

(二)恐怖症

恐怖症又称恐怖性焦虑障碍,是一种以过分和不合理地惧怕外界客体或处境为主的神经症。尽管当时并无危险,患者对某些情景、场合产生不必要的恐惧,采取回避行为,并伴有显著的自主神经症状,其本人也知道害怕是过分的、不应该的或不合理的,但并不能防止恐怖发作。恐怖症包括场所恐怖症、社交恐怖症、特定恐怖症三种类型。

1. 场所恐怖症

场所恐怖症指患者不仅对公开场所(旷野、空旷的公园等)产生恐惧,而且对人群聚集的地方(拥挤的船舱、餐厅、剧院等)产生不合理的恐惧,因而逃避外出,更不敢参加旅游之类的活动。

2. 社交恐怖症

社交恐怖症主要表现为对一种或多种人际处境持久的强烈恐惧和回避行

为。恐惧的对象可以是某个人或某些人，也可以更广地泛化，包括某个人或某些人之外的其他人。

3. 特定恐怖症

特定恐怖症又称单纯恐怖症，是指对某一具体的物体、动物有一种不合理的恐惧。最为常见的恐怖对象有某些动物(如狗、猫、鸟)、登高、雷电、黑暗、锐器以及特定的疾病等。

(三) 强迫症

强迫症是以不能为主观意志所克制，反复出现的观念、意志和行为为临床特征的一组心理障碍。有意识的自我强迫与自我反强迫同时存在，患者认识到观念或冲动来源自我，但违背意愿且无法摆脱，以仪式化动作来减轻精神痛苦，社会功能严重受损。强迫症包括强迫观念和强迫行为。

1. 强迫观念

强迫观念是本症的核心症状，最为常见。表现为反复而持久的思想、情绪、意向，患者明知症状表现不应该、不合理、不必要或毫无意义，但无法摆脱，因而感到十分苦恼。强迫观念包括强迫思维、强迫情绪、强迫意向等。

2. 强迫行为

强迫行为指患者反复出现的、刻板的仪式动作，明知不合理，但又不得不做，是继发于强迫观念之后的。强迫行为包括强迫检查、强迫洗涤和强迫性仪式等。

(四) 神经衰弱

神经衰弱是以脑和躯体功能衰弱为主要特征的神经症，由于长期处于紧张和压力下，出现精神易兴奋和脑力易疲乏现象，包括精神易兴奋又容易疲劳、脑力劳动不能持久、注意力不集中、记忆力减退、思考困难、理解迟钝、情绪易激惹、控制能力降低和疲乏无力，常伴有睡眠障碍、肌肉紧张性疼痛及自主神经功能紊乱等。这些症状不能归于脑、躯体疾病及其他精神疾病。症状时轻时重，波动与心理社会因素有关，病程多迁延。

(五) 躯体形式障碍

躯体形式障碍是一种以持久的担心或相信各种躯体症状的优势观念为特征的神经症。患者因这些症状反复就医，各种医学检查阴性和医生的解释均不能打消其疑虑。即使有时存在某种躯体障碍，也不能解释所诉症状的性质、程度或其痛苦与优势观念。经常伴有焦虑或抑郁情绪。尽管症状的发生和持续与不愉快的生活事件、困难或冲突密切有关，但患者常否认心理因素的存在。他们也拒绝探讨心理病因的可能，甚至有明显的抑郁和焦虑情绪时也同样如此。

二、应激相关障碍

应激相关障碍又称反应性精神障碍或心因性精神障碍，指一组主要由心理、社会(环境)因素引起异常心理反应而导致的精神障碍。常由应激性生活事件引发，但严重程度未达到抑郁症或焦虑症的诊断标准。应激相关障碍主要包括以下三种类型。

(一)急性应激障碍

急性应激障碍是指患者在遭受突如其来、急剧、严重的精神打击后，数分钟或数小时内出现的一过性精神障碍，病程短暂，一般持续几小时至数天，预后良好。主要表现为意识障碍、意识范围狭隘、定向障碍、言语缺乏条理、对周围事物感知迟钝，可出现人格解体，有强烈恐惧、精神运动性兴奋或精神运动性抑制。

(二)创伤后应激障碍

创伤后应激障碍(PTSD)又称延迟性心因反应，指患者在遭受强烈的或灾难性精神创伤事件后，延迟出现的、长期持续的精神障碍。创伤后应激障碍一般在重大创伤性事件发生后数周至数月内发病，病程至少持续1个月以上，可长达数月或数年，个别甚至达数十年之久。其中病程在3个月之内的称为急性创伤后应激障碍，病程在3月以上的称为慢性创伤后应激障碍，若症状在创伤事件后至少6月才出现则称为延迟性创伤后应激障碍。创伤后应激障碍的核心症状有三组。

1. 创伤性再体验症状

创伤性再体验症状即创伤性体验的闯入性重现或闪回，主要表现为患者的思维、记忆或梦中反复、不自主地涌现与创伤有关的情境或内容，也可出现严重的触景生情反应，甚至感觉创伤性事件好像再次发生一样。

2. 回避和麻木类症状

回避和麻木类症状主要表现为患者长期或持续性地极力回避与创伤经历有关的事件或情境，拒绝参加有关的活动，回避创伤的地点或与创伤有关的人或事。有些患者甚至出现选择性遗忘，不能回忆起与创伤有关的事件细节。

3. 警觉性增高症状

警觉性增高症状主要表现为过度警觉、惊跳反应增强，可伴有注意力不集中、激惹性增高及焦虑情绪。

(三) 适应障碍

适应障碍是人群中常见的一种心理障碍，一般是由于明显的处境变化或应激性生活事件，加上个体的个性心理特征，而出现的心理困扰和情绪紊乱状态，常影响到社会功能，但不会出现精神病性症状。适应障碍的发生与应激事件的强度和个体心理素质或易感性密切相关，通常在遭遇应激性事件后 1~3 月内起病，应激源消失后，症状持续一般不超过 6 个月。

适应障碍患者的临床症状变化较大，以情绪和行为异常为主。常见抑郁、焦虑、烦恼、紧张不安、沮丧、易怒或这些情绪的混合；有无力感和无望感，正常学习、工作、生活和人际交往难以维持；可伴有心慌、心悸等躯体症状，尤其是老年人；可伴有品行障碍(即攻击或敌视社会行为)，尤其是青少年。

三、人格障碍

人格障碍指人格特征明显偏离正常，使患者形成了一贯的反映个人生活风格和人际关系的异常行为模式。这种模式显著偏离特定的文化背景和一般认知方式(尤其在待人接物方面)，明显影响其社会功能与职业功能，造成对社会环境的适应不良，患者为此感到痛苦，并已有临床意义；患者无智能障碍；通常开始于童年期或青少年期，并长期持续发展至成年或终生；适应不良的行为模式难以矫正，仅部分患者在成年后程度上可有改善。人格障碍通常包括以下类型。

(一) 偏执型人格障碍

偏执型人格障碍以猜疑和偏执为特点，始于成年早期，男性多于女性。具体表现如下：广泛猜忌，诿过于人，病态嫉妒，过度自负、缺乏自知之明，嫉恨别人，脱离实际，狡辩敌对，主观自信。

(二) 分裂型人格障碍

分裂型人格障碍以观念、行为和外貌服饰的奇特，情感淡漠及人际关系明显缺陷为特点，男性略多于女性。具体表现如下：关联观念；过度社会焦虑；古怪的信念或想法；奇怪、反常、特别的行为、外貌；言语怪异，表意不清，但不是文化程度或智能水平所引起；存在不寻常的知觉体验；缺乏温情，淡漠；行为怪癖，单独行动。

(三) 反社会型人格障碍

反社会型人格障碍以行为不符合社会规范、经常违法乱纪、对人冷酷无情为特点。患者往往在童年或少年期(18 岁前)就出现品行问题。成年后(指 18 岁后)习性不改，主要表现行为不符合社会规范，甚至违法乱纪。具体表现如下：智力不存在问题，无明显精神疾患；对挫折耐受性低，易激惹，冲动；焦虑情绪不强；无责任心，无社会良知；有极强的掩饰能力；病态的自我中心；情感反应淡漠；鉴别能力差，缺乏洞察力；性生活轻浮、随便；生活无规律、无目的。

（四）冲动型人格障碍

冲动型人格障碍以阵发性情感爆发，伴明显冲动性行为为特征，又称攻击型人格障碍。具体表现如下：情绪易激惹，情感爆发，行为冲动；倾向于向外攻击，尤其是受阻时；冲动动机的形成可以是有意识的，也可以是无意识的；行为反复无常，无悔恨、自责和罪恶感；人际关系不健全；存在不良行为、犯罪倾向；生活无目的，随意性强，坚持性差。

（五）表演型人格障碍

表演型人格障碍以过分感情用事或用夸张言行吸引他人注意为特点，又称癔症型人格障碍。具体表现如下：过分地感情用事，夸张的言行；情绪带有戏剧化色彩和表演性，哗众取宠；具有高度暗示性和幻想性；人格不成熟，情感不稳定，缺乏理性思维；高度的自我中心，心胸狭窄、任性。

（六）强迫型人格障碍

强迫型人格障碍以过分的谨小慎微、严格要求与完美主义及内心的不安全感为特征。男性多于女性，多数强迫症患者有强迫型人格障碍。具体表现如下：追求完美，有强烈的自制心理和自控行为；避免做出决定，犹豫不决；不安全感，反复检查；拘泥于细节、程序化；要求严格，无爱好，拘谨、吝啬，缺少友谊；对别人做事不放心，完成工作缺乏满足体验，容易悔恨、内疚。

（七）焦虑型人格障碍

焦虑型人格障碍患者一贯感到紧张，提心吊胆，有不安全感和自卑感，总是需要被人喜欢和接纳，对拒绝和批评过分敏感。习惯性夸大日常处境中的潜在危险，所以有回避某些活动的倾向。具体表现如下：缺乏安全感；持久广泛的内心紧张和忧虑；缺少朋友；不涉他人的事；轻微退缩；心理自卑；敏感羞涩；畏惧困难，夸大某些潜在的危险，因而回避。

（八）依赖型人格障碍

依赖型人格障碍的主要特点为：过分依赖他人，不能独立解决问题，缺乏自信；无主见，害怕做出决定；有无助感和被遗弃感；无独立性；过度容忍；害怕孤独；难以接受分离；易受伤害。

（九）自恋型人格障碍

自恋性人格障碍的主要特点为：自大、自我中心，过分夸大自己的成就和才能；需要他人的赞扬或肯定；常伴有阶段性自卑感；不自觉显示出傲慢的举止行为；唯我独尊，不考虑他人的感受和需求；虚荣、冷漠、多妒。

（十）边缘型人格障碍

边缘型人格障碍的主要特点为：缺乏安全感和信任；情绪控制困难；人际关系紧张；有冲动性和自毁行为；有自我的不确定性及无目的性；存在许多不良行为；极端情况下有短暂的分离性症状。边缘型人格障碍是临床上很常见且治疗难度很大的一类心理疾病。

四、心理生理障碍

心理生理障碍又称心理因素相关生理障碍，是指一组与心理社会因素有关、以生理活动异常为表现形式的精神障碍，主要包括进食障碍、睡眠障碍和性功能障碍等。

（一）进食障碍

进食障碍是以进食行为异常为主要特征的一组精神障碍，主要包括神经性厌食症、神经性贪食症和神经性呕吐。

1. 神经性厌食症

神经性厌食症是一种以患者自己有意地严格限制进食、使体重下降至明显低于正常标准或严重的营养不良，此时仍恐惧发胖或拒绝正常进食为主要特征的一种进食障碍。

2. 神经性贪食症

神经性贪食症是以反复性发作地、不可控制地、冲动性地暴食，然后又通过自我催吐、使用泻剂或利尿剂、间断禁食等方法避免体重增加为主要特征的一组进食障碍。

3. 神经性呕吐

神经性呕吐又称心因性呕吐，为无器质性病因而反复发作的不自主呕吐，一般在进食后突然发生喷射性呕吐，无明显的恶心及其他不适，不影响食欲，呕吐后即可进食。因此，多数无明显营养障碍。

（二）睡眠障碍

睡眠障碍是睡眠量不正常以及睡眠中出现异常行为的表现，也是睡眠和觉醒正常节律性交替紊乱的表现。可由多种因素引起，常与躯体疾病有关。

1. 失眠症

失眠症表现为对睡眠的质和量持续相当长时间的不满意状况。对失眠的焦虑、恐惧心理可形成恶性循环，从而导致症状的持续存在。失眠有一定心理社会和环境因素，如过度疲劳或紧张、环境嘈杂等，但相应刺激因素不存在了之后患者睡眠情况仍没有改善，一般有一定个体素质基础。

2. 嗜睡症

嗜睡症指白天或夜间睡眠过多，而并非由睡眠不足或存在发作性睡病等其他神经精神疾病所致，而是常与心理因素有关。

3. 睡眠—觉醒节律障碍

睡眠—觉醒节律障碍又称发作性睡病，是指睡眠—觉醒节律与所要求的不符，导致对睡眠质量的持续不满状况。表现为个体的睡眠、觉醒形式与特定社会中的正常情况或同一文化环境中为大多数人认可的睡眠—觉醒节律不同步；在主要的睡眠时间失眠，在应该清醒时嗜睡，这种情况几乎天天发生，并持续1个月以上，或在短时间内反复出现；睡眠量、质及时序的不满意状态使患者深感苦恼，或影响了社会、职业功能。

4. 睡行症

睡行症俗称"梦游"，是指睡眠中突然爬起来进行活动，而后又睡下，醒后对睡眠期间的活动一无所知。睡行症不是发生在梦中，而是发生在睡眠的第3~4期深睡阶段，此阶段集中于前半夜。故睡行症通常发生在入睡后的前2~3小时。

5. 夜惊

夜惊又称睡惊，指睡眠中突然惊醒坐起，两眼直视，表情紧张恐惧，伴有自主神经系统紊乱症状，如心跳、呼吸加快、大汗淋漓。有强烈的恐惧、焦虑感和窒息感，伴有大声喊叫、骚动不安，偶然有幻觉，如见鬼一般。每次发作约1~2分钟，发作后又复入睡，晨醒后对发作不能回忆。

6. 梦魇

梦魇指在睡眠中被噩梦突然惊醒，然后对梦境中的恐怖内容能清晰回忆，并心有余悸。通常在夜间睡眠的后期发作，儿童在白天听恐怖故事、看恐怖影片后常可发生。成人在应激事件后，如遭遇抢劫强暴等灾难性事件后，可经常发生。睡眠姿势不当也可发生梦魇，如睡眠时手臂压迫胸部，会发生感觉透不过气来出现憋气濒临死亡的梦魇。某些药物如受体阻滞剂、镇静催眠剂等常引起梦魇，突然停用镇静安眠药物可能诱发梦魇。

(三) 性功能障碍

性功能障碍是性行为和性感觉的障碍，由心理因素引起的性兴趣缺乏，不能产生满意的性交所必需的生理反应或快感，包括性欲障碍、阴茎勃起功能障碍、性交障碍等，不包括各种器质性病因、躯体因素及衰老引起的性功能障碍。

五、心境障碍

心境障碍是以明显而持久的心境高涨或心境低落为主的一组精神障碍，并有相应的认知和行为改变，又称为情感障碍或情感性精神障碍。严重者可有幻觉、妄想等精神病性症状。大多数患者有反复发作的倾向，治疗缓解后或发作期间精神状态基本正常，但部分患者有残留症状或转为慢性。

其症状形式有很大的差异，从极其轻微的心境波动到精神病性症状，均可出现。心境障碍主要有以下类型。

(一) 躁狂症

躁狂症以心境高涨为主，与其处境不相称，可以从高兴愉快到欣喜若狂，某些病例仅以易激惹为主。病情轻者社会功能无损害或仅有轻度损害，严重者可出现幻觉、妄想等精神病性症状。躁狂症以情绪高涨或易激惹、思维奔逸、精神运动性兴奋为主要症状，并伴有自大、睡眠减少、语量增多、随境转移、鲁莽行为等症状。躁狂发作时间需持续一周以上，一般呈发作性病程，每次发作后进入精神状态正常的间歇缓解期，大多数患者有反复发作倾向。

躁狂症的临床表现如下：

(1)情感高涨：可以从高兴愉快到欣喜若狂。患者表现为轻松、愉快、热情、乐观、兴高采烈、无忧无虑。这种情感是愉快的并具有相当的感染力。有时患者以易激惹为主，尤其当有人指责他的狂妄自大或不切实际的想法时，表现为听不得一点反对意见，因受批评而大发雷霆，严重者可出现破坏或攻击行为。

(2)思维奔逸：指思维联想速度的加快。患者言语增多，高谈阔论，滔滔不绝，随境转移。在情感高涨的基础上可出现自我感觉良好、言辞夸大、说话漫无边际，认为自己才华出众、出身名门、权位显赫、腰缠万贯、神通广大等情况，甚至可达到夸大妄想的程度。

(3)意志行为增强：出现协调性精神运动性兴奋，其内心体验与行为、行为反应与外在环境均较为统一。患者活动增多，喜交往，爱凑热闹，与人一见如故，好开玩笑或搞恶作剧，好管闲事，整日忙碌，做事虎头蛇尾，一事无成。

(4)伴随症状：躁狂症患者常伴有睡眠需要减少，终日奔波而不知疲倦。

患者性欲亢进，偶可出现轻率所致的性行为。

（二）抑郁症

抑郁症以显著而持久的心境低落为主，与其处境不相称，可伴有思维缓慢和运动性抑制，患者表现为自我感觉不良、情绪低落、对外界反应缓慢、联想迟钝、言语动作减少，甚至发生木僵。患者可伴有自卑、自责和自罪观念，严重者可出现幻觉、妄想等精神病性症状。每次发作持续至少2周以上，长者甚至数年，多数病例有反复发作的倾向，每次发作大多数可以缓解，部分可有残留症状或转为慢性。

抑郁症的临床表现如下：

（1）抑郁心境：这是抑郁症患者最主要的特征，轻者心情不佳、苦恼、忧伤，终日唉声叹气，重者情绪低沉、悲观、绝望。

（2）快感缺失：丧失对日常生活的兴趣，体验不到各种娱乐或令人高兴的事的乐趣。轻者尽量回避社交活动，重者闭门独居、疏远亲友、杜绝社交。

（3）无明显原因的持续疲劳感：轻者感觉自己身体疲倦，力不从心，生活和工作丧失积极性和主动性；重者甚至连吃、喝、个人卫生都不能顾及。

（4）睡眠障碍：约有70%~80%的抑郁症患者伴有睡眠障碍，患者通常入睡无困难，但几小时后即醒，故称为清晨失眠症、中途觉醒及末期失眠症，醒后又处于抑郁心情之中。伴有焦虑症者表现为入睡困难和噩梦多，少数抑郁症患者睡眠过多。

（5）食欲改变：表现为进食减少、体重减轻，重者则终日不思茶饭，但也有少数患者有食欲增强的现象。

（6）躯体不适：抑郁症患者普遍有躯体不适的表现。患者常检查和治疗不明原因的疼痛、疲劳、睡眠障碍、喉头及胸部的紧迫感、便秘、消化不良、肠胃胀气、心悸、气短等病症，但多数对症治疗无效。

（7）自我评价低：轻者有自卑感、无用感、无价值感；重者把自己说得一无是处，有强烈的内疚感和自责感，甚至选择自杀作为自我惩罚的途径。

（8）自杀观念和行为：这是抑郁症最危险的行为。患有严重抑郁症的患者常选择自杀来摆脱自己的痛苦。

（9）其他：抑郁症患者还可能有激越、焦虑、性欲低下、记忆力减退等症状。

如果有持久的心境低落并伴有3种以上症状，持续两周以上，最好找专业的心理医生进行咨询。抑郁症是一种可以治疗的疾病，大多数治疗方法通过对中枢神经系统功能的整合起作用，其中包括抗抑郁药治疗、物理治疗和心理治疗。

(三) 双相情感障碍

双相情感障碍既有躁狂或轻躁狂发作，又有抑郁发作。躁狂发作需持续一周以上，抑郁发作需持续两周以上，躁狂和抑郁交替或循环出现，也可以混合方式同时出现。发作间歇期症状完全缓解，大多数患者有反复发作倾向，部分可有残留症状或转为慢性。

(四) 持续性心境障碍

持续(数年)并常有起伏的心境障碍，每次发作症状未达到轻躁狂或轻度抑郁程度，有相当程度的主观痛苦和社会功能受损。持续性心境障碍包括环性心境障碍和恶劣心境两种亚型。

1. 环性心境障碍

环性心境障碍是指心境持续性不稳定，其间有若干轻度抑郁发作和轻度躁狂发作的周期，伴有或不伴有正常心境的间歇期。由于心境波动幅度相对较小，且心境高涨时期令人愉快，环性心境往往不能引起注意。

2. 恶劣心境

恶劣心境属于持续性轻度抑郁障碍，表现为至少 2 年内轻度抑郁心境持续存在或反复出现，其间正常心境很少持续几周，没有轻躁狂发作期。

六、精神分裂症

精神分裂症是一组病因未明的重性精神病，多起病于青壮年时期，病前可有一定的心理、社会因素，常缓慢起病，病程迁延，部分患者发展为精神活动的衰退，一旦发病，进行性发展，自发缓解少见。患病期间意识清晰，智能多完好，但可出现某些认知功能损害，自知力基本丧失。临床上表现为症状各异的综合征，涉及感知觉、思维、情感、意志行为及认知功能等多方面的障碍以及精神活动的不协调。核心症状包括思维、情感和行为等精神活动不协调，与现实环境脱离；对外界事物情感反应淡漠、情感倒错或歪曲；意志减退，行为懒散。患者病程迁延，个体之间症状差异很大，即使同一患者在不同阶段或病期也可能表现出不同症状。早期主要表现为性格改变，如不理睬亲人、不讲卫生、对镜子独笑等。病情进一步发展，即表现为思维紊乱，患者的思考过程缺乏逻辑性和连贯性，言语零乱、词不达意。典型症状还有妄想与幻觉。

精神分裂症的诊断目前仍主要依赖于临床，未发现有确诊意义的生物学指标，实验室的检查只能是排除其他器质性病因。精神分裂症的诊断需要病程至少持续存在 3 个月以上，有社会功能明显受损或缺乏现实检验能力。

一般主张精神分裂症患者早期发现，早期治疗，主要是使用抗精神病药物，坚持长期服药治疗，辅助一定的心理社会康复训练。

精神分裂症主要有以下类型：

(一)偏执型

偏执型是精神分裂症中最常见的一种类型，以幻觉、妄想为主要临床表现，又称妄想型。起病较缓慢，多发病于青壮年或中年时期。主要表现为猜疑和各种妄想，内容多脱离现实，结构往往凌乱，并有泛化趋势，其中被害妄想、关系妄想和嫉妒妄想较多见。常伴有幻觉和感知综合障碍(如视物变形等)，其中听幻觉最为常见。听幻觉的内容与妄想往往紧密相关，如患者听到要伤害他的声音因而产生被害妄想并坚信不疑。

(二)青春型

青春型主要在青少年时期发病，以显著的思维、情感及行为障碍为主要表现，典型的表现是思维散漫、思维破裂，情感、行为反应幼稚，可能伴有片段的幻觉、妄想；部分患者可以表现为本能活动亢进，如食欲、性欲增强等。该型患者首发年龄低，起病急，社会功能受损明显，一般预后不佳。

(三)紧张型

紧张型以精神运动性障碍为主要表现，临床表现以木僵状态多见，轻者可为运动缓慢、少语少动(亚木僵状态)，重者可为不语、不动、不食，对环境变化毫无反应(木僵状态)，并可出现违拗、蜡样屈曲。紧张性木僵可与短暂的紧张性兴奋交替出现，患者突然出现冲动攻击行为。多发病于青壮年时期，起病较急，部分患者缓解迅速，治疗预后相对较其他类型好。

(四)单纯型

单纯型一般起病于少年期，起病缓慢，逐渐进展。主要表现为被动、孤僻、生活懒散、情感淡漠和意志减退，学习、工作能力显著减退。开始表现少语，少与人接触，逐渐变得孤僻、被动、生活懒散、不求上进、无故旷课或旷工，故起病潜隐，早期不易被发现，以后情感逐渐淡漠，对亲人疏远、冷淡，行为古怪、退缩，脱离现实生活，无法适应社会生活。一般无幻觉、妄想等阳性症状。此型患者在发病的早期易被忽视或误诊。治疗效果欠佳，预后差。

(五)未分化型

未分化型具有上述某种类型的部分特点，或是具有上述各型的一些特点，但是难以归入上述任何一型。

(六)残留型

残留型是精神分裂症急性期之后的阶段,主要表现为性格的改变或社会功能的衰退。

对于确诊的精神障碍患者,应按医嘱进行系统规范的治疗。越早发现、越早治疗,治疗效果越好。尤其注意要按足够的疗程进行治疗并足量服药,不能擅自停药或中断治疗,否则容易导致病情的迁延并影响治疗效果。确诊严重精神疾病,如精神分裂症急性发作期、重度抑郁症、躁狂发作等,存在自伤或伤人风险的患者,应住院治疗;确诊精神疾病,但风险可控,可休学治疗或家长陪读治疗。如果无须住院治疗,应加强对患者的监护,确保按时足量服药。如果药物反应严重或疗效不明显,可向医生报告,考虑是否调整用药。精神疾病治疗以药物治疗和心理治疗为主,可辅以心理咨询。因精神疾病休学后复学应取得相关医院的康复诊断证明,并定期复诊,持续进行心理咨询将有助于疗效的巩固。

知·识·拓·展

专业人员常用的对心理异常的医学诊断分类描述体系主要有以下三种:

①《中国精神障碍分类与诊断标准》第三版(Chinese Classification and Diagnostic Criteria of Mental Disorders, CCMD-3)——中国

②《精神障碍诊断和统计手册》第五版(Diagnostic and Statistical Manual of Mental Disorders, DSMV-5)——美国

③《国际疾病及相关问题的统计分类标准》第十一版(International Statistical Classification of Diseases and Related Problem, ICD-11)——世界卫生组织

课堂互动

　　小 D，女，文科大二生，平时性格内向，沉默寡言，与同学交流较少。大一下学期以来，情绪明显低落，经常暗自流泪，同学问其有什么事也不说，以前最喜欢追剧，现在也不感兴趣了，觉得没味。以前晚上 11 点前就能睡，现在经常凌晨一两点还能听到她在床上辗转反侧；吃饭也比以前少了很多，经常忘了去吃饭，身形变得消瘦；喜欢看一些有关生命和死亡的哲理方面的书籍；偶尔会在 QQ 动态发一些自怜自艾的话语。

　　但近来小 D 情绪突然变得很好，感觉有用不完的精力，参加了很多社团活动，而且工作特别积极。与以前的沉默寡言不同，说话也变得滔滔不绝、慷慨激昂，很有感染力，只是话题不停转换，有点飘忽不定。小 D 还经常跟网上认识的一些朋友去泡吧和进行远程户外骑行，因此还缺了不少课。

　　你能识别出小 D 有些什么异常的症状吗？

　　请大家回忆、梳理一下你曾经见到过的心理异常症状，把它们写下来，列成一个清单，然后相互或分小组进行分享和交流。

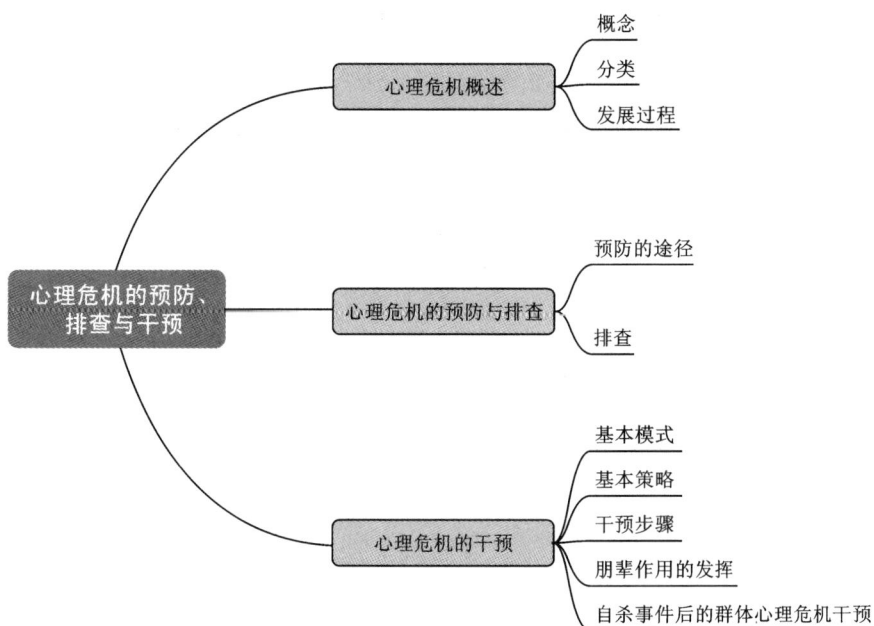

第七章

心理危机的预防、排查与干预

心理危机的预防、排查与干预

├─ 心理危机概述
│   ├─ 概念
│   ├─ 分类
│   └─ 发展过程
│
├─ 心理危机的预防与排查
│   ├─ 预防的途径
│   └─ 排查
│
└─ 心理危机的干预
    ├─ 基本模式
    ├─ 基本策略
    ├─ 干预步骤
    ├─ 朋辈作用的发挥
    └─ 自杀事件后的群体心理危机干预

第一节
心理危机概述

一、心理危机的概念

美国心理学家卡普兰（G. Caplan）于 1964 年首次提出心理危机（psychological crisis）的概念，即当一个人面临的困境超过他的能力时，这个人就会产生暂时的心理困扰，这种暂时的心理失衡状态就是心理危机。美国心理学家卡耐尔（Cristi Kanel）认为心理危机包括三个部分：①存在具有重大心理影响的事件；②对危机事件的感知导致当事人的主观痛苦；③惯常的应付方式失败，导致当事人的心理、情感和行为等方面的功能水平较突发事件发生前明显降低。虽然心理危机没有一个统一的定义，但一般认为，心理危机是指个体遭遇客观事件，主观感受到这一事件超出了个人的心理承受能力，运用正常应对方式无法应对，从而导致认知、情感、行为等方面的失衡，并可能导致严重的后果，这时仅凭自身力量难以恢复心理平衡。构成心理危机的要素主要有三个：引发危机的客观事件(诱发因素)、当事人的主观感受(个体无法应对)、心理危机对当事人的影响(心理失衡)，如图 7-1 所示。

客观事件 ➡ 主观感受（无法应对）➡ 心理失衡

图 7-1　构成心理危机的要素

大学生心理危机主要是指大学生在面临困境时，自己无力解决而产生极度自卑、焦虑、抑郁，甚至失去控制、不能自拔的心理失衡现象。广义的心理危机泛指大学生严重的不良心理状态，在这样的状态下，个体感到无法适应环境和应对正常生活，心理上处于失衡状态，甚至濒临失控、崩溃的边缘，概念比较宽泛。狭义的心理危机仅指大学生个体不能应对危机而出现心理行为上的极端状态，包括自杀、暴力行为或精神障碍等，其中尤以自杀和伤人为心理危机的典型代表和极端方式。

二、心理危机的分类

根据导致心理危机产生的原因，心理危机可以分为发展性危机、境遇性危机、存在性危机和病理性危机四种类型，如图 7-2 所示。

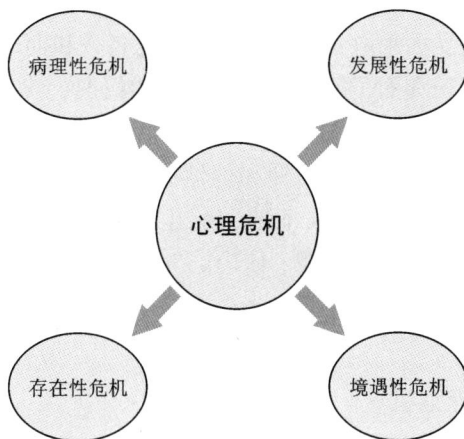

图 7-2　心理危机的类型

(一) 发展性危机

发展性危机是指在正常成长和发展过程中，急剧的变化或转变所导致的异常反应。人生是由一系列连续的发展阶段组成的，每个阶段都有其特定的身心发展课题。当个体从某一发展阶段转入下一个发展阶段时，他原有的行为和能力不足以应付新的课题，新的行为和能力尚未建立起来，发展阶段的转变常常会使他处于行为和情绪的混乱无绪状态，这就是发展性危机。例如我们通常所说的"青春期碰上更年期"、大一新生的"新生适应综合征"、毕业生的"职场适应心理综合征"等。发展性危机是内源性、常规性的，是可预期的。这些危机是大学生生命中必要和重大的转折点，每一次发展性危机的成功解决都是大学生走向成熟和完善的阶梯。

(二) 境遇性危机

境遇性危机是指当出现突发的意外事件且个人无法预测和控制时出现的危机，是由外部事件引起的心理危机，是任何人在任何时候都有可能遭遇到的。失恋、亲人死亡、父母离异，遭遇交通意外、性侵、恐怖袭击、突发疾病以及其他的天灾人祸等都可以导致境遇性危机。境遇性危机是外源性的、突发性的、不可预测的。

(三)存在性危机

存在性危机是指人生中一些重要事件出现问题,而导致的个人内心的冲突和焦虑,是伴随重要的人生目的、人生责任和未来发展等内部压力的冲突和焦虑的危机。如思考"人为什么活着?""人生的意义是什么?"等问题,它伴随个体的一生。例如一个以成绩优异为价值取向的大学生,当出现意想不到的考试失败时,可能难以接受而采取自杀行为;一个把名誉和面子看得比生命还重要的学生,一旦遇到名誉和面子遭到损害、破坏的情况,就可能以死来了结;一个人生态度悲观消极的人很容易在挫折面前一蹶不振,甚至走上绝路。研究发现,自杀的人缺乏对生存的重要信仰和价值的认识,当遇到较大的压力时,往往会放弃解决问题的努力和尝试,而选择轻生。无法正确理解生命的价值和意义,就容易被生存的空虚感所笼罩,使内心充满不安和迷茫,自暴自弃,甚至放弃生命。北京大学徐凯文提出的,当今大学生中普遍存在的"空心病"即属于这种类型。

(四)病理性心理危机

病理性心理危机是指由某些严重的心理疾病导致的心理危机,如因神经症、人格障碍、抑郁症、精神分裂症而引发的心理危机。现实中,有人常常简单地将心理危机的原因归结为是某个或某些重大挫折、压力事件,并试图去寻找这些事件,而没有意识到深层的原因或许是心理疾病本身,忽视了真正的罪魁祸首。而且往往是心理疾病导致了学习、人际交往、情感问题的出现。

三、心理危机的发展过程

(一)心理危机的发展阶段

每个人对危机事件都会有所反应,但不同的人对同一性质事件的反应强度及持续时间不同,心理危机的应对一般分为三个阶段。

1. 冲击期

震惊与逃避阶段。当事人表现出麻木、迟钝、否定现实,此时重要的任务是体验失落,让危机中的人在专业人员的陪伴下认识现实。

2. 反应期

面对与瓦解阶段。当事人表现出激动、焦虑、痛苦、愤怒、讨价还价、思念、维持心中的希望,也可能表现出畏缩、内疚、罪恶感、退缩或抑郁。此阶段重点在于重新体验悲痛,进行不良情绪的宣泄、释放,减轻心理负担。

3. 解决期

接纳与重整阶段。当事人开始接受现实,探索、尝试解决问题的方法,重新认识自己,寻求转变和突破,规划和开始新生活。此阶段着重于认识自我、拓展资源、激发潜能、合理定位自我。

(二)心理危机的结果

无论过程如何跌宕起伏,大学生心理危机最终都会出现以下三种结果中的一种。

1. 顺利度过

大学生个体顺利度过危机,习得处理类似危机的方法和策略,危机成为个体的成长机遇,心理健康水平得到提高。这是一种积极的心理平衡。

2. 回避压抑

大学生个体虽然度过危机,但只是通过自我逃避和抑制的方式将不良的后果排除在自己的认知范围之外或压抑进潜意识中,而不是去面对问题和解决问题。因为没有真正地解决问题,在以后的生活中危机的不良后果还会不时表现出来,影响之后的社会适应。虽暂时实现了心理平衡,但是一种消极的平衡,因为它随时可能反弹或再次爆发。

3. 心理崩溃

大学生个体在危机开始时就心理崩溃,未能渡过危机,出现伤人毁物的现象,个体身心留下了永久性创伤。但个体身心仍然重新达到了平衡,只不过这种心理平衡的恢复是通过伤人、伤己的,消极的甚至是破坏性的方式实现的,是一种消极的心理平衡,而且低于个体危机前的心理平衡状态,心理健康水平下降。

个体经历危机后,不论结果如何,其身心都可以达到新的平衡,只不过这种平衡有积极和消极之分。

第二节
心理危机的预防与排查

一、心理危机预防的途径

高校心理危机的预防重在宣传教育和全面提升大学生的心理素质。学校可通过多种途径来防范心理危机事件的发生。

(一) 普及心理健康知识

积极开设心理健康教育方面的必修和选修课程, 通过课堂教学、团体辅导、专家讲座、网络推送、校园心理文化活动等形式宣传普及心理健康知识, 介绍增进心理健康的方法和途径, 解析心理现象, 传授心理调适方法, 打造无处不在、无时不在的心理健康知识传播和获取平台, 营造良好的关注校园和自身心理健康的氛围, 为学生维护自身心理健康提供强有力的知识保障。

(二) 提供心理健康服务

加强学校的心理健康服务场地设施建设, 打造一支高水平的心理健康服务专职教师队伍, 优化心理健康服务的方式和途径, 不断提升学校心理健康服务的质量和水平, 让学生能够及时、便捷地获得心理服务资源和高质量的心理健康服务, 使心理问题能够得到及时解决、心理危机能够得到及时干预。

(三) 提升学生心理素质

在校园大力开展和推广心理素质拓展活动、团体成长辅导活动以及校园心理文化和服务体验活动等, 引导学生正确认识自我、悦纳自我、积极发展自我, 帮助学生优化个体心理品质, 增强自我关照和求助意识, 培养自尊自信、理性平和、积极向上的心态, 有效提升个体的心理素质和健康水平, 从源头上避免个体心理危机的发生。

(四) 开展生命教育

大力开展生命教育, 帮助学生认识生命的本质、理解生命的意义, 引导学生热爱生活、敬畏生命、珍爱生命。引导学生学会积极地生存、健康地生活与独立地发展, 并通过彼此间对生命的呵护、记录、感恩和分享, 获得身心和谐, 积极创造生命的价值, 实现自我生命的最大价值。引导学生在关注自身生命的同时, 也积极关注、尊重、热爱他人的生命, 帮助他人, 成就自我, 彰显生命的光辉。

(五) 健全朋辈心理互助

建立健全朋辈心理互助工作体系, 打造一支高素质的朋辈心理互助队伍对于高校心理危机的预防和干预尤其重要。朋辈心理互助队伍中的学生具有天然的亲和力, 同学们对其不会有距离感和抵触情绪。他们本身学习生活在相同的集体中, 与同学们零距离接触, 可实现全时空覆盖, 在及早发现、预防和干预心理危机方面具有不可替代的作用。

二、心理危机的排查

(一)心理危机的典型症状

处于心理危机的大学生通常会在情绪、认知、意志行为和躯体方面表现出一定的症状。

1. 情绪方面

当事人表现出紧张不安、焦虑、恐惧、沮丧、抑郁、悲伤、孤独、烦躁、愤怒、自卑、羞愧、悲观绝望、无助、麻木、冷漠、内疚、自罪自责、丧失感、空虚感、过分敏感或警觉、无法放松、持续担忧等情绪。

2. 认知方面

当事人的注意力往往过分集中在悲伤反应或危机事件上,从而出现记忆和认知能力方面的"缩小"或"变窄"(管视现象),判断、分辨和做决定能力下降,部分人会有注意力不集中、记忆力减退、记忆丧失、闯入性记忆出现等现象。

3. 意志行为方面

有痛苦悲伤的表情、哭泣、郁郁寡欢或过分依赖他人;工作、学习能力下降;容易自责或指责他人;兴趣减退;社会退缩、孤僻、不合群;与社会联系破坏,对周围环境漠不关心;对前途悲观失望、拒绝他人帮助和关心;脾气暴躁或易冲动;出现反复洗手、反复消毒、暴饮暴食等行为;由于内心痛苦而染上各种成瘾行为,比如吸烟、酗酒等;严重者甚至出现出走失联、行为错乱、轻生自杀、肢体自残、暴力攻击等高风险行为;行为和思维情绪不一致;出现过去没有的非典型行为。

4. 躯体方面

有疼痛感、疲乏、失眠、多梦、早醒、食欲下降、心悸、头晕头痛、感觉呼吸困难或窒息、哽塞感、肌肉紧张、肠胃不适、腹泻、恶心呕吐、全身不适等多种躯体不适表现,部分患者还会出现血压、心电生理及脑电生理等方面的变化。

我们通过上述症状,可以初步判断一名大学生是否处于心理危机状况,并及时报告辅导员老师和心理健康专职教师进行进一步的评估。

(二)心理危机易感人群排查模型

单一因素一般难以导致心理危机的发生,心理危机的发生往往是多种原因的叠加导致的。在心理危机排查工作中我们经常用到心理危机排查三因素模型(见图7-3)。

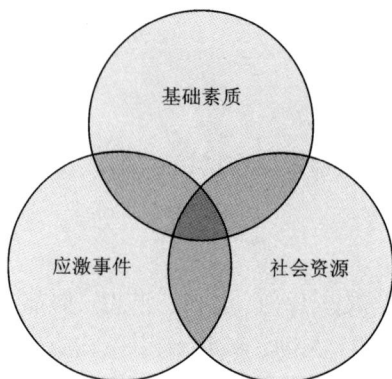

图 7-3　心理危机排查的三因素

1. 基础素质

基础素质包括以下方面：

(1)个人成长史：包括家庭状况、病史、创伤经历、自杀史等；

(2)生理因素：包括遗传因素(疾病家族史、生理缺陷家族史)、生理缺陷、重大疾病等；

(3)心理因素：包括非理性认知(绝对化的要求、过度概括化、糟糕至极)、负性情绪、人格特征(内向、偏执、敏感、多疑、依赖、孤僻、冲动、消极、悲观等)、价值观念、应对方式(消极应对；低级防御机制)、心理疾病(神经症、人格障碍、情感障碍、精神分裂症、应激障碍、癔症等)等；

以上基础素质存在问题的人更容易发生心理危机，如一个家庭经济贫困，遭受过家暴，近亲中有精神病患者，长期情绪不稳定，性格内向孤僻的人就会更容易出现严重心理问题。

2. 社会资源

社会资源主要指人际支持，包括亲子、朋辈、师生、夫妻、情侣、亲友等。是否能获得来自家庭、社会的良好社会支持与大学生的心理危机风险密切相关，一个人如果有良好的人际关系和人际支持，在遇到困难或问题时可以及时获得关心、支持和帮助，因而不容易发生心理危机。

3. 应激事件

应激事件通常指两个月以内发生的以下负性生活事件：

(1)躯体疾病：含危急重症、意外伤害等；

(2)学业压力：含多门挂科、学业警示、退学警示、毕业困难、厌学、学习困难等；

（3）人际冲突：含室友、同学、师生矛盾及其他人际冲突；

（4）生活受挫：含被骗（金钱、情感）、失败（竞选、面试、求职等）、违纪处分、网贷纠纷、传销陷阱以及遭遇抢劫、偷窃、骚扰等非法侵害等；

（5）情感纠葛：含失恋或单恋、恋爱矛盾、婚姻矛盾、性困惑等；

（6）家庭变故：含意外事故、受灾、事业变故（生意失败）、亲人重病、亲人离世、父母离异、家族矛盾等；

（7）民族宗教、意识形态问题与冲突等；

（8）对学生有不良影响应予关注的其他事件。

应激事件往往是心理危机事件的诱发因素和导火索。学生在遇到应激事件时若没有良好的人际支持，自身基础素质又存在各种问题，则发生心理危机的可能性就会急剧上升。

三因素中一个因素存在问题应该予以关注，两个因素叠加应该重点关注，三个因素叠加就应该高度关注或启动危机干预机制。

（三）心理危机排查及评估的重点对象

1. 心理危机排查的重点对象

应将存在下列情形之一的学生作为心理危机排查的重点对象：

（1）在心理健康测评中筛查出来的有心理障碍或心理疾病或自杀倾向的学生；

（2）遭遇突发事件而出现心理或行为异常的学生，如家庭发生重大变故，突患严重疾病，情感受挫，受辱或受惊吓，与他人发生严重人际冲突，遭遇蓄意伤害、意外事故、重大灾害或公共卫生事件等危机事件；

（3）既往有自杀未遂史或家族中有自杀者的学生；

（4）患有严重心理疾病，如抑郁症、恐怖症、强迫症、癔症、焦虑症、精神分裂症、情感性精神病等，且出现心理或行为异常的学生；

（5）身体患有严重或慢性疾病，长期受病痛折磨，治疗周期长、治疗费用高、生活质量低的学生；

（6）严重环境适应不良导致心理或行为异常的学生；

（7）学业压力过大、学习困难出现心理异常的学生；

（8）家庭经济贫困、负担重、深感自卑的学生；

（9）性格过于内向、人际关系失调、孤僻、缺乏社会支持的学生；

（10）由于身边的人发生危机事件而受到影响，产生恐慌、担心、焦虑、困扰的学生；

(11)毕业生中就业困难、考研失败及由于种种原因无法正常毕业的学生;

(12)初次考试不及格或多门考试不及格的学生,以及遭到学业警示或退学警示的学生;

(13)因严重网络成瘾行为而影响其学习及社会功能的学生;

(14)其他有情绪困扰、行为异常的学生。

2. 心理危机评估的重点对象

对近期发出下列警示讯号的学生,应及时进行心理危机的评估:

(1)谈论过自杀并考虑过自杀方法,包括在信件、日记、微博、QQ动态、微信的只言片语中流露死亡念头的学生;

(2)出现不明原因突然给同学、朋友或家人送礼物、赔礼道歉,无端致以祝福、述说告别的话等行为的学生;

(3)情绪突然明显异常者,如特别烦躁、高度焦虑、恐惧,易感情冲动,或情绪异常低落,或情绪突然从低落变为平静,或饮食睡眠受到严重影响等。

(四)心理危机排查的重要时间节点

1. 自然时间节点

从一天来看,夜间或凌晨是心理危机的高发期,晚寝时段是危机排查的重要时间点。有自杀意念者在夜间或凌晨的危险性非常高,一方面夜深人静,许多人处于熟睡中不易发现,便于实施自杀行为;另一方面夜间或凌晨往往是有自杀意念者最清醒,也是最痛苦的时候,抑郁症患者在这个时候的症状往往最为严重。因此,坚持晚查寝制度非常有必要。

从一年来看,春季(尤其是3、4、5月)是心理疾病的高发季节。一方面,春天的气候受冷暖气流交替影响,变化无常,容易扰乱人们的生理功能;另一方面,春天阴雨天较多,阳光相对较少,造成性激素分泌减少,甲状腺激素分泌增加,松果体素和5-羟色胺分泌失调,导致人体的认知、情感、意志和行为等异常。

2. 社会生活时间节点

一些公共或传统节假日,如情人节、女生节、清明节、劳动节、中元节、中秋节、国庆节、圣诞节、元旦节等时节,也是心理危机特别是情感类危机爆发的重要节点。

3. 高校特有时间节点

从学期来看,开学、期末、新生入学后、考试季、毕业季是心理危机频发的时期。高校特有的寒暑假生活节律,使得学生在假期前后一段时间会进行一些阶段性的总结和反思，对一些长期困扰自己的问题进行一些抉择思考，寻求一些解决途径和措施。一旦这些途径和措施失效，这些长期困惑自己的精神压力还是不能解脱，就可能精神崩溃，走上不归路。新生入学后都将面临不同程度的适应问题，考试季、毕业季是学业、就业压力集中爆发的时候，这些节点更容易发生心理危机。

4. 重大事件时间节点

校园内的自杀事件、重大事故、暴恐事件、重大自然灾害或疫情等危机事件发生后也是心理危机排查的重要节点。

建立完善的危机排查制度和机制，坚持每半月或每月定期进行一次常规的危机排查能有效防止心理危机事件的发生。

（五）自杀心理危机的识别

个体做出自杀决定前往往会有一个痛苦纠结和艰难抉择的过程，在这个过程中，通常在言语上或行为上会表露出一些征兆。只要足够细心和敏感，自杀行为大部分是可知觉、可预见、可预防的。

以下人群为自杀的风险高人群：

（1）近期有过自伤行为或自杀未遂行为的，再次采取自杀行动的可能性很大。以求助为目的的自杀行为多次未遂后，周围的人往往以为当事人并不是真正想死而对其放松警惕，如果自杀未遂者求助的问题并未得到解决，则再次采取自杀行动的可能性很大。

（2）向亲友、朋辈、老师、医务人员等或在个人日记以及微博、QQ空间、朋友圈等网络空间中流露出消极、悲观的情绪，表露出自杀的意愿的。

（3）近期遭受了难以承受的巨大打击的。在打击事件出现的初期，自杀的可能性较大，在适应以后，危险性随之降低。

（4）当事人对某人、某事、某团体或社会有强烈的敌意和攻击性，但对方过于强大，可能产生内向攻击，以死抗争。

（5）与人讨论自杀的方法，或购买用于自杀的药物、物品，或常在江河、高楼、悬崖徘徊的，以及原来有自杀意念，现在却有意掩盖自杀意念，不再与他人谈论自杀的。

（6）难治性躯体疾病患者突然不愿意接受医学治疗，或情绪突然好转，或与家人亲友详细谈论家庭今后的安排和打算的。

（7）精神病患者，特别是抑郁症、精神分裂症、酒精及药物依赖症患者，有自责自罪、被害妄想或有命令性幻听和强制性思维等症状者，以及抑郁患者出现情绪突然"好转"的。一些严重的抑郁症患者常常在"平静期"自杀。

◇知·识·拓·展◇

自杀的言语征兆有以下几种：

（1）直接说"我想死""我不想活了"；

（2）间接说"我所有的问题马上就要结束了""现在没人能帮得了我""没有我，他们会过得更好""我再也受不了了""我的生活毫无意义"等；

（3）谈话间流露出无助或无望的心情或无价值感；

（4）谈论与自杀有关的事或开自杀方面的玩笑；

（5）谈论自杀计划，包括自杀方法、日期和地点以及易获得的自杀工具等；

（6）突然与亲友告别。

自杀的行为征兆有以下几种：

（1）睡眠、饮食或体重明显增加或减少，过度疲劳；

（2）易激惹，过分依赖，持续不断地悲伤、流泪；

（3）注意力不集中、学习成绩下降、经常缺勤；

（4）退缩、孤僻、人际交往明显减少；

（5）无缘无故地生气或与人敌对冲突；

（6）强烈的焦虑感，社会功能严重受损；

（7）突然把个人有价值的或形影不离的物品送人；

（8）出现突然的、明显的行为改变，如情绪一直不好的人，突然变得很平静，或者相反；

（9）频繁出现意外事故或魂不守舍的状况。

第三节
心理危机的干预

心理危机干预就是对处于心理危机状态者采取明确有效的措施，使症状得到缓解，使心理功能恢复到危机前的水平，并获得新的应对技能，以预防将来心理危机的发生。危机干预的主要目标是降低急性、剧烈的心理危机和创伤的风险，稳定和减少危机或创伤情境的直接严重后果，促进个体从危机和创伤事件中恢复或康复；帮助的及时性、迅速性是其突出特点，有效的行动是危机干预成功的关键。

一、心理危机干预的基本模式

心理学家贝尔金(Belkin)等提出了三种基本的危机干预模式,即平衡模式、认知模式和心理社会转变模式。这三种模式为不同的心理危机干预策略和方法的制定奠定了基础。

(一)平衡模式

平衡模式认为危机状态下的个体通常都处于一种心理或情绪失衡状态,他们原有的应对机制和解决问题的方法不能满足他们当前的需要。这个时候个体已经失去了对自己的控制,分不清解决问题的方向,不能做出适当的选择。因此,危机干预的工作重点应该放在稳定受害者的情绪,使他们重新获得危机前的平衡状态。这种模式适合于心理危机的早期干预。

(二)认知模式

认知模式是基于这样一种认识的,危机起源于对事件的错误思维,而不是事件本身或与事件、境遇有关的事实。该模式通过帮助个体意识到其认知中存在的非理性和自我否定的成分,重新获得理性和自我肯定的成分,从而使当事人获得对危机的控制。认知模式最适合于危机稳定下来并接近危机前平衡状态的来访者。

(三)心理社会转变模式

心理社会转变模式认为对个体危机状态的考察也应该从个体内部和外部两个方面的因素着手,除考虑个体的心理资源和应对方式外,还要了解同伴、家庭、职业、宗教、社区对其影响。危机干预的目的在于把来访者的内部资源与社会支持、环境资源充分调动和结合起来,从而使个体有更多的解决问题的方式可以选择。

二、心理危机干预的基本策略

当身边有同学处于心理危机状态时,可以采取以下方式对其进行帮扶:

(1)共情。主动倾听并积极关注,给予心理上的支持。

(2)疏泄。提供疏泄机会,鼓励来访者把自己的内心情感表达出来。

(3)释因。解释危机的发展过程,使来访者理解目前的处境,理解他人的情感,建立自信。

(4)赋能。给予来访者希望,使其保持乐观的心态。

(5)转注。培养来访者的兴趣,鼓励其积极参与有关的社会活动。

(6)乐群。注意发挥社会支持系统的作用,使来访者多与家人、亲友、同学接触和联系，减少孤独和隔离。

帮助处于危机状态的同学稳定、控制情绪是进行心理危机干预的前提；帮助其寻找、拓展、调动各种内在和外在资源是成功进行心理危机干预的催化剂；帮助其意识到并调整不合理的认知是心理危机干预成功的关键。

三、心理危机干预的步骤

对处于心理危机中的个体，可使用心理学家总结的"六步干预法"进行危机干预(见图 7-4)。

确定问题 ➡ 保证安全 ➡ 给予帮助 ➡ 寻找办法 ➡ 制订计划 ➡ 获得承诺

图 7-4　心理危机的"六步干预法"

(一)确定问题

危机干预的第一步是从来访者的立场出发，确定和理解来访者的问题。干预人员使用积极的倾听技术，包括共情、理解、真诚、接纳以及尊重，鼓励来访者充分表达。使用开放式问题引导来访者梳理和确定问题。在沟通的过程中，既要注意来访者的言语信息，也要注意其非言语信息。

(二)保证来访者安全

在危机干预过程中，干预人员应该将保证当事人安全作为首要目标。这里的安全是指将自我和对他人的生理和心理的危险性降低到最小的可能性。在干预人员的检查评估、倾听和制订行动策略的过程中，安全问题都必须给以同等的、足够的关注。

(三)给予支持和帮助

危机干预强调与当事人沟通和交流，通过语言、语调和躯体语言让来访者认识到危机干预人员是能够给予其关心帮助的人，让来访者相信"这里有确实很关心你的人"。

(四)提出并验证替代解决办法

促使当事人积极地探索有效的社会资源、环境支持和应付方式，采取积极、建设性的思维方式，寻求可以利用的替代解决方法。让当事人知道有人过去、现在关心自己，将来也会关心自己，有许多可变通的应对方式可供选择，从而降低其焦虑水平，给予其希望和力量。

(五)制订行动计划

根据当事人的具体问题、功能水平和实际需要,与当事人共同制订行动计划,同时还要考虑到有关文化背景、社会生活习惯以及家庭环境等因素。行动计划应该是限时、具体、实用和灵活可变的,并且有利于追踪随访。计划的制订应该与当事人充分合作,让其感到这是他自己的计划,没有剥夺他们的权力、独立和自尊。

(六)得到当事人的承诺

在结束危机干预前,让当事人复述所制订计划,确认其真正理解了行动计划,并从当事人那里得到诚实、直接和适当的承诺。

例如,可以跟当事人这样说:"现在我们已经商讨了你计划要做什么,下一步将看你如何向他或她表达自己的愤怒情绪。请跟我讲一下你将采取哪些行动,以保证你不会大发脾气,避免危机的升级。"

除以上六步之外,还应该启动社会支持系统。社会支持系统包括来自父母、亲人、老师、同学、朋友和社区志愿者等方面的支持。这种支持不仅包括心理和情感的支持,也包括一些实质的救助行动。有调查表明,大学生从他人那里获得的社会支持具有同盟依靠、价值增进、工具性帮助、陪伴支持、情感支持等调节功能,这些功能对处于危机期的大学生具有重要作用。

四、心理危机干预中朋辈作用的发挥

面对有自杀倾向或行为的同学时,作为朋辈心理互助员可以采取以下行动。

(一)报告

及时有效地向相关老师报告或向专业人员求助。及时是指在知情后第一时间报告。有效是把准确的信息及时报告给恰当的人,减少中间环节,避免耽误时间,这是非常关键的。作为心理委员或朋辈心理互助员,应牢记校内校外各三个电话,校内包括辅导员老师电话、分管学生工作的学院领导电话以及学校心理健康教育中心电话,遇到同学存在心理危机状况应迅速向他们报告。校外三个电话是110、120、119。如果存在失控或伤人伤己的风险,或者已经发生失控或伤人伤己的行为时,可以拨打110、120;如果存在高空坠亡等风险时,可以拨打119。

(二)陪伴

确保不论当事人说什么,不要离开他身边。在找到专业人员之前,务必跟他(她)待在一起,自杀高危人群通常就是你一走、他(她)就可能实施自杀的人群。进行 72 小时陪伴,一般 72 小时后应激自杀死亡风险就大幅下降了。危机干预应该把确保当事人安全作为首要目标,在确保自身安全的前提下,寸步不离地或者是不脱离视线地陪伴当事人,并注意以下事项:①移除危险物品,如尖锐锋利的物品、有毒性的物品、易燃易爆的物品;②将当事人带离危险地带,如楼顶、高楼层、窗边、水边、崖边等;③脱离应激源,如冲突侵害事件的冲突方或侵害方,事故灾害事件的事发地以及那些血腥恐怖的场景;④积极寻求帮助,尽量取得其他老师、同学的帮助以便与你共同承担帮助他(她)的责任,分工协作,切勿单打独斗。

(三)疏导

保持冷静,耐心倾听,鼓励当事人说出自己内心的感受,使当事人的情绪得到宣泄,让他(她)感受到自己是被人关心、被人理解的,相信别人是可以给其帮助的,并鼓励他(她)寻求他人的帮助、支持。切勿责备当事人,一切从理解当事人情绪的角度出发,包括理解其想要自杀的想法,接纳他的情绪和感受而不做任何评判。

由于处于危机状态的人的记忆和认知能力都会出现缩窄,导致思维、判断和做决定的能力下降,所以要尽量设法拓展其思路,让其认识到前面并不是死路一条,而是条条大路通罗马,让其认识到还有很多可变通的应对方式可以选择,有些选择比现在的选择更好。可以通过一些开放性的提问对其进行积极的引导,挖掘其资源,如问"面对这种困境是什么力量让你支撑到现在的?""以前碰到这种问题,你是怎么解决的?""以前遇到困难你会向谁求助? 他一般会给你什么样的帮助?""要解决这个问题、这个困难,你还需要什么资源? 你从哪些地方可以获得这些资源?"这样可以打开他的思路。

(四)帮助

对于当事人面临的实际困难或问题给予力所能及的帮助。这些帮助可能无法解决他的全部问题,但能够帮其减轻一些压力或负担,更重要的是能让他感受到关爱和温暖,给他带来信心和希望。如给他买点食品,为他补习功课,帮他联系相关的人员或单位等。

📝 知识·拓展

面对有心理问题的同学，我们可以这么问：

1. 你最近遇到的一个难题(困惑、烦恼)是什么？

2. 你认为这个难题最后的解决情况或最美好的结局是什么？如果发生了，你的状况会有什么不同？

3. 这个难题什么时候没有发生或不那么严重？为何能如此？

4. 当你面临这个难题时，是什么力量让你支撑(面对)过来的？

5. 对于你面临的这个难题，如果你问你周围的好朋友，他们会给你什么样的建议(或鼓励、肯定)？

6. 你过去遇到类似的难题或烦恼是怎么解决的？

7. 你觉得你需要什么资源或力量来帮助你处理这个难题？你要如何才能找到这些资源？

8. 如果你想要的结果是 10 分的话，你目前在几分？若有上述资源和力量后，又可以到几分？

9. 为了解决你的问题，你觉得自己可以跨出的第一小步是什么？

五、自杀事件后的群体心理危机干预

学生自杀事件发生后，在校园内会产生很大的影响，对自杀事件的目击者和自杀者的同学、好友的伤害更大。因此，朋辈心理互助员可协助老师或专业人员对相关人群进行人员排查和心理危机干预。

(一)个别咨询和干预

为相关学生提供个体咨询服务，为学生提供安全场所，让其发泄悲痛、自由地表达自己的感受。

(二)团体咨询和干预

对室友或班级同学进行团体辅导，一起讨论对未来和生命的看法，进行生命安全教育。但不宜对自杀的学生进行太多的悼念活动，经验证明，不渲染自杀的戏剧性、浪漫性、神秘性，有助于防止别人盲目效仿。

(三)舆情管控

及时进行信息发布和情况通报，避免谣言等失真信息的传播，以免造成不必要的心理恐慌。引导学生不信谣、不传谣和主动辟谣。

📝 课·堂·互·动

　　你的室友在晚上 11：00 查寝时仍未归寝，平时这个时候他都会在寝室了，你忽然意识到他/她这两天的行为与往常有些不太一样，作为朋辈心理互助员，你会怎么做？

第 八 章

个体心理助人技术

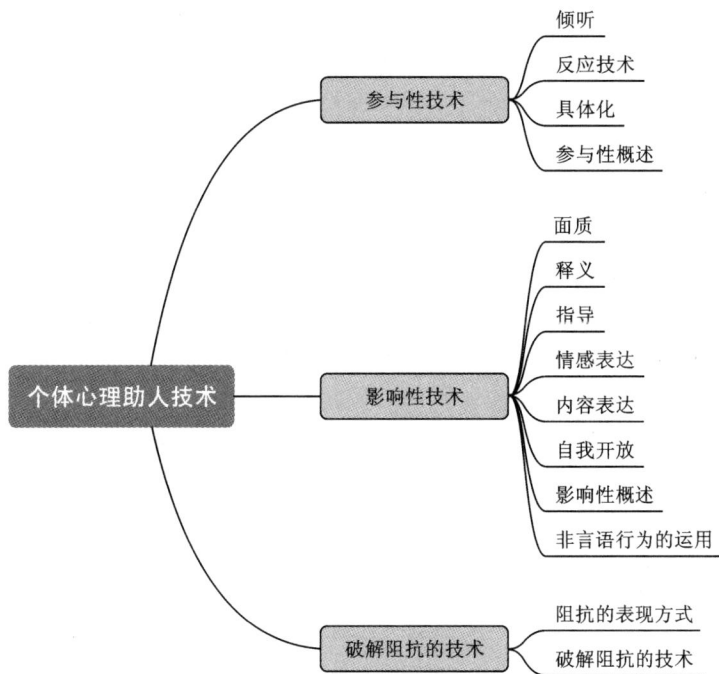

```
                                              ┌─ 倾听
                              ┌─ 参与性技术 ──┤─ 反应技术
                              │               ├─ 具体化
                              │               └─ 参与性概述
                              │
                              │               ┌─ 面质
                              │               ├─ 释义
                              │               ├─ 指导
                              │               ├─ 情感表达
  个体心理助人技术 ──────────┼─ 影响性技术 ──┤─ 内容表达
                              │               ├─ 自我开放
                              │               ├─ 影响性概述
                              │               └─ 非言语行为的运用
                              │
                              │               ┌─ 阻抗的表现方式
                              └─ 破解阻抗的技术┤
                                              └─ 破解阻抗的技术
```

朋辈心理互助员作为心理知识的传播者、心理活动的组织者、心理困扰的帮助者，在大学生朋辈心理互助工作中发挥着重要的主体作用。朋辈心理互助员需要以专业学习为支撑、以宣传教育为先导、以心理援助为保障、以拓展活动为平台，全面助力大学生心理素质发展。在所有的工作与活动中，一颗助人的心加上专业助人技术是工作高效的基础。

第一节
参与性技术

参与性技术常常用于建立助人关系、获得来访者信息以及澄清来访者问题实质的过程中，是个体心理助人工作开展最常用、最基础的技术。

一、倾听

倾听即全神贯注地听对方对问题的叙述。倾听是谈话的基础，倾听能使我们了解对方的情况，发现对方的心理困惑和问题，同时也有助于对方的情绪得到释放，从而对我们产生信任感。因此，倾听是最基本且非常重要的治疗技术。倾听不仅仅是用耳朵去感知对方所讲的内容，更重要的是要用心去发现和探索，既要听懂对方所说的事实内容，了解其情绪表现及所持的态度，还要听出对方的话外音和潜台词，帮助对方去识别那些未曾识别的情感并创造意义。

（一）倾听三原则（图 8-1）

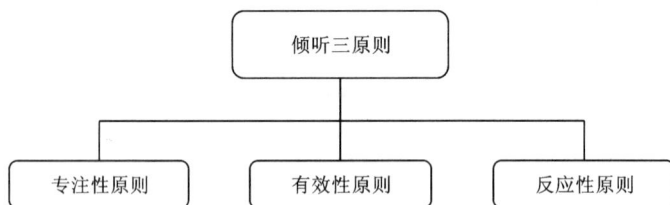

图 8-1　倾听三原则

1. 专注性原则

被人真心地倾听是一份特殊的礼物，是一种被人尊重和在意的感受。在讲求快节奏、追求效率的现代社会里，耐心地倾听别人确实不是一件容易的事情。倾听的缺乏破坏了人与人之间的关系，导致人际间的冲突，使人们产生一种失落感与孤独感。

真正有效的倾听需要朋辈心理互助员具备全身心关注来访者和避免各种干扰的能力，需要朋辈心理互助员哪怕是在情感高度卷入的同时，仍能相当平静从容。最善于倾听的朋辈心理互助员通常培养出了这种"专注"的能力。这样，朋辈心理互助员就能够非常专心地将能量集中在来访者身上，而同时使干扰减到最少——无论是来自他们的内部过程还是来自外部环境。

在倾听过程中，朋辈心理互助员必须随着来访者言语与非言语行为的变化随时调整自己的言语与非言语行为，以同样的脚步跟随来访者，只有这样才能反映出朋辈心理互助员在助人时的专注与倾听。

2. 有效性原则

良好的注意并不等于有效的倾听。比如，在倾听的过程中，朋辈心理互助员能自动做出良好的目光接触，真诚地点头，用恰当的语调说话，甚至间或重复关键词语来进行言语追踪，但实际上并没有听到和记住对方所说的内容；有些朋辈心理互助员在倾听过程中心不在焉，只是自动地做出训练有素的技能反应。许多朋辈心理互助员对来访者偶尔也会表现出良好关注，但倾听不足。当来访者感到朋辈心理互助员在出神时，他们可能会有说出"嗯，打扰了，是不是你还有其他事情"之类的话的冲动。通常来访者非常礼貌，不会说出这么明显有意见的话，但敏感的来访者有时会问发生了什么事情。

朋辈心理互助员需要留意是什么使自己进入了这种自动反应的注意状态。可能是累了，感到无聊、难受或心中有事，需要这样来保存能量。然而，除了短时间或极端的情况以外，不提倡这样的状态。如果那么做，就剥夺了与来访者之间真诚的互动，也剥夺了更深入、更有意义的交流机会。如果朋辈心理互助员发现自己经常是注意比倾听好，要花时间找出原因并采取一定方法来处理这个问题。

在倾听的过程中，朋辈心理互助员不仅能听到想听的内容，而且能听出预先没有考虑的问题，才是良好的、有效的倾听。

3. 反应性原则

倾听不是一种被动的活动，而是积极地对来访者传达的全部信息做反应的过程。因此，不光是要听，还需要给予适当的反应。恰当的反应既是为了向来访者传达朋辈心理互助员专注的倾听态度，鼓励来访者叙述，促进朋辈心理互助员的交谈，同时也是为了澄清问题，深入了解，促进朋辈心理互助员对来访者的理解和来访者对自己的了解。

倾听中的反应，是朋辈心理互助员和来访者之间互动的一种形式，这些反应包括言语和非言语层面的反应。言语层面的反应是指能够倾听出来访者语言下面的深层意思；非言语层面的反应是指朋辈心理互助员对来访者做出的合适的肢体语言、动作以及对应的神情。

（二）良好倾听的基础

很多人常常认为会谈就是"谈"，而忘掉最重要的"听"。汉字是象形文字，汉字"听"的繁体字非常直观地说明听是耳、目、心共同发挥作用的行为（参见图8-2）。

【耳】耳为王
听需要少说多听
听用耳优于用嘴

【十目】多用眼
听需要善于观察

【一心】常用心
听需要体察对方内心深处的声音

图8-2　汉字"听"的繁体字

朋辈心理互助员要倾听故事的内容、故事所表达出的情感以及来访者组织故事的方式。要倾听故事怎么样开始、故事的顺序、故事中"愤怒、悔恨等线索"以及来访者对故事的理解和他们在故事中扮演的角色，故事中重大情节的缺失也是重要线索。怎样去"听"别人谈话，是一门学问，也是一门艺术。良好的倾听需要我们眼到、耳到、心到，不急于下结论，不轻视别人的问题，不做道德上和正确性的评判。朋辈心理互助员要做到良好地倾听需要从以下三个方面努力。

1. 良好的态度和习惯

实际上，朋辈心理互助员良好的倾听态度和习惯比具体技巧更重要。因为许多人在社会生活中形成了宁愿"说"而不愿意"听"、习惯"说"而不习惯"听"的习惯。造成这种情况的原因有以下几种：

一是人们容易带着评判倾向来听，他们注意对方所说的与自己的价值观或看法是否一致，以此来把对方分成潜在的朋友或外人。这对于朋辈心理互助员平时的人际关系或许是有意义的，但这种主观倾向很强的"听"的习惯在心理助人过程中就会有妨碍作用，使朋辈心理互助员带着偏见进入来访者的世界。当我们带着评判来说时，会使当事人感到朋辈心理互助员没有耐心听自己说，会因为讲话被打断而扫兴，容易影响关系的建立。

二是真正的倾听是一件相当耗精力的事，需要全神贯注，不能分心走神。朋辈心理互助员要对当事人问题把握全面准确，对当事人的性格特点、处世态度及人际关系模式有深刻了解，就需要全心全意的、有焦点的倾听。

三是有时说者的话有激起情绪反应或引发联想的作用，容易引起听者对说者内容的分心，当说者用一种激越的、躁动的或者是偏执的口气说话时，或者是以一种有悖常态的语气谈论某人某事时，倾听的朋辈心理互助员常常难以忍耐和接受来访者的叙述方式，容易掉入自己的思维方式和认知模式里面去。

四是由于信息传递中"噪声背景"的影响，导致朋辈心理互助员倾听时的错听和错解。人们常常是在特定的情境里面听到某一个话题，然后将这个话题与自己往常的经历和体验产生一个链接的。由于听说二者各自的经验和成长背景的差异性，难免出现说者和听者不能够从同一个层面看问题的情况。如果各自理解差异太大，双方不能互相领会对方用意，就难免产生完全不一样的甚至是相反的理解。

案例 ▶▶

来访者：我怀疑我的好朋友出卖了我，她肯定把我的秘密说出去了，不然寝室里的同学也不会用异样的眼神看我，虽然我不能够百分百确定是否是……

朋辈心理互助员：你什么都别说了，既然你肯定是她说的，那就赶紧和这样的人绝交吧，这样的人不值得你把她当朋友。

来访者：可我的朋友一向是个蛮老实的人。是否是我们俩在说话的时候隔墙有耳，不小心被他人听到了……

【分析】 此案例中的朋辈心理互助员显然没有耐心听完来访者的叙述，没有理解来访者的犹豫不决，而是匆忙下结论，武断地给出建议，属于不恰当的倾听。

以上种种情况需要朋辈心理互助员高度重视，尽可能避免，在实践中养成良好倾听的态度和习惯。如果把握不准，将会影响朋辈心理互助的针对性和有效性。

2. 听其言观其行

朋辈心理互助员不但要听懂来访者通过言语、行为所表达出来的内容，还要听出弦外之音，听出在交谈中所省略的和没有表达出来的内容，听出来访者自己都不知道的潜意识，听出来访者的内在冰山，也就是除了倾听到来访者的行为应对方式外，朋辈心理互助员还要听出他的感受及潜藏在下面的世界观、价值观、人生观与期待，以及自我渴望的部分。萨提亚认为，在人们经历事情的时候，在六个层次上同时有着体验：行为、应对、感受、观点、期待和渴望。而行为是那可被观察的一部分，就像一座漂浮在水面上的冰山，能够被外界看到的行为表现或应对方式只是露在水面上很小的一部分，而暗涌在水面之下的更大的山体，则是长期被压抑并被我们忽略的"内在"。萨提亚女士提出的如图 8-3 所示的个人内在冰山图，生动地解释了我们的行为表现及应对方式往往受我们内在的期待与自我信念影响。

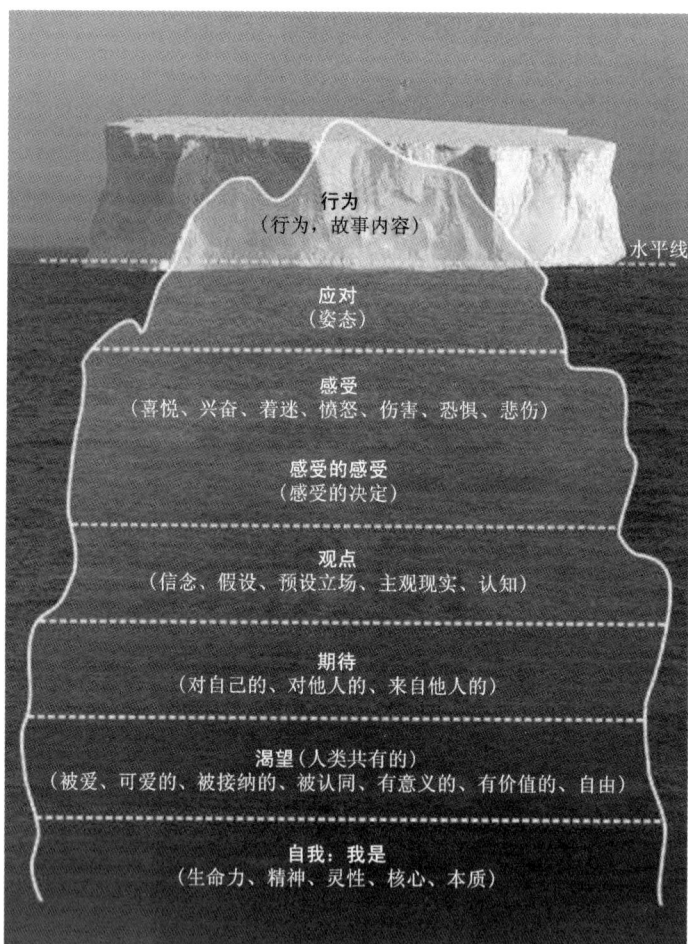

行为
（行为，故事内容）

水平线

应对
（姿态）

感受
（喜悦、兴奋、着迷、愤怒、伤害、恐惧、悲伤）

感受的感受
（感受的决定）

观点
（信念、假设、预设立场、主观现实、认知）

期待
（对自己的、对他人的、来自他人的）

渴望（人类共有的）
（被爱、可爱的、被接纳的、被认同、有意义的、有价值的、自由）

自我：我是
（生命力、精神、灵性、核心、本质）

图 8-3　萨提亚个人内在冰山图

　　所以我们不能仅仅是听其言，还要观其行，并且要用一种共情的态度去对待，要充分理解当事人心理困扰的实质，然后看到其行为后面的期待，进而帮助当事人转变思维及自我观念。

案例 ▶▶

来访者(微笑)：我真是太愚蠢了，为什么别人都过了可是我却挂科了！真的是丢人死了，我以后还能有前途吗？老师，我还真的比我寝室同学更努力些，可是结果却是这样，您说我还有希望吗？我现在一想到考试，就浑身提不起劲儿来。我怎样才能摆脱呢？

朋辈心理互助员：你在说这个悲伤的事情时是面带微笑的，当你说到挂科的失望和痛苦时，我很好奇你的心里头想的是什么呢？

来访者：我的父母要我一毕业就回老家去当公务员，可是我不想回到他们的身边，我想走得越远越好。

3. 设身处地地感受

良好的倾听需要设身处地去感受来访者的心理状态与想表达的内容。比如，在中国文化背景下，性对于许多人而言是极为敏感的问题，来访者常常只谈些皮毛或打"擦边球"，有时他们希望朋辈心理互助员能听出问题，主动地向他们询问。有时来访者说的和实际并不一致，或者避重就轻，自觉不自觉地回避更本质的问题。有的来访者会拼命地说他一点儿烦恼都没有，也没什么大问题，而事实上可能是准备向你倾诉他内心认为很重要的问题。有时，来访者所谈的很多事情是朋辈心理互助员未曾切身经历过的，这时需要朋辈心理互助员尽量设想其处境，只有这样才能了解来访者所经历的心理反应与体验，才能知道如何帮助来访者脱离困境。

具体地说，共情地倾听需要朋辈心理互助员以通情达理的态度来倾听来访者的烦恼，仔细地体会对方想要表达的问题，观察其谈论自己及自己与他人的关系的方式，以及如何对所遇到的问题做出相关的反应。特别要注意来访者在叙述时的犹豫停顿、语音语调的变化及伴随言语出现的各种表情、姿势和动作等，从而对其行为模式做出更全面的判断。例如，来访者说自己原谅了好朋友的过错，可是说的时候情绪是激动的、表情是生气的、眉头是紧锁的、拳头是紧握的，朋辈心理互助员从这些非言语线索就可以判断来访者实际上并没有真正原谅好朋友的过错。

(三) 五种倾听反应技术(图 8-4)

1. 鼓励

朋辈心理互助员运用言语或非言语的技术让来访者提供更多的信息。该技术包括点头、手势、面部表情，如运用"嗯""对""是的"等肯定性短语、恰当的沉默以及重复来访者话中的关键词等。复述是更深一层的鼓励方式，是指准确地重复来访者使用的两个或更多词。此外，适当的微笑和关心是两种主要的鼓励手段，能使来访者在会谈中感觉更轻松，从而更能表达自己。许多研究者已经发现微笑"很有用"，它是表达热情和开朗的基本方式。

2. 澄清

澄清是在来访者发出模棱两可的信息后，朋辈心理互助员向来访者提出问题的反应。它开始于"你的意思是……"或"你是说……"这样的问句，然后重复来访者先前的信息，目的是鼓励来访者更详细地叙述，检查咨询者所听到的内容的准确性。

3. 释义

释义是朋辈心理互助员对来访者信息中与情境、事件、人物和想法有关的内容进行重新解释，目的是让来访者感觉到被理解，并帮助来访者注意自己信息的内容。

4. 情感反应

情感反应是指对来访者信息中的情绪情感部分重新加以解释，目的是鼓励来访者更多地倾诉感受，帮助来访者意识到自己的情感、更好地认识和管理情绪。

5. 归纳总结

归纳总结是将信息的不同内容或多个不同信息联系起来并重新编排，目的是把来访者信息的多个元素连接在一起，确定一个共同的主题或模式，清除多余的陈述，回顾整个过程。

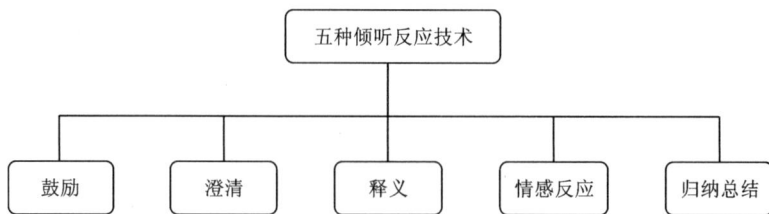

图 8-4　倾听反应五技术

在倾听过程中给予恰当的反应是不容易的。初学者在进行面谈时，常常赋予自己极大的责任感，总是想说点什么或做点什么来保持面谈的持续性。作为一个帮助者，有时你能做的最有用的事情就是以沉默的陪伴来支持来访者。来访者可能流着眼泪，你也许想说点什么给予支持。然而，最好的支持也许只是与来访者在一起，沉默不语。初学者常会觉得"我不知道该说什么、该做什么"，这可能是令人深感无力的。但实际上，耐心的陪伴和忍受要做点什么的焦虑是很重要的，有经验的朋辈心理互助员能忍受或等待在他们不知该说什么的时候产生的沉默或者停顿，耐心陪伴而不失去专注。在对沉默感到不安时，首先看看来访者，如果他(她)显得轻松惬意，那就让他(她)保持轻松。如果来访者对沉默感到不安，就使用技巧，就刚才谈话提到的相关内容提个问题或者进行评论。

显然，朋辈心理互助员不能立即学会所有技巧。所以，正确的办法是循序渐进地学习。无论朋辈心理互助员有什么担心，来访者都希望有一个人认真地倾听。优秀的朋辈心理互助员总是因为他们出色的倾听能力而被人们认同和赞许。当朋辈心理互助员对来访者的问题感到不知所措的时候，那么可以保持倾听，倾听，再倾听！

(四) 倾听时常犯的错误

不耐心倾听，过早下判断、做解释、提建议和进行不恰当的赞扬与道德谴责，是互助关系失败的主要原因。夸夸其谈的说教式助人不可能获得成功。初学者往往不重视倾听，不愿意倾听，常常犯一些错误。

1. 急于下结论

朋辈心理互助员刚开始时往往会有迫使自己发现问题、解决问题的倾向，所以很难做到耐心地充分地倾听。因为太想帮助来访者，朋辈心理互助员通常试图在会谈开始 5 分钟之内解决来访者的问题，因此会向来访者提出很多问题，以便找到一个快捷的解决办法，而这样做的结果是将会谈引入歧途，弄错来访者的主要问题。

2. 轻视问题

朋辈心理互助员在听到来访者谈到某个熟悉的问题时，常常容易产生类似经验的联想("这个问题我以前遇到过")，并按照自己的既定思路去询问、推测和过早无根据地做出解释。

3. 转移话题

初学者在进行倾听时，容易关注自己，经常会出现以下情况：在倾听过程中有过多无关动作等"噪声"对来访者产生干扰；不耐心听来访者述说而谈自己感兴趣的话题；通过提问向来访者了解自己感兴趣的内容，转移来访者的话题。

4. 过多的价值判断

朋辈心理互助员有时会对来访者的行为做过多的价值判断,如"你这样是不对的""你就应该这样"等。不仅是倾听的大忌,而且也是助人的大忌。

5. 运用不适当的技巧

初学者常会运用一些不适当的技巧,如询问过多、概述过多等。因此,倾听过程的参与技巧是"可问可不问时,不问;可说可不说时,不说"。

有些朋辈心理互助员可以很清楚地讲出倾听的道理,但在实际会谈中却难以践行,这是因为存在某些障碍阻碍他们进行倾听。有三类朋辈心理互助员似乎很难对来访者的信息进行倾听,具体如下。

第一种类型是躁动型。这一类型的朋辈心理互助员(心理上和躯体上的)活动过度,以至他们极难安静地坐下来倾听来访者的故事。

第二种类型是自我中心型。这一类型的朋辈心理互助员虽然也关心来访者,但总喜欢按照自己的想法一意孤行,以至来访者很少有机会讲述自己的故事。

第三种类型是自我专注型。这一类型的朋辈心理互助员外表看起来在关注来访者,然而他们的内心却存在着许多盲区,以至他们并没有真正从情感上倾听来访者,没有和当事人达成有效的沟通。

关于沟通的约哈里窗(见图8-5)显示,我们每个人都存在一些别人知道而自己不知道的盲点。具有以上三种类型特征的朋辈心理互助员在投入心理助人工作之前,需要进行心理咨询个人体验,以获得个人成长,从而胜任心理助人工作。

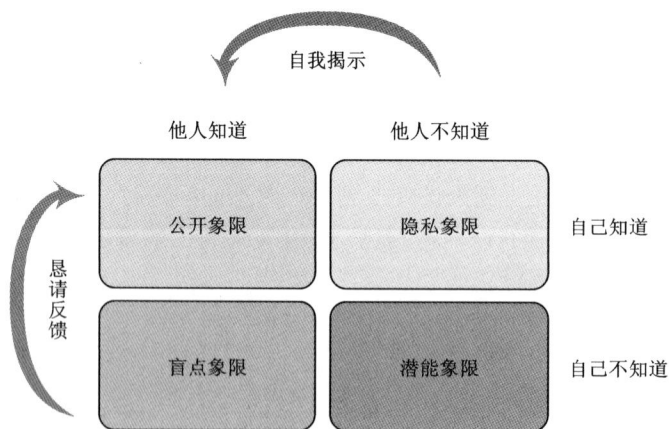

图 8-5 约哈里窗(沟通视窗)图解

二、反应技术

反应技术包括内容反应和情感反应。内容反应也称释义或说明,是指朋辈心理互助员把来访者的主要言谈、思想加以综合整理,再反馈给来访者。反馈是指在沟通过程中,朋辈心理互助员尝试用简短的响应,请来访者去印证朋辈心理互助员是否掌握其所要表达的内容及重心。情感反应是指朋辈心理互助员把来访者言语与非言语行为中包含的情感整理后,反应给来访者。

案例 ►►

来访者:我和女朋友已经相爱半年了,情投意合。可我父母不赞同,反对我大学谈恋爱。我很苦恼,不知怎么办好?

内容反应:你父母不赞同你和相爱半年的女友在一起,你不知道该怎么办。

情感反应:你父母不同意你大学谈恋爱,你很痛苦,也很茫然,是这样吗?

如果包含了一种以上的情感,朋辈心理互助员应把不同的情感反应出来。

比如,朋辈心理互助员对来访者说:"你刚才的言行似乎表明,一方面你对相识不久的女孩颇有好感,另一方面,似乎还有些不满,是这样的吗?"

(一)反应的作用

内容反应和情感反应具有下面四个方面的功能:

(1)协助来访者觉察、接纳自己的想法和感觉;

(2)促使来访者重新拥有自己的想法和感觉;

(3)使朋辈心理互助员进一步正确地了解来访者,或使来访者更了解自己;

(4)有助于建立良好的助人关系。

(二)注意事项

在运用内容反应和情感反应时,也要注意以下几个方面的事项:

(1)内容反应和情感反应技术可以使用在心理助人的任何阶段。

(2)内容反应和情感反应要准确反应来访者的想法和感受,不能超过或减少来访者的表达。

(3)不仅要反应来访者言语所表达的内容和情感,更要反应非言语传达的内容和情感。

(4)所用言语,尽量不要重复来访者的用词。

(5)焦点放在此时此刻的想法和情感上。

(三)技术要点

反应技术可以使来访者有机会再次来剖析自己的困扰,重新组合那些零散的事件和关系,深化谈话的内容。反应技术在应用上应该注意以下几点:

(1)反应技术所反应的是来访者言语和非言语行为表达的主要思想和情感。

(2)内容反应和情感反应往往结合起来使用。

(3)要恰到好处地使用反应技术。

(4)点头、微笑或专注地倾听、使用简洁的词语本身就是一种最好的反应。

(5)内容反应与情感反应的结合就是初级的通情达理,但情感反应更强调理解而不仅仅只是了解。

案例 ▶▶

来访者:所有的事情都很枯燥,没有让人兴奋的事情。我所有的朋友都不在身边。我希望我有钱去做一些不同的事情。

朋辈心理互助员:你由于朋友不在身边,又没有钱,现在没有喜欢的事情可做。(内容反应)

朋辈心理互助员:你感到现在的状况非常乏味。(情感反应)

三、具体化

具体化又称具体化技术、澄清技术,指朋辈心理互助员帮助来访者清楚准确地表达自己所持的观点、所用的概念、所体验的情感以及所经历的事件。当来访者讲述的内容难以完整表达他们的体验且充满了各种歧义和不确定的言语时,需要朋辈心理互助员进一步帮助来访者具体化他们的表达。

具体化时常使用 5W 模式提问,即用"何人?何时?何地?有何感觉?有何想法?发生何事?如何发生?"这样的提问来进行澄清。帮助来访者更清楚更准确表达的话术有"你指的是……""你是说……""那个问题发生在……""您能具体说说……吗?"通过对方的反应了解他其实没有清楚感受到的部分,从而对原本模糊的事件有一个相对清晰的理解和认识。

案例 ▶▶

学生:我觉得我就是个失败者,我真的是一无是处。

朋辈心理互助员:能和我具体说说发生了什么事情让你觉得自己是个失败者吗?

学生：我说出来你可别笑话我，我谈了8次恋爱，对方都主动和我提出分手，你不觉得我特别失败吗？

朋辈心理互助员：听到你这么说，我觉得你很难过和悲伤，甚至自我怀疑了，你的其他方面呢，也是你认为的很失败的吗？

学生：那倒没有，我学习还可以，还是年级前十五名……

(一)具体化的作用

具体化的作用有以下几个：

(1)澄清来访者表达得模糊不清的观念、情感、问题等。明确来访者的真实感受/事件，使来访者表达的信息更清楚更准确。

(2)促进来访者将情景和对情景的反应表达得更清楚，鼓励来访者将问题引向深入，常借助开放式提问来完成这一点。

(3)让来访者弄清自己的所思所感，明白自己的真实处境。

(4)能提供具体的榜样，帮助来访者明确自己所说的具体内容。

(二)具体化的使用时机

具体化一般在以下几种情况出现时使用：

(1)当来访者在信息表达过程中出现过分概括的情况时：把个别事情扩大到所有同类，在缺乏证据的情况下便做出结论。

(2)来访者的问题模糊不清时：有些东西被遗漏或被忽略了。

(3)在来访者概念不清时：有的东西并非如来访者所说或被误解了。

(三)具体化使用的注意事项

若发现来访者概念零乱，可采用剥笋的办法层层解析，由表及里，澄清问题。使用具体化技术时需要注意以下几点：

(1)当来访者的叙述有许多含糊不清之处时，应选择最关键的一个点让来访者进行具体化。

(2)在使用具体化技术时，朋辈心理互助员不仅要澄清问题，还要帮助来访者学习如何就事论事，对事不对人，让来访者明白自己的思维方式是如何影响自己的情绪和行为的。

(3)朋辈心理互助员的回答应针对来访者此时此刻的情况，不可随便使用普遍的词汇或随意贴标签。

四、参与性概述

参与性概述是指朋辈心理互助员把来访者的言语和非言语行为包括情感综

合整理后，以提纲的方式再对来访者表达出来，可以理解为内容反应和情感反应的整合与系统表达。

参与性概述的目的有三个：第一，保证沟通的准确性；第二，防止混乱沟通的产生；第三，与来访者建立直接及清晰的沟通模式。

在运用参与性概述时，朋辈心理互助员要将所听到及掌握到的观感和信息告知来访者，邀请来访者直接确定朋辈心理互助员所理解信息的准确性。如有不准确之处，鼓励来访者更正朋辈心理互助员的观感和信息。

在运用时，朋辈心理互助员亦须留意：

第一，先听来访者想表达的观感，然后再做查证，不能运用太多，以免影响来访者表达的流畅性。

第二，查证所用的言语要比来访者的浅白、直接，以免造成进一步的沟通混乱。

参与性概述可使来访者再一次回顾自己所述的内容，并使面谈有一个暂停喘息的机会。参与性概述可用于一次面谈结束前，可用于一个阶段完成时，也可用于一般情况下。只要认为对来访者所说的某一内容已基本清楚就可做一个小结性的概述。

上述各项参与性技术或倾听技巧都有助于引导来访者有序地探讨自身的种种困扰，可起到促发探讨、澄清的作用，并使朋辈心理互助员对来访者的种种思想、感情的反应易于接受。

第二节
影响性技术

影响性技术包括面质、释义、指导、情感表达、内容表达、自我开放、影响性概述、非言语行为的运用。

一、面质

面质又称质疑、对立(性)、对质、对峙、对抗、正视现实等，是指咨询者指出来访者身上存在的矛盾，目的不在于向来访者说明他做错了什么，而是反射矛盾，协助来访者认识自己，鼓励他们消除过度的心理防御机制，正视自己的问题，促进问题的解决。

(一)面质的常见矛盾

面质的常见矛盾有如下四个：

（1）言行不一致。来访者言与行可能不一致，由此产生痛苦。例如，

来访者：我感到很舒服。（可是却坐立不安并摆动双手）

朋辈心理互助员：你说你感到很舒服，可是你同时又坐立不安，是什么让你这样呢？

（2）理想与现实不一致。当理想和现实不一致时，来访者难免会产生矛盾与冲突。

来访者：最近我很想打电话给我女朋友，但我一直都没有打。

朋辈心理互助员：你说你要打电话给她，可到现在为止，你并没有这样做，能说说原因吗？

（3）前后语言不一致。来访者可能在叙述时前后不一致，如：前面讲到不介意女朋友和其他异性交往，后面又讲到要女朋友顾忌自己的感受，出现了感性和理性的冲突。

来访者：我不介意女友跟其他异性交往，但我想他应该顾忌我的感受。

朋辈心理互助员：你说你不介意他跟异性交往，但这种行为似乎让你感到不舒服了。

（4）朋辈互助双方意见不一致。朋辈互助过程中可能会出现朋辈心理互助员对来访者的评价与来访者的自我评价不一致，或朋辈心理互助员所见与来访者的陈述存在矛盾。

来访者：我失眠了，能有办法让我睡好吗？（朋辈心理互助员进一步了解原因时被拒绝了）

朋辈心理互助员：你说你很想睡个好觉，但在我们谈论失眠原因的时候，你又回避了，是什么原因呢？

（二）面质的作用

面质有以下几个作用：

（1）协助来访者深入了解对自己的感受、信念、行为及所处境况。

（2）激励来访者放下自己有意无意的防卫心理、掩饰心理来面对自己、面对现实，并由此产生富有建设性的活动。

（3）促使来访者实现言语和行为的统一、理想自我与现实自我的一致。

（4）促使来访者明确自己所具有而又被自己掩盖的能力、优势，即自己的资源，并加以利用。

（5）通过朋辈心理互助员的面质给来访者树立学习、模仿面质的榜样，以便将来自己有能力去对他人或者自己做面质，而这是来访者心理成长的重要部分，也是健康人生所需学习的课题。

(三) 面质的注意事项

面质应注意以下事项:

(1) 以事实根据为前提。在使用面质技术时, 一定要以了解到的事实为前提, 只有在矛盾的事实存在时才可以使用这种技术。

(2) 避免个人发泄。面质的目的是促进来访者达成内在统一, 促使其成长, 所以应当以来访者的利益为重, 不可将面质作为朋辈心理互助员发泄情绪乃至攻击对方的工具或者理由。

(3) 避免无情攻击。有些朋辈心理互助员不是在诚恳、理解、关怀的基础上应用面质技术, 而是把面质当作展现自己智慧和能力的机会, 没有考虑朋辈互助来访者的感情, 一味地使用面质, 致使来访者陷入尴尬的境地。

(4) 要以良好的朋辈互助关系为基础。面质所涉及的问题, 对于来访者来说可能有应激性, 可能会导致危机出现, 朋辈心理互助员的尊重、温暖、真诚是非常重要的, 良好的朋辈互助关系会给来访者以心理支持, 而充满理解和真诚的面质会减轻有害或者危险成分。

二、释义

释义是心理咨询中重要的影响性技术, 也称为"内容反应技术", 是指朋辈心理互助员把来访者陈述的主要内容经过概括、综合和整理后, 用自己的话反馈给来访者, 以达到加强理解、促进沟通的目的。朋辈心理互助员选择来访者陈述的实质性内容, 经过概括整理后, 用自己的语言将其表达出来, 最好是引用来访者最有代表性、最敏感、最重要的词语。

案例 ►►

来访者: 我知道整天坐着或躺着并不能消除我的抑郁情绪。

朋辈心理互助员: 你知道, 你要避免整天躺着或坐着, 以消除你自己的抑郁情绪。

(一) 释义的作用

释义技术的目的是加强理解、促进沟通, 在收集资料时朋辈心理互助员常会使用开放式提问, 就其中的问题, 通过来访者的反馈, 使朋辈心理互助员达到深入、准确理解来访者的目的。

同时, 释义技术使得来访者有机会再次剖析自己的困扰, 重新组合那些零散的事件和关系, 深化会谈的内容。释义技术还可以使来访者所表述的内容更加明朗化, 可以使来访者清晰地知道自己所要解决的问题, 也可以达到帮助来访者更清晰地做出决定的目的。

案例 ▶▶

来访者：我不知道是否该退学，我来到这所大学后遇到了许多困难，让我觉得心情很糟糕，也许退学会对我更好。

朋辈心理互助员：在大学里遇到的困难影响了你的心情，让你有了逃避的想法。

(二) 释义的步骤

释义有以下四个步骤：

第一步了解来访者告诉了我一些什么。

第二步选择适当的语句进行释义，选择一种接近来访者所使用的感官词汇的语句。

第三步将来访者信息的主要内容或概念用自己的语言表达出来，最好使用陈述句。

第四步通过倾听和观察来访者的反应来评价自己进行释义的效果。

(三) 释义的注意事项

释义技术可以使用在心理咨询的任何阶段，但是朋辈心理互助员所反馈的内容不要超出来访者叙述的内容，要避免加入个人主观看法，也不要遗漏来访者重要的想法与感觉。朋辈心理互助员应尽量使用自己的语言，以免由于使用来访者已经使用过的语汇而招致他们的反感。

(四) 解释与释义的区别

解释与释义有以下区别：

(1) 解释技术属于内容表达，侧重于对某一问题做理论上的分析；而释义技术属于内容反应，侧重于朋辈心理互助员向来访者提供信息、建议和反馈等。

(2) 解释是在朋辈心理互助员的参考框架上，运用心理学理论和人生经验向来访者提供认识问题的新方法新思维；释义是从来访者的参考框架来说明来访者实际表达的内容。

案例 ▶▶

来访者(一位年轻的大一本科生)：我不知道做什么，我想自己从未想到过会被要求做一个社团的领导者，我对能成为工作集体的一分子就已经感到非常满足了。

隐含信息：害怕去做超出她目前工作的事情。

可能的解释观点：

行为主义：缺乏榜样、缺乏重要人物的鼓励、因工作出色受到过挫折。

认知理论：认为自己能力不够，肯定不能胜任此职务。

文化背景：所接受的教育强调集体主义、中庸之道。

三、指导

指导技术给来访者提出建议或是提供来访者所不知道的信息，包含认知上的和情感上的，即给予个体积极关注，帮助个体确立治疗方法和策略。指导技术是对来访者影响最明显的一种咨询技术。心理分析学派常指导来访者进行自由联想以寻找问题的根源。行为主义学派常指导来访者做各种训练，如利用系统脱敏法、满灌疗法、放松训练、自信训练等。人本主义中的完形学派习惯于做角色扮演指导，使来访者体验不同角色下的思想、情感、行为。理性情绪学派针对来访者的各种不合理信念予以指导，用合理的观念代替不合理的观念。

有一些朋辈心理互助员不赞同用指导技术，例如非指导型朋辈心理互助员，他们反对操纵和支配来访者，很少提问题，避免代替来访者做决定，从来不给予回答，在任何时候都让来访者自己确定讨论问题，不提出需要矫正的问题，也不要求来访者执行推荐的活动。总之，他们不赞成用指导技术，因为他们认为这是把朋辈心理互助员的意志强加在来访者身上。但多数朋辈心理互助员仍然经常地使用指导技术，认为它是最有助于影响来访者的方法。

使用指导性技术时，朋辈心理互助员应十分明确自己要对来访者指导些什么以及效果怎样，叙述应清楚，让来访者真正理解指导的内容。同时，不能以权威的身份出现，强迫来访者执行，若来访者不理解、不接受，效果就差，甚至无效，还会引起反感。指导时的言语和非言语行为都会同时对来访者产生影响。日本电视连续剧《伦太郎医生》就讲了一个心理医生通过耐心倾听从而对很多来访者进行指导与治疗的故事。从中可以看到，虽然不同的文化以及理论流派对指导等技术的使用均有所不同，但均是以来访者利益最大化为前提的。

四、情感表达

情感表达技术就是朋辈心理互助员将自己的情绪、情感以及对来访者的情绪、情感等告之来访者，以影响来访者。情感表达技术的作用是通过情感的表达，促使来访者探索和改变，使咨询得以顺利进行。情感表达和情感反应完全不同，前者是朋辈心理互助员表达自己对于来访者的喜怒哀乐的情绪感受，而后者是朋辈心理互助员将来访者的情感内容整理后进行反馈。

情感表达有一个通用的话术："我感到……，我们似乎……，不知你是否……"比如，对于一个经历了巨大创伤需要危机干预且防御心很重的同学可以这样进行情感表达："我感到我们彼此还不太习惯，我们似乎正以一种非常戒备和小心的方式相处。""听到你如此惨痛的经历，我也为你感到难过。""现在我感到有些担心，不知你是否有自杀的想法。"

朋辈心理互助员做出情感表达的目的是为来访者服务，而不是为做反应而反应，或者为了自己的表达、宣泄。因此，其所表达的内容、方式应有助于咨询的进行。朋辈心理互助员的情感表达既可以针对来访者，如"看到你经过三次咨询，已经找到了自己的问题所在，而且已经发生了明显的改变，我为你的变化感到高兴"。此时，朋辈心理互助员明显地通过情感表达对来访者进行鼓励。有时情感表达也可以是针对朋辈心理互助员自己的，例如"如果我能够以全市第一的成绩考上大学，我也会非常高兴"。但是，朋辈心理互助员应该注意，一般只对来访者做正性情感表达，如"我很欣慰你做出了积极的选择"，而不能做负性情绪表达，例如"你虽然明白了自己的问题所在，但经过五次咨询，你没有主动解决问题，我很生气"。这样的负性情感表达只能阻碍咨询而不是促进。当然，为表达共情时的负性情感表达除外，如"听到你如此惨痛的遭遇，我也为你感到难过"。朋辈心理互助员通过情感表达，理解了来访者，表现出共情。正确使用情感表达，既能体现对来访者设身处地的理解，又能传达自己的感受，使来访者感受到一个活生生的朋辈心理互助员形象，也了解了朋辈心理互助员的人生观。同时，朋辈心理互助员的这种开放的情绪分担方式为来访者做出了示范，易于促进来访者的自我表达。

五、内容表达

内容表达是指朋辈心理互助员传递信息、提出建议、提供忠告、给予保证、进行解释和反馈，以影响来访者、促使来访者实现咨询目标。例如咨询开始阶段，朋辈心理互助员介绍心理咨询是什么、解决什么问题、怎样解决等，面对来访者关于总做噩梦，朋辈心理互助员说"梦是怎么回事……"等都是内容表达。

内容表达技术与内容反应技术不同，前者是朋辈心理互助员表达自己的意见，而后者则是朋辈心理互助员反映来访者的叙述。虽然内容反应中也含有朋辈心理互助员所施加的影响，但比起内容表达来，则要显得隐蔽、间接、薄弱得多。来访者中心学派、非指导型心理助人者多用内容反应，而希望直接施加影响、表达自己观点的心理助人者则多喜欢内容表达。

反馈也是一种内容表达，反映朋辈心理互助员对来访者的种种看法，以此可使来访者了解自己的状况。也可使朋辈心理互助员从来访者的言语和非言语反应中得知自己的反馈是否正确，从而相应地做出调整。

提出忠告和建议也是内容表达的一种形式，但应注意措辞要和缓，如可使用"我希望你能改变对……的看法""如果你能用积极、合理、有效的行为模式解决你的困扰，或许比你现在所做的要好"，而切不可使用"你必须……""你一定要……""只有……才能……"否则，来访者可能产生不愉快的感觉，感觉是在被朋辈心理互助员教育。同时，朋辈心理互助员应该知道自己的忠告和意见只是解决问题的方式之一，不一定是唯一正确、必须实行的，否则会影响咨询关系。

案例 ►►

如果你尝试着多表达一些自己的真实想法，会不会更容易跟男友沟通呢？如果你能够拿到惨痛经历背后的礼物，也许你会觉得好受些。

其实咨询过程中各项影响技巧都离不开内容表达，都是通过内容表达起作用。广而言之，指导、解释、影响性概述、自我开放等都是内容表达。

六、自我开放

自我开放也称自我暴露，是指朋辈心理互助员在适当的情况下，公开自己适当的经验与来访者分享，协助来访者对自己的感觉、想法与行为后果有进一步的了解，并且从中得到积极的启示。

这一概念最初由西尼·朱拉德（Sydney Jonrad）在 1958 年提出：个人将有关自己的信息暴露给对方。在《透明的自我》一书中，他将"自我暴露"的概念定义为：告诉另外一个人关于自己的信息，真诚地与他人分享自己个人的秘密的想法和感受的过程。因此，在心理助人工作中，朋辈心理互助员有意识地运用自我开放技巧，可以使助人过程收到良好的效果。

自我开放主要包括三个方面：一是讲解心理助人的机制；二是向来访者表明自己在心理助人会谈时对来访者言行问题的体验；三是告诉对方自己过去相关情绪的体验及经验。

自我开放在心理助人中有三个作用：一是可以增进助人关系；二是形成一种示范作用，帮助来访者自我暴露；三是帮助来访者从不同的视角来进行思考。

自我开放技术有两种形式，第一种是朋辈心理互助员把对来访者的体验感受告诉来访者，第二种是朋辈心理互助员暴露与来访者所谈内容相关的个人经验。

自我暴露的注意事项主要有：第一，切忌暴露过多与咨询过程无关的个人信息，尤其是涉及自身隐私的信息。第二，切忌长篇大论讲述自己的看法或者故事，忽略来访者的需求。

案例 ▶▶

来访者：我其实挺担心的，我对你讲了这么多，你会不会理解我，会不会嫌我麻烦。

朋辈心理互助员：对于你刚才的坦率，我非常高兴。我觉得你能和我说这么多是对我的信任，我能够理解你的担心，以前我对别人说我的事情时，也曾经有过你这样的顾虑。

案例 ▶▶

来访者：我很快就要参加考试了，我现在好紧张，睡不好吃不好，失眠一个多星期了，我不知道该怎么办。

朋辈心理互助员：你所提及的考试紧张，我以前也有过这样的体验……

案例 ▶▶

来访者：我对自己感到没有信心，我男朋友总是批评我，而我常认为他是对的。我真的许多事情都不能做好。

朋辈心理互助员：许多时候我对自己也会失去信心，所以我能体会到你是多么沮丧。有时候男性的批评也使我感觉很坏，因此我正在学习如何看重自己，而不在乎我丈夫或其他异性朋友的批评。

七、影响性概述

朋辈心理互助员将自己所叙述的主题、意见等经组织整理后，以简明扼要的形式表达出来，即为影响性概述。个体心理咨询技术包括：参与性技术与影响性技术。影响性概述当于内容较多的内容表达。

影响性概述可使来访者有机会重温朋辈心理互助员所说的话，加深印象，亦可使朋辈心理互助员有机会回顾讨论的内容,加入新的资料,强调某些特殊内容,提出重点,为后续交谈奠定基础。

影响性概述既可在面谈中间使用,也可在结束时使用。有时常和参与性概述一起使用。比如,当用于面谈结束时,朋辈心理互助员可总结来访者的主要问题、原因及影响等,然后小结双方所做的工作,概述自己所阐述的主要观点。这样会使整个助人过程脉络清楚,条理分明。

案例 ►►

来访者:我恨死室友以及我爸爸妈妈了,我觉得他们不理解我,我感到很烦,不想和他们说话,所以总是回避和退缩,对他们敬而远之。

朋辈心理互助员:你在人际交往上好像和你的室友以及父母存在一些分歧,也因此产生了很多的困扰,如果你能够用积极、合理、有效的方式解决你的困扰,或许你会比现在做得更好。

影响性概述与参与性概述的不同主要在于:影响性概述是朋辈心理互助员表达的观点,参与性概述是来访者叙述的内容。因而,前者较后者对来访者的影响更为主动、积极和深刻。

八、非言语行为的运用

据研究,人类交往是一种信息交流。在这一交流过程中,不仅言语符号是信息交流的载体,而且神态和动作——非言语行为也是信息交流的载体。人们一扬眉、一举手、一点头、一欠身、一挤眼,脸上出现笑意,双眉拧成一个疙瘩等过去被认为是无意义的动作或行为在现在看来,在人际交流中具有重要意义。这些诸如面部表情、用眼传神、点头招呼、挥手示意、有身体的方向或姿态表示等就称为"非言语行为"或"身体语言"。关于非言语行为的作用,被人们引用较多的是美国心理学家艾伯特·梅拉别恩实验得出的结论:信息的沟通总效果=55%肢体语言+38%语音语调+7%言语内容。我们常常以为我们说话的具体内容也就是言语是最重要的,其实并不是这样的,真正影响到沟通内容的其实更多的是非言语行为。沟通要素的影响力如图8-6所示。

很多时候,来访者的非言语线索比他的言语信息更能"泄露秘密",对朋辈心理互助员而言也是一样。非言语行为包括以下4个方面:躯体动作(面部表情、躯体动作、服饰);次语言线索(声音的音量、音调、语速和流利性);空间效应(室内装饰、距离、环境特点);时间(是否准时,是否频繁更改时间)

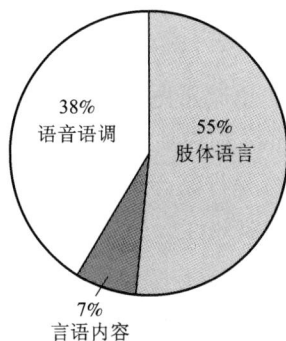

图 8-6 沟通要素的影响力图解

在心理助人过程中会出现大量的非言语行为,其或伴随言语内容一起出现,对言语内容做补充、修正,或独立地出现,代表独立的意义,在助人活动中起着非常重要的作用。

朋辈心理互助员应重视把自己的非言语行为融入言语表达中去,渗透在心理助人过程中。通过非言语行为传达的共情态度比言语还多,影响力更大。因此并非只是嘴巴在参与,而是整个人都在参与心理助人工作。

朋辈心理互助员的非言语行为受到其价值观、品德修养、信念等诸多因素影响,因此,它是理论和技巧之外的东西,但对助人效果有着举足轻重的作用。

(一)非言语行为在心理助人工作中的作用

1. 加强言语

声音、手势和面部表情与言语一起出现,可使言语的意义更丰富,情绪色彩更鲜明。

2. 配合言语

非言语行为与言语行为一起出现,非言语行为为配合言语做了更多的诠释,从而有利于倾听者去理解言语背后的相关信息,并进行相应的推断。例如,讲话者如果想继续说下去,那么他会把手停在空中。

3. 实现反馈

听者对说者做出非言语的反应,可以给说者一些肢体上的反馈,也就是让说者感受到听者的情绪情感,例如听者向上撇的嘴和眉毛也许在表达同意、满足、赞许等。

4. 传达情感

交流者常用非言语形式表达自己对对方的喜欢、理解、尊重、信任的程度，像面部表情和声调这样的非言语暗示比言语信号影响更大。

非言语行为也是表达共情、积极关注、尊重等的有效方式之一。非言语行为与心理助人技术的共同目标是提高心理助人的效果，忽视非言语行为的作用会削弱、破坏心理助人技巧的实效性。

(二)非言语行为的第一重点：目光注视

在传递信息的所有部位中，眼睛是最重要的，它可以传递最细微的感情。

一般来说，当一方倾听另一方叙述时，目光往往直接注视着对方的双眼。

而当自己在讲话时，这种视线的接触会比听对方讲话时少些，即讲者比听者更少注视对方。人开始说话时，会先把目光从对方身上移开，说语结束时，则一般又会重新看着对方。

为什么许多人在说话时避免看着对方，主要是为了避免出现岔开话题的情况。

说话时正视一下对方，则表示在说话停顿时，对方可以打断他的话。

假若他停顿了，但不看对方，说明他的思路还没有断。

如果听者对讲者扫视一下，那很可能是想说："我对你所说的不十分同意。"作为听者的朋辈心理互助员做出这一动作而被来访者发现，就可能影响到他的叙述。而正在讲述中的朋辈心理互助员若发现了来访者的这一目光，就应及时做出某种调整，比如询问一下来访者的意见，或更严谨地思考一下自己的观点。

如果说话者讲完某句话或某个词后将目光移开，可能表示："我对自己所说的也不太有把握。"若朋辈心理互助员如此表述，尤其是解释、指导时，则会大大地削弱其影响力。

若听对方说话时看着对方，则含有这样的意思，"我也是这个看法"或"我对你说的很感兴趣"。如果说话者看着听者，那就是说"我对我讲的很有把握"。

若朋辈心理互助员问来访者某些问题，而使来访者感到不舒服或有厌恶感、羞怯感时，来访者也会不愿注视朋辈心理互助员，借以作为一种逃避和隐瞒。

当一个人被询问时，或者对他人言行产生防卫性、攻击性或者敌意时，视线相交的机会便会增加。当一个人被激怒时，有时候可发现他的瞳孔扩张得好大，当然还会有其他一系列的面部表情。

一个性格内向、羞怯的来访者会不习惯过多的目光接触，他既不敢过多地注视别人，也不愿别人看着自己。

一般来说，对使自己感到愉悦的人，人们更愿意注视；比起同性来，对异性的注视可能更多些。但作为朋辈心理互助员来说，对异性的注视应适度，不然有可能使一些人感到不礼貌或产生困扰，面对异性敏感者时更应谨慎。

心理助人中的目光使用很重要。朋辈心理互助员是否善于利用目光参与听和讲，直接影响到助人的效果。交谈时，有些朋辈心理互助员眼睛看着地面或房顶，或者脸侧向一方，这会显得不礼貌、对对方不够重视。有些人则是死死地盯住来访者的眼睛，这样会使对方感到窘迫，甚至透不过气来。有些人则把目光在对方身上左右乱扫，甚至看对方身后，弄得对方惶惑不安。当来访者讲话时，若朋辈心理互助员把目光随意移向一旁，最会引起来访者的注意。来访者会从朋辈心理互助员这一特定神情中看出朋辈心理互助员没认真倾听，便会产生不安、不被信任的想法，可能会关闭心灵的大门。

眼睛应注视对方的哪些部位为好？一般来说，目光大体在对方的嘴、头顶和脸颊两侧这个范围活动为好，给对方一种舒适的、很有礼貌的感觉，并且表情要轻松自然。目光范围过小会使对方有压迫感，而目光范围过大则会显得太散漫、随便。

目光可以表达不同的情感和意义，朋辈心理互助员应恰如其分地使用。如在表达安慰时，目光充满关切。在给予支持时，目光放射出力量。在提供解释时，目光蕴含着智慧。

(三)非言语行为的第二重点：面部表情

面部表情与人的情绪息息相关，一个人内心的喜怒哀乐无不在脸上透露出来。观察一个人的非言语行为首先而且主要集中在面部表情上，目光注视其实也是面部表情的一部分。

一般不愉快或迷惑可以借助皱眉来表达；嫉妒或不信任时会将眉毛上扬；一条眉毛扬起是传统的怀疑信号；双眉扬起是惊讶的信号；双眉下垂则是沮丧和忧伤的信号。

冲突、挑战、敌对的态度用绷紧下颚的肌肉和斜眼瞪视来表示。如果来访者的嘴唇也是紧绷着的，表示已摆出一种防御姿态。头和下颚常挑衅地向前推出，眉毛下垂，眉头皱起也是防御的姿态。

笑是脸部表情中重要的一种。不同的笑可体现来访者不同的心情，有会心的、愉悦的、满足的、兴奋的、害羞的、不自然的、尴尬的、解嘲的等。

在理解面部表情时，需要注意的是，有些人体动作在某种情况下可能根本没意思，而在另一种情况下却十分有内容，但内容含义可能很不一样。

（四）非言语行为的第三重点：身体语言

朋辈心理互助员和来访者的身体、手势的运动和位置在相互沟通中起着重要作用。它们的变化往往能反映助人状况的某种变化。

身体语言具有丰富的含义。一般低头表示陈述句的结束，抬头表示问句的结束，而较大幅度的体态改变表示相互关系的结束，表示思维过程或较长的表达的结束。

如果体态的改变到了不再正视对方的地步，则表示不愿再交谈下去，想把注意力转移到其他对象上去。

来访者移动身体，把脚及整个身体对着门口，这个姿态很可能是来访者想结束交谈，他的体态正是想告诉：我想离开。

人们有时借用摊开双手、解开外衣纽扣或脱掉外套，表达一种真诚、坦白。

而双手交叉在胸前则常表明一种防卫，表示否定、拒绝或疏远。

当来访者的身体由紧缩、僵化转为松弛、自在，紧靠在一起的双腿开始分开，交叉的双手放了下来时，往往是来访者内心由紧张、不安、害怕、封闭开始变得平静、轻松、开放。

有些来访者慢慢地、细心地把眼镜摘下来，并且小心地擦擦镜片，这种情况常表明来访者想在提出反对意见、澄清问题或提出问题之前，拖延些时间以便多做些思考。而有的则把眼镜摘下，嘴巴咬着一条镜腿，由于嘴上衔着东西讲话就不方便，借此动作来注意倾听或避免说什么，一方面又可多多思考，把东西放在嘴里也意味着这个人需要寻找新的资料。

不同的手势，可能传达了不同的意义，比如一个人的焦虑、内心冲突和忧愁，小孩要恢复信心、鼓起勇气就吸吮大拇指。学生担心考试会咬指甲或咬钢笔、铅笔等。而成人遇到棘手的事情时，可能会猛地拉头发。

来访者的双手紧绞在一起或反复摆动，加上身体坐立不安，往往表明来访者情绪紧张而难以接近。朋辈心理互助员应设法使其放松。颇为简单的方法是在会谈时略微倾身于他，使他感到被接近、被理解。

来访者若搓起两只手来，很可能是有所期待。例如，来访者得到朋辈心理互助员给予的理解、尊重、真诚，会期望得到更多的共情或得到某种指点。若来访者移坐到了椅子的前端、踮起脚尖，很可能表示来访者跃跃欲试，有某种行为即将出现。

来访者在听或讲的过程中，若握紧了拳头，则既可表示一种强调，表示郑重其事，也可能表示一种决心，当然也可能是一种愤怒。朋辈心理互助员应善于结合其他信息综合判断。若代表决心，则朋辈心理互助员应及时在言行上给予支持、鼓励。若是愤怒，则应及时查清原因，予以疏导。

当来访者想要压抑自己强烈的感觉或情感时，往往会不自觉地采取脚踝交叠、双手抓紧的姿势，也有的人会咽口水，或咬紧牙关，或抓住手臂等，来拼命地克制自己的欲望、冲动。

当来访者对朋辈心理互助员说的话兴趣不大或想早点结束会谈时，他可能会在座位上反复扭动，坐立不安，让人觉得是椅子不舒服，其实并非如此。也有的人会交叉双腿，一只脚不住地轻轻晃荡。有的则是不停地用手指敲弹桌子或椅子，或拿着纸胡乱涂鸦，有的则显得目光空洞，心不在焉，对问话没反应或答非所问。朋辈心理互助员发现这种情况后，应及时调整内容和方式。有时，朋辈心理互助员也可能表现出这类行为，若被来访者感知，就会使对方产生想法。

身体动作不仅表现出来访者此时此刻的思想、情感、行为，在一定的程度上，还反映一个人的心理状态。以肩膀为例，耷拉着的肩膀表示内心受到压抑，耸着的肩膀和害怕心理有关，肩膀平齐说明能承担责任，弯曲的肩膀是沉重的精神负担的反映。

一个始终感到不幸的人会终日皱眉，皱眉成了他固定的表情。一个好侵犯、好管闲事的人老是探头探脑。一个温和、慈祥的人常常面带微笑。当人情绪低落时，仅仅以挺胸和挺直腰杆的动作，就可使自己由颓丧的感觉转变为充满信心。较自信的来访者往往能正视朋辈心理互助员，而且正视时间较长，而缺乏自信、心中不踏实者则相反。自信的人眨眼的次数亦少。

（五）非言语行为的第四重点：声音特质

声音伴随言语产生，有第二言语的功能，它对言语起着加强或削弱的作用。

如果声音所传达的信息与言语所表达的信息一致，则肯定、加强言语所传递的意思，反之则起削弱、否定的作用。

因此，言不由衷的讲话，既可能被身体语言所暴露，也可能被声音所揭穿。

当来访者叙述某一件痛苦、忧愁的事情时，朋辈心理互助员说"我理解你的痛苦，我愿意为你分担"。然而，语气却是冷冷的、随便的、打发人似的。虽然语言表达的是关怀，而声音却是淡漠的，来访者可能更相信声音的含义而不是语言，因为语言比声音更容易作假。

声音通常包括嗓音的音质、音量、音调和言语速度。人们借助声音的轻重缓急来自觉不自觉地表达自己错综复杂的思想和感情。

一个人的个性可以透过声音外露出来。急性还是慢性、自信还是自卑、坦率还是躲闪，都能在声音上流露出来。

音调的提高表明对所谈内容的强调，也表明某种情绪，如激动、兴奋，这既可以是愤怒也可以是惊喜。

音调降低也可以是一种强调，以引起听者注意，也可以表示一种怀疑、回避，或者是因为涉及敏感、痛苦、伤心的事情。

声音强度增大，亦常表明一种强调、一种激动的情绪。声音强度减轻，则可能表示一种失望、不快或软弱、心虚。

节奏加快表明紧张和激动，节奏变慢则有可能是因为冷漠、沮丧，或正在思考是不是要表述、如何表述。

来访者叙述自己、谈论自己和他人的语气，尤其是咨询过程中，声音的突然变化，都能给朋辈心理互助员提供不少有用的信息。

朋辈心理互助员要善于利用声音停顿的效果。这种停顿有时是一种强调，以引起来访者的重视；有时是一种询问，以观察来访者的反应；有时则是为了给来访者提供一个思考的机会。

朋辈心理互助员做解释、指导、概述时，应尽量保持平和的语气，语速中等，给来访者稳重、自信、可靠的感觉。情感反应和情感表达时，应有与内容相吻合的情感语气。朋辈心理互助员的语速太快太慢、声音太重太轻、音调太高太低都是不妥当的。

（六）非言语行为的第五重点：空间距离

心理助人时双方的空间距离也具有非言语行为的特征。每个人都拥有一个自己的空间，以保持自己的独立、安全和隐私的需要。

如果他人不适宜地闯入，就可能引起不满、愤怒、反抗。助人与求助双方之间亦是如此，双方距离是彼此关系的反映。

在专业的心理咨询室里，座位的布置则应符合有助于咨询关系建立、彼此感到适宜的原则，距离以 1 米左右为好。

有些人喜欢面对面交谈，觉得这样有更多的目光和面部表情交流，言语沟通比较直接。

有些人则喜欢成直角而坐，觉得可以避免太多的目光接触。

若在室外，双方的距离常因环境而异，若是比较空旷的场地，相互距离会大于处在公共场所中的距离，比较防御的人会因人群的密度高以及噪声大而缩小彼此的距离，从而使交谈容易进行。

双方距离其实也因人因时因事而异。比如，一般来说，若双方同性别时，其间的距离会小于异性间的空间距离，而且两女性间的距离会小于两男性间的距离；青年或成年男性朋辈心理互助员在面对年轻的女性来访者时距离会大于面对儿童、少年时的距离；有些敏感、防御性强的来访者希望距离大些；有些希望寻求依靠、帮助的来访者则希望距离小些，以得到一种安慰。从某种意义上说，上半身姿态容易控制，但是下半身尤其是脚尖更容易出卖一个人的内心。咨询的不同阶段，双方间的距离也会变化。一般来说，初次见面，彼此不了解，间距会大些；随着助人关系的建立，间距会小些；若来访者对朋辈心理互助员不那么信任，或对效果不那么满意，便会自觉不自觉地加大彼此的间隔。然而另一方面，适当地缩短距离是一种希望加强关系的表示。若使用得当，有助于心理助人。但无论如何，朋辈心理互助员不可忘记彼此间是心理助人关系，而不是一般的朋友关系。

如果面对的是处于危机状态或寻求感情支持的来访者，则缩短距离可以最大限度地表示朋辈心理互助员的关切，朋辈心理互助员微微前倾的身姿能使来访者感到朋辈心理互助员愿意接纳他、帮助他。

(七) 非言语行为的第六重点：衣着及步姿

衣着也叮以被视为非言语交流的一部分，因为衣着能反映一个人的个性、经济地位、文化修养、审美情趣等，尤其是较能体现来访者来访时的某种心情。

比如，一位大学生穿着一件好些天没洗的衣服，皱巴巴而且衣衫不整。从这或许可以反映出该来访者心中的困扰已经干扰了他的正常生活，致使他没有时间和精力去料理自己的生活，而且他对此也不在乎。或者反映了他的一贯生活风格，即随随便便，缺乏料理自己、管理自己的能力。这样的人在集体生活中可能被一些人看不惯，因而可能会发生矛盾。

衣着与其说提供了一种真实的信息，不如说是提供了一系列有可能性的信息。这类信息是有参考价值的，它可以为朋辈心理互助员对来访者做综合判断时提供一种素材。

同样，来访者的步姿、动作、神情，对于朋辈心理互助员把握来访者亦是有价值的。那些垂头丧气、痛苦不堪的来访者从他们进门的一刹那就暴露无遗。

处理来访者的非言语行为的方式有：①言行不一致时：面质；②退缩、焦虑时：鼓励、支持；③沉默时：根据非言语行为判断沉默的含义；④混乱、爆发时：适当宣泄或调整会谈内容。

第三节
破解阻抗的技术

阻抗，顾名思义为来访者对心理助人过程中自我暴露与自我变化的抵触与反抗，包括不恰当的抱怨或指责其他人、防御（如投射、分离、理智化、回避或否认）。

阻抗是深入助人过程必然伴随的现象。朋辈心理互助虽然不是专业的心理咨询工作，但只要是触及深刻的内心情感的工作，都会遇到对方不同程度的阻抗。如果一名朋辈心理互助员对阻抗没有应有的认识和相应的处理方法，那么朋辈心理助人工作的开展就会举步维艰，甚至会给不成熟的来访者带来二次创伤。所以对阻抗的处理是朋辈心理互助员必须面对的事情。

只要深入地去探索就会发现，阻抗是对原有自己的"坚持"。来访者急于得到现状的解决，但又不愿放弃症状背后的一些症结，这是阻抗存在的重要原因之一。当直接的阻抗一点一点被解决后，来访者又会以移情的方式来迂回地进行阻抗。所以说，心理助人的核心问题就是处理阻抗和移情的过程，一名朋辈心理互助员必须熟练地掌握心理知识和助人技巧才能更好地解决这一"核心问题"。

一、阻抗的表现方式

阻抗有以下五种基本的表现方式：

1. 不主动

不主动表现为来访者表面上表现得有耐心，背后却把朋辈心理互助员的分析当作"耳旁风"。有些时候他们表面上也并不积极，只是口头上说自己被病魔折磨得很厉害，需要尽快解决。或者有些时候他们认为朋辈心理互助员说的一些话合乎自己的意愿，对其表示感谢，似乎觉得对此次咨询有不少体会，可等到下一次见面时，他们对上一次朋辈心理互助员提出的很多建议却已遗忘了一大半。每次会谈以后，他们似乎都会领悟很多，但自己就是不愿主动去实现。有时候，在同学的反复督促下他们才会勉强做一些。有些时候给朋辈心理互助员的感觉是他们看似不是真心想改变。

事实上，来访者之所以会给人这样的感觉，是因为症状里有太多他们留恋的东西，如果症状真的完全消失，将意味着这些"好处"也随之消失。所以，为了保留这些"好处"他们唯有以保留一些症状作为代价。

2. 反复诉苦

当来访者见到朋辈心理互助员的时候总感觉有满肚子话要讲，他们会反复倾诉自己的那些症状。可当朋辈心理互助员问到他们的一些问题时他们又常常闭口不谈，或回避朋辈心理互助员的提问，依然说回他们的那些苦恼。他们急切地希望朋辈心理互助员快些帮助自己改变，但又认为朋辈心理互助员的很多"忠告"是多余的。有些患者虽然口头上同意朋辈心理互助员的解释，但不一会儿，又重复叙述他们的苦楚。有些来访者甚至认为"朋辈心理互助员的耐心是对他们疾病的不抱希望"。他们只想让朋辈心理互助员回答自己一个问题就够了，即"怎么办我才能尽早好"。给人的感觉是，他们陷入"痛苦的逻辑"不能自拔，他们总以诉苦的方式来阻止朋辈心理互助员的解释，不让朋辈心理互助员触及他们心理的禁区。

3. 要求"灵丹妙药"

有些来访者倾向于诉说心理困扰如何折磨她，迫切地希望朋辈心理互助员给他们开出"灵丹妙药"或"特效药"，或要求朋辈心理互助员告诉他们一些具体办法来有效地对抗症状。有时干脆就说"您给我拿主意，我该怎么办"。当朋辈心理互助员告诉来访者：那些症状只控制是不行的，需要你深入思考自己症结的根源，重新拥有成熟的态度去面对它，那些症状就会自然消失。对此他们常常不以为然，坚持要求朋辈心理互助员给他们具体办法而自己不愿多去思考。给人的感觉是他们不愿寻求真正的原因，不想"根治"问题。

4. 为症状辩论

有时朋辈心理互助员会指出来访者的幼稚性和他(她)对一些问题的回避，这时，他(她)会"狡辩"说这些症状是有用的。当一名来访者反复诉说自己的苦恼来自无穷尽的思考并要求朋辈心理互助员给予帮助时，朋辈心理互助员回答说"你说的这些没有意义，应该把(自己的)精力放在有用的地方"，对方会立即反驳"我想的是很有意义的事情，为什么要放弃?"——他们全都进入了一个既要求帮助摆脱症状又不愿舍弃症状的怪圈。他们这样做给朋辈心理互助员的感觉是他们来咨询的目的并不是想改变自己原来的问题，而是企图从朋辈心理互助员那里得到对自己所做一切事情的肯定。他们似乎不像是来求助的，更像是来做学术讨论。

这些人有一个共同的特点，他们从各种报纸杂志上收集一些"科学道理"来作为生活的指南，同时，这些"指南"也成为和朋辈心理互助员进行辩论的有力证据。

5. 归因于外界

我们在咨询时经常会遇到这样一些来访者：他们有满肚子牢骚，觉得自己的出身不好，自己的生活环境差，自己不够聪明，家人朋友对自己不关怀，似乎外在的一切事物"都跟她过不去"，他们认为只要外界事物符合自己的意愿，所有的问题就会烟消云散。但经过深入了解之后就会发现，他们所说的麻烦很大程度上都来源于自己。但当朋辈心理互助员通过分析，指出他们的烦恼的内在根源时，他们往往会加以否认，甚至有些时候会抱怨朋辈心理互助员"不近情理"。对于这样的来访者，朋辈心理互助员需要很大的耐心与之反复讨论，才可能让他们对自己的问题有所认识。不然，如果过早地分析来访者的内心世界，会引起他们更大的阻抗甚至是反感。

二、破解阻抗的技术

阻抗贯穿在整个心理助人过程中，它也是造成心理助人费时费力的重要原因。作为一名朋辈心理互助员无法回避阻抗，因为它是心理助人的核心问题之一。很多时候阻抗的存在是有意义的，所以过早地触及它或许不是好办法。有时来访者虽然给人的感觉像是"无理取闹"，但这并非他们的初衷。要得体地处理阻抗，需要朋辈心理互助员具备比较完善的人格和比较丰富的实践经验。

在辅导中面对来访者的阻抗时，朋辈心理互助员需要做的不是"打破、改变"，而是"倾听、揭示"，帮助来访者看到他(她)在做什么，为什么要这样做，是关注"此时此地"，是跟着来访者当下的状态走，因为接纳他(她)的现状、接纳他(她)的阻抗是揭示阻抗的第一步。在此基础上，不干预、不改变，让其充分自由地表达，在这个宣泄的过程中，朋辈心理互助员可以不断地反馈他(她)在做什么，或者当下来访者状态给朋辈心理互助员的感受，让来访者自己去反观、去体会，朋辈心理互助员此时的状态应该是不急不躁的，如果朋辈心理互助员此时心难以定下来，一定要推荐来访者去学校心理中心找专业的心理咨询师进行心理咨询。所以，对于朋辈心理互助员而言最好的方式是不急于解决问题，要更多的倾听，让自己定的力量和慧的作用体现出来。在此基础上，致力于创造一个接纳的友爱的氛围，从而更好地帮助对方抵达新的彼岸。破解阻抗可以运用到以下几种技术：

1. 此时此地的技术

针对来访者此时此地的感受或者行为进行反馈，朋辈心理互助员应当关注来访者在互动过程中出现的一些特殊时刻进行沟通，比如对方在诉说一件听起来快乐的事情，但脸上却带着悲伤时，朋辈心理互助员可以将自己的感受告知对方，同时得到对方的回应，这样沟通与确认的过程对于来访者有着不一样的意义，很多人将这样的互动过程称为试验场，因为在日常生活中很多事情是不能如此被敏锐察觉与反馈的，有些常常被直接忽略了。这个过程是一个真实呈现的过程，对双方的人际交往是大有裨益的。

2. 聚焦提问的技术

朋辈心理互助员可以针对来访者的阻抗进行聚焦提问，可以从某个角度向对方进行了解，比如想了解人际关系层面的问题，就可以问对方"你的好友/父母/师长/邻居是怎么看你的？""你和谁的关系更亲近些？""你和谁的关系最疏远？""你刚才沉默不语是担心什么呢？"

3. 尝试性面质技术

作为影响性技术之一的面质技术，指的是朋辈心理互助员指出来访者身上存在的矛盾，从而促使来访者探索与觉察，最终更好地理解自己与接纳自己，并且对自己的行为负起责任。

案例 ▶▶

来访者：(微笑)前天我和谈了 3 年的男友分手了，这两个晚上我一直都没有好好合眼睡上一觉，我很难过很悲伤，就仿佛 8 岁时我的父亲离开我和妈妈的时候那样，我觉得我被抛弃了。

朋辈心理互助员：我很好奇的是，当你说到和男友分手的悲伤时，你却是笑着说的，如果你的笑容能够说话，那它会表达什么呢？

尝试性面质是在彼此信任的关系基本建立起来以后才有效果的，这就要求朋辈心理互助员要在耐心倾听的基础上真的去关心对方、关爱对方与理解对方，只有这样，我们的工作才会突破瓶颈，才能得到来访者的信任与接纳。

所有的技术都是建立在爱的基础上的，只有真正具备爱的胸怀并有关心他人的服务行动，他人的心门才会渐渐向我们打开。所有的心理技术都是为爱服务的，爱是深深的理解与接纳，当我们拥有一颗充满爱的心，当我们能够刻苦学习与应用心理学助人技术，当我们能够为来访者利益最大化提供专业服务时，我们就成了一盏盏在黑暗中熠熠发光的指路明灯。

✎ 课·堂·互·动

　　三人一组，每个人想一个自己的议题，用大约 5 分钟的时间进行会谈，一个扮演朋辈心理互助员，一个扮演来访者，一个扮演观察者，轮流扮演三个角色，评估自己和他人对于参与性技术和影响性技术的使用情况。

　　课堂互动评估线索：

　　1. 哪些技术你掌握得最好？哪些技术对你来说很难？

　　2. 你对各类技术使用的机会是一样的还是有偏好，为什么？

　　3. 你最容易使用哪些非言语技巧？

　　4. 你认为你在会谈中的表现如何？有哪些方面需要改进？

第九章

常见心理调适技术

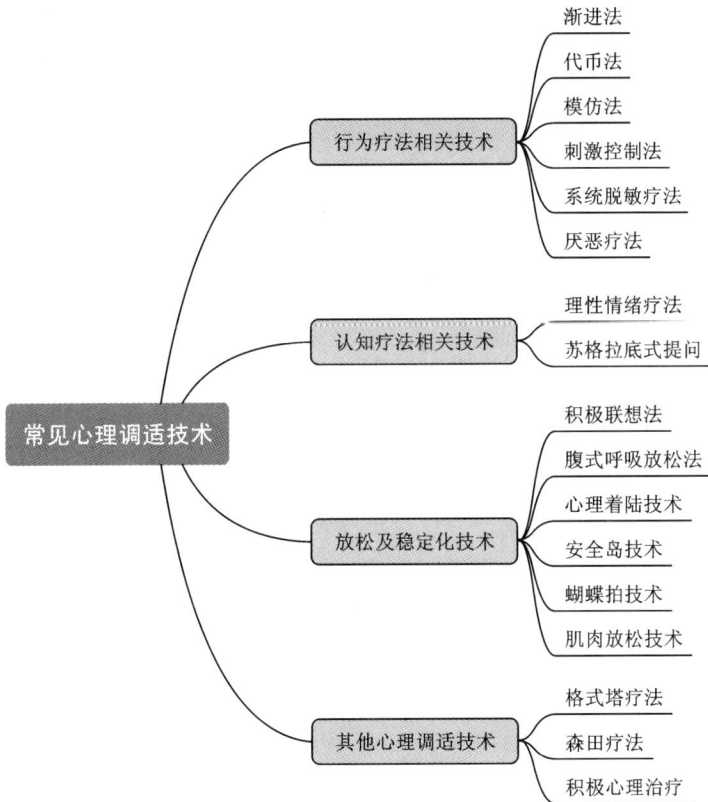

```
                                          ┌─ 渐进法
                                          ├─ 代币法
                          行为疗法相关技术 ├─ 模仿法
                                          ├─ 刺激控制法
                                          ├─ 系统脱敏疗法
                                          └─ 厌恶疗法

                          认知疗法相关技术 ┌─ 理性情绪疗法
                                          └─ 苏格拉底式提问

  常见心理调适技术                          ┌─ 积极联想法
                                          ├─ 腹式呼吸放松法
                          放松及稳定化技术 ├─ 心理着陆技术
                                          ├─ 安全岛技术
                                          ├─ 蝴蝶拍技术
                                          └─ 肌肉放松技术

                          其他心理调适技术 ┌─ 格式塔疗法
                                          ├─ 森田疗法
                                          └─ 积极心理治疗
```

第一节
行为疗法相关技术

行为疗法以行为主义心理学为理论基础，该理论认为人的行为包括不适应的行为，都是学习和训练的结果。所以，行为疗法的目标就是提供一种新的学习条件，改变原有不适应的行为模式。

行为疗法强调改善当前的问题，不强调揭露当前问题的历史原因；强调新行为的学习，以改善当前的问题；强调利用其他社会支持资源，让来访者在现实情景中改变。

以下简单介绍几种行为疗法的常用技术。

一、渐进法

由简单入复杂，在开始时，只要求来访者做一些简单的行为，或者复杂行为的第一步，做好之后马上给予强化，反复直到熟练。当对方学习了一种积极的行为之后，渐渐减少或延迟给予强化，逐渐要求对方做复杂的行为，或复杂行为的其他后续步骤，然后再给予强化。

人类最初的教学方法中使用得比较多的就是渐进法。比如小朋友们学习打篮球，最先是从练习原地单手拍球开始，熟练之后开始练习原地双手交替拍球，熟练之后开始练习运球走、运球跑、三步上篮。渐进法的要点是每个小任务比前一个任务的难度只高一点点，并且完成之后一定要有强化，然后再逐步提升要求。

二、代币法

代币法的原理是二级强化。原来不具强化作用的某种刺激，一旦和其他强化物适当配合时，就获得强化的力量。代币法的运用需要注意以下几点：①确定目标行为，需具体可观测。②确定目前该目标行为的基线，也就是当下的行为水平如何，以便执行计划后能够将当前数据与基线进行比较，明确效果。③选择支持强化物和代币的类型。

强化物以能够获得最大强化效果为原则，比如一个梦寐以求的礼物。代币的类型种类很多，如自制票据、卡片、计划表上的小红旗、图章印记等，当行为计划被执行，便增加代币的显示，当代币积累到一定数量的时候就可以用来换取他所期望得到的强化物。

三、模仿法

模仿法是将自己的行为与被模仿的榜样行为进行比较，找出差距，并在不断的模仿、比较、改进中，最终达到矫正自己不良行为的目的。模仿法在学校教育教学中经常使用，在提升自我行为技巧的方面也比较实用。比如学校经常会开展"学习经验交流会"，在学习方面颇有心得的同学会介绍自己的经验，成为其他同学的榜样，大家将自己的行为与学霸们进行比较，找到自己可以改善的地方，进而实现提升学习成绩的目的。

四、刺激控制法

有暗示线索引起的事物，可以通过控制线索而控制该事物的发生。比如一个大学生总是会在迟到的时候产生强烈的焦虑情绪，如果需要控制这样的焦虑情绪，那么通过控制引发焦虑的情境——迟到，就是可以选择的方式之一，当他不再迟到的时候，由迟到引发的焦虑情绪也就被控制了。

另外，学会辨别对于某一特定行为而言哪种情境适合哪种情境不合适，也是刺激控制的一种形式。比如室友 A 与室友 B 经常发生争吵，A 发现每当自己在宿舍内大声打电话的时候，就会引起 B 的不满进而引发争吵。这个例子的刺激事件是打电话，A 可以通过尽量避免在宿舍内打电话或者减小音量、缩短时间，达到减少与 B 争吵频率的目的。

五、系统脱敏疗法

系统脱敏疗法主要是诱导求治者由低强度到高强度地暴露在导致焦虑、恐惧的情境中，并通过心理的放松状态来对抗这种焦虑情绪，从而达到消除焦虑或恐惧的目的。系统脱敏疗法的步骤大致如下：

第一步，进行放松训练，掌握放松的技术，常见的技术有腹式呼吸法、渐进式肌肉放松法和音乐想象放松法，在后续章节中会详细介绍。

第二步，邀请来访者对引起自己焦虑、恐惧的情境按照情绪强度由低到高进行分级，初始等级需要能够被训练而得的放松状态拮抗。

第三步，从最低等级开始引发情境，实施放松训练，如此反复，直到情境引发的情绪强度显著降低，达到第一等级的脱敏，然后再开始高一等级的脱敏工作。

第四步，以此类推，最终实现逐级脱敏的目标。

六、厌恶疗法

厌恶疗法是通过惩罚即消极强化物,来帮助来访者减少顽固不良行为的方法。具体而言,是让来访者将某种不良行为与一个高度厌恶的结果联系起来,逐渐消除该不良行为。

比如有一些香烟生产商在香烟的外包装上不仅印制"吸烟有害健康"的文字,还会印上鼻咽癌患者的鼻部解剖图或者肺癌患者的肺部解剖图,每当吸烟者拿出香烟的时候都会看到这样的图片,进而引发恶心、难受的身体及心理反应,久而久之就会减少吸烟次数并最终戒烟。

案·例·讨·论

小张,男,大学二年级理工科学生,因为网络游戏成瘾影响了学习,造成多门功课不及格。通过交流与沟通,小张意识到自己对于大学学习的需求,重新激发了学习的动力,但是因为长时间沉迷于网络游戏中,学习生活习惯已经被破坏,同时学业任务的繁重也让小张感到缺乏成功的信心。

帮扶方案参考:朋辈心理互助员了解到小张的担心和犹豫,决定采用行为疗法的思路来帮助小张。主要目标是恢复小张的正常的学习生活习惯,获得投入学习的信心。

第一步:任务分解

我们可以采用渐进法的思路,将小张的学习任务按照难易程度来进行分解,从最容易的任务开始进行。比如英语学习,背单词相对于阅读与写作而言更简单一些,那么我们就从背单词开始。

行为治疗思路能够被执行的关键是了解到来访者的行为现状与基础,设立的行为目标是来访者努力一点点就可以达到的。

比如小张目前每天可以背 10 个单词,那么我们的行为目标可以定在每天背 15 个单词。然后随着功能恢复,再慢慢增加目标量。

第二步:行为实施

按照约定好的行为目标执行,有必要的情况下朋辈心理互助员可以参与监督与鼓励。

行为执行时可能会遇到一些困难,比如无法达成既定的行为目标,这时候来访者很容易沮丧和气馁,甚至放弃,朋辈心理互助员需要给予鼓励与支持，有必要的情况下可以调整行为目标。比如，把背单词数量从 15 个调整到 12 个，小进步比不进步要好，不进步、维持现状比全然放弃要好。

第三步：阳性强化

当行为目标达成之后一定要及时给予阳性强化，可以采用代币法的方式来进行，阳性强化物可以是物质的奖励，更建议是类似笔记、所得记录单这样的精神奖励。

第四步：巩固疗效

经过一段时间的行为改变之后，朋辈心理互助员可以与来访者一起讨论近段时间行为改变的效果，尤其是来访者的收获与所得，在交流中看到自己的进步，进而制定下一阶段的行为规划，直到来访者形成学习生活的良好习惯，逐渐恢复对自己行为的掌控力。

第二节
认知疗法相关技术

认知疗法是 20 世纪 60—70 年代在美国心理治疗领域中发展起来的一种新的理论和技术。这种疗法认为人的情感和行为受认知过程的影响，认知过程及其导致的错误观念是行为和情感的中介，适应不良行为和情感与适应不良认知有关。我们可以通过认知和行为技术来改变人们的不良认知，最终达到改善情绪、获得心理健康的工作效果。

一、理性情绪疗法

认知疗法中具有代表性的是理性情绪疗法。该疗法认为，人的情绪和行为障碍不是由于某一诱发性事件（activating event）直接引起的，而是由于经受这一事件的个体对诱发性事件所持的非理性的信念、看法或解释（belief），最后导致在特定情景下出现症状性的情绪和行为后果（consequence），也被称为 ABC 理论。

（一）理论概述

按照理性情绪疗法的观点，人的信念，包括认知、观点和评价等，是影响情绪和行为结果的直接因素。尽管看起来好像是诱发性事件引起了情绪和行为的变化，但其实是人们总是按自己的信念去认识 A，这些信念往往带有偏见，从而产生了情绪和行为的结果 C。因此，B 处于 A 与 C 之间，是 C 的更直接的原因。

在理性情绪疗法中，主要关注的是理性的信念和非理性的信念，前者导致自助性的积极行为，而后者则会引起自我挫折和反社会的行为，而治疗的方向就是用理性的信念替代非理性的信念，从而改变情绪与行为结果。

(二) 非理性信念

人们认知中常见的非理性信念有以下几类。

1. 绝对化的要求

绝对化要求是指人们以自己的意愿为出发点，对某一事物怀有认为其必定会发生或不会发生的信念，它通常与"必须""应该"这类字眼连在一起，如"我必须获得成功""别人必须很好地对待我""生活应该是很容易的"等。

绝对化要求的提出往往基于机械化的、缺乏弹性的认知。怀有这样信念的人极易陷入情绪困扰中，因为客观事物发生、发展的规律不以个人的意志为转移。一个人不可能在每一件事情上都获得成功，他周围的人和事物的表现和发展也不可能以他的意志为转移。

理性情绪疗法就是要帮助他们改变这种极端的思维方式，认识其绝对化要求的不合理、不现实之处，帮助他们学会以合理的方法去看待自己和周围的人与事物，以减少他们陷入情绪障碍的可能性。

2. 过分概括化

过分概括化是一种以偏概全、非黑即白的非理性思维方式的表现，仅凭片面而有限的条件，就得出极端且夸大的结论。比如，发现自己或他人的一个错误或者缺点就认为自己或他人是一无是处的，以某一件或几件事来否定评价自己或他人的整体价值。这种武断贴标签的思维模式往往导致对自己自责自罪、自卑自弃，从而产生焦虑和抑郁等情绪；对他人否定攻击，埋怨指责，从而产生敌意和愤怒等情绪。

认知理论强调"评价一个人的行为，而不是去评价一个人"。人性是复杂、丰富而充满着变化的，用过分概括化的方式认识人，显然是生硬而不合理的，每一个人都应该接受自己和他人有可能犯错误的现实，同时认识到人性有可以不断完善的可能。

3. 糟糕至极

糟糕至极是一种对事件的负性结果极端夸大的认知思维，有该思维的人认为如果一件不好的事发生了，其结果将是非常可怕、糟糕，甚至是一场灾难。这将导致个体陷入极端不良的情绪体验，如耻辱、自责自罪、焦虑、悲观、抑郁的恶性循环之中,而难以自拔。

糟糕至极常常是与人们对自己、对他人及对周围环境的绝对化要求相联系而出现的,即在人们的绝对化要求中认为的"必须"和"应该"的事情并非像他们所想的那样发生时,他们就会感到无法接受这种现实,因而就会走向极端,认为事情已经糟到了极点。

理性的观点告诉我们,以辩证的思维看待事件对于情绪的调节是有用的。非常糟糕的事情确实有可能发生,然而事物的多面性能让我们在现有的情境下获得资源,因此我们需要努力去接受现实,尽可能地去改变这种状况,变糟糕为资源;在暂时不能做到的时候,则要学会在这种状况下生活下去。

(三) 实施过程

理性情绪疗法的实施过程一般分为四个阶段。

1. 心理诊断

心理诊断是实施过程的最初阶段,首先心理助人者要与来访者建立良好的工作关系,帮助来访者建立自信心。其次摸清来访者所关心的各种问题,将这些问题根据所属性质和来访者对它们所产生的情绪反应分类,从其最迫切希望解决的问题入手。

2. 领悟阶段

领悟阶段主要帮助来访者认识到自己不适当的情绪和行为表现或症状是什么,产生这些症状的原因是自己造成的,要寻找产生这些症状的思想或哲学根源,即找出它们的非理性信念。

3. 修通阶段

在修通阶段,心理助人者主要采用辩论的方法动摇来访者的非理性信念。用夸张或挑战式的发问要求来访者回答他有什么证据或理论对 A 事件持与众不同的看法等。通过反复不断的辩论,来访者理屈词穷,不能为其非理性信念自圆其说,使他真正认识到,他的非理性信念是不现实的、不合乎逻辑的,也是没有根据的,开始分清什么是理性的信念,什么是非理性的信念,并用理性的信念取代非理性的信念。

这一阶段是该疗法最重要的阶段,实施时还可采用其他认知和行为疗法。如布置来访者做认知性的家庭作业(阅读有关该疗法的文章,或写一份与自己某一非理性信念进行辩论的报告等),或进行放松训练以加强工作效果。

4. 再教育

再教育是实施的最后阶段,为了进一步帮助来访者摆脱旧有思维方式和非理性信念，还要探索是否还存在与该症状无关的其他非理性信念，并与之辩论，使来访者学习到并逐渐养成与非理性信念进行辩论的方法。用理性方式进行思维的习惯，这样就达到建立新的情绪：如解决问题的训练、社会技能的训练，以巩固这一新的目标。

在理性情绪疗法的整个过程中，由于与非理性信念进行辩论(disputing)是帮助来访者的主要方法，并获得所设想的疗效(effect)，所以由 ABC 理论所建立的本疗法可以"ABCDE"五个字头作为其整体模型。即：

A(activating events)：诱发性事件；

B(believes)：由 A 引起的信念(对 A 的评价、解释等)；

C(emotional and behavioral consequences)：情绪和行为的后果；

D(disputing irrational believes)：与不合理的信念辩论；

E(new emotive and behavioral effects)：通过治疗达到的新的情绪及行为的治疗效果。

(四)相关技术介绍

理性情绪疗法中最常用的也是区别于其他心理疗法的最具特色的几种治疗技术有：与不合理信念辩论的技术、合理的情绪想象技术及认知的家庭作业。

与不合理信念辩论的技术为艾利斯(Ellis)所创立。这一辩论方法的施治者必须积极主动地、不断地向求治者发问，对其不合理的信念进行质疑。提问的方式可分为质疑式和夸张式两种。

合理的情绪想象技术是理性情绪疗法中最常用的方法之一。它与心理咨询中通常所用的想象技术既有联系又有区别。它也是需要由心理助人者进行指导，帮助来访者进行想象的技术。

认知的家庭作业。认知的家庭作业主要有理性情绪疗法自助量表、与不合理的信念辩论记录单以及合理的自我分析。

案例讨论

小林，女，大学一年级学生，因为与室友关系冲突大而情绪低落。经了解，小林经常与室友因为一些生活事件而发生矛盾，比如小林找室友聊天，室友没有回应她，小林就觉得室友是瞧不起自己。或者小林分享自己买的零食给室友，室友表示不想吃，小林又认为室友是嫌弃自己。因为小林总是爱生气发脾气，室友们也都不敢再接近小林，导致小林更加觉得大家都在孤立自己。

　　朋辈心理互助员在了解到这一情况后发现主要是小林对室友行为的理解带有以偏概全、糟糕至极的认知偏差，可以采用认知疗法的思路开展心理助人工作。

　　第一步：心理诊断

　　帮助小林明白到自己情绪的状态与人际方面的冲突的联系，并且与人际事件密切关联。帮助小林树立调整人际关系的愿望与信心。

　　第二步：领悟阶段

　　让小林能理解到影响自己情绪的并非事件本身，而是自己对事件的解释。比如室友没有及时回答自己的问题，如果理解的是瞧不起自己，当然就会生气，但是如果理解为她在专注自己的事情一时没有听到或者注意到，也就不会那么生气了。用举例子的方式让小林领悟到认知对于情绪的影响。

　　第三步：修通阶段

　　可以采用苏格拉底式提问的方式来帮助小林澄清认知偏差，比如"你觉得室友是瞧不起你的，除了上次没回答你的问题，还有其他的事例吗？""这个事情除了你现在的解释，还有其他种的可能吗？""你是否也会有不马上回答别人提问的时候，那些时候可能会是一些怎样的原因呢？"通过打开思路的方式让小林理解到问题的多样性和自己解读的局限性，进而调节自己的情绪。

　　第四步：再教育

　　鼓励小林在生活中多多练习 ABC 理论的思路，用新的更有建设性的思路来认识问题，重新构建良好的人际关系。

二、苏格拉底式提问

　　在认知疗法当中，苏格拉底式提问是最基本的会谈技术，也是个人可以用来理清非理性认知的思维方式。当人们对于事物的非理性认知被澄清了，重构了理性的认知，备受困扰的情绪自然也就缓解了。

　　苏格拉底式的提问方式的目标是建立协作性的助人关系以及帮助来访者改变不良适应性的思考模式及结论。苏格拉底式提问是能够激发来访者好奇心和求知欲的提问，不是说教式的讲道理，而是试图让来访者用自己原有的逻辑模式推理出不合理的思维结论，进而引发来访者反思自我认知的不合理性，尝试用新的角度来理解问题，从而找到改变的契机。

在心理互助工作中，我们通常以三段式来运用苏格拉底式提问，这样的技术在自我心理调适当中也能被很好地运用。

第一步是澄清概念，或者叫作具体化。人在强烈情绪状态下所形成的念头中常常充斥着含糊的、高度概括化的概念及用语，用这样的概念及用语做理性分析常常是比较困难的，比如"我们分手之后，我的内心一片空白""我就是一个笨蛋"等。因此我们可以用苏格拉底式提问的方式澄清这些概括化程度高的概念或用语。比如你可以问问来访者或者自己，"你说的一片空白具体是怎样的感受呢？""你所说的笨蛋具体是指哪些方面呢？"

第二步是分析自己的思维推理过程背后的规则或者信念。比如，"我认为他爱我他就需要知道我心里的想法，就算我不说，他也应该知道，如果他不知道的话那就是不爱我""如果我不能拿到奖学金，那么我就是一个笨蛋"。

第三步是找出证据来验证这些规则和信念是否合理，不合理的话可以怎样加以修正。我们在验证的过程中有以下一些技术可以参考使用。

(1)证据检验。

找到其他可以验证你的规则与信念的证据，比如"你认为他不爱你了，还有其他的一些证据能说明这个结论吗？""你说自己是一个笨蛋，除了这次没有拿到奖学金，还有其他的佐证吗？"

(2)他人比较。

通过了解他人在同样情境下的看法，获得推理的多种可能性。比如"你的朋友们是怎么看待这个事情的呢？"

(3)分析概率。

有时候对于情境发生概率的分析也能帮助我们看到自己认知的不合理性。比如"班级里有多少同学获得了奖学金？多少同学没有任何奖学金？是否那些没有获得奖学金的同学就都是笨蛋呢？"

(4)科学常理。

对于某一个问题的科学研究结论或者人们约定俗成的常理推断能够帮助我们找到合理的认知。比如根据心理学的智力理论研究，人的智力包含了多个方面，而考试仅仅考核了其中很小一部分，那考试成绩是否能够成为智力能力的唯一判断依据呢？这是值得商榷的。

(5)找出反例。

只要在命题论证过程中找到一个反例，就能证明这一命题的不合理性。比如"在与爱你的人相处的过程中，是否也会有某一次不知道你当时在想什么这样的情况呢？""没有拿到奖学金的同学当中有没有你觉得他并不笨，甚至他还有你佩服的地方这样的情况呢？"

（6）假设验证。

有时候，可以采用一些实际行为来验证自己的假设，比如，你很担心因为自己的拒绝而会影响到和室友的关系，你可以在几天后找个机会与室友合作或者聊天，通过观察和交流来验证自己的假设是否属实。

第三节
放松及稳定化技术

放松及稳定化技术可以用来改善身体的紧张和情绪的恐慌。常用的放松及稳定化技术有积极联想法、腹式呼吸放松法、心理着陆技术、安全岛技术、蝴蝶拍技术、肌肉放松技术等。

一、积极联想法

积极联想法是主动进入冥想状况，去联想一些积极的、放松的场景，这样有利于改善我们的心态，该法甚至被证明能提高患者的免疫力。每天花 10~15 分钟时间进行 1~2 次积极联想，能起到比较好的作用。

我们可以回忆自己生活中欢乐美好的时光、想象世界上宁静美丽的风景，将这些积极的内容和自己联系在一起，认识到未来仍然饱含着希望。可以想象森林、溪流等生机勃勃的场景，仿佛逐渐洗刷自己的心灵，驱散内心可能的阴影，让阳光普照大地。

二、腹式呼吸放松法

腹式呼吸放松法是一种通过深且缓慢的呼吸方式来缓解紧张、进行放松的方法。

可以按下面的步骤进行练习：

找一个您感觉最舒适的姿势，坐或躺下来，放松您的身体。

感受您的正常呼吸。

把右手放在胸部，把左手放在腹部。尽量放松双手，感受呼吸时胸部和腹部的运动。

用鼻子吸气，用嘴呼气。吸气时，最大限度地向外扩张腹部，胸部保持不动；呼气时，腹部缓缓回落，胸部保持不动。细心体会腹部的一起一落。

吸气时想象着将能量吸入肺部并扩散到全身，呼气时想象着将烦恼和忧虑统统排出体外。

每天连续做 10~15 分钟。

三、心理着陆技术

当情绪过于激动，或者陷于负性情绪、负性思维无法自拔时，可以用着陆技术来转移自己的注意力和脱离负性情绪。着陆包括精神的着陆和身体的着陆。

按以下模式进行练习：

以一个觉得舒服的姿势坐着。

慢慢地深呼吸。

看看你的周围，详细描述一下周围的环境。例如，"我看见了一台电脑，我看见了一柜子书"。

听听你周围的声音，你能听到几种声音。

说出十个以包含"阳"字的地名，如岳阳、汉阳等。

尽力用十个脚趾抓地，感受深深扎根地面的感觉。

触摸不同的物体，感觉它们的形状、大小、温度，如杯子、钥匙、毛绒玩具等。

伸展身体不同的部位，如脖子、手臂、手指、腿等。

想象一处舒适的地方，如沙滩、浴缸、草地、床铺等。

列出你最期待的几件事，如一次好友的聚会、一趟旅行等。

说几句鼓励自己的话，如你是最棒的、你能行的等。

……

可以酌情自己设计问题。

四、安全岛技术

安全岛技术是一种用想象法改善自己情绪的心理学技术。当压力造成负面情绪时，可以找一个内心的世外桃源的地方暂避一时。

按以下指导语进行练习：

回顾一下曾经在哪个地方你是特别舒服的、觉得特别安全的，而且这个地方有个边界，就是只有你自己待着很放松的一个地方，没有你的允许别人是进不来的，这就是属于你的心灵安全岛。

现在请你用视觉去看看这是个什么样的地方？它有怎样的颜色？你能够看到有些什么东西？能够听到一些什么声音？声音的大小如何？给你怎样的感觉？

现在你在这个地方走一走，感受它是多大的一个空间，或者摸一摸这个地方的质地。也许你在这个空间里还会闻到一些味道，这是你熟悉的味道，让你觉得安全、放松和宁静。

在这里，你可以做你喜欢的事情，不需要顾虑别人的眼光，也不需要有现实的压力，在这里，你能够获得你刚刚感受到的这种特别舒服、特别安全和特别放松的感觉，这会给予你力量，让你重新变得有活力。

每当你有需要的时候，你就可以来到你的这个安全基地，重新获得能量，这些能量会让你更有力量来面对现实。

大约每天连续练习 10~15 分钟。

五、蝴蝶拍技术

蝴蝶拍是一种寻求和促进心理稳定化的方法，可以帮助我们增强安全感和积极的感受。当遇到创伤事件，情绪持续恐慌、不稳定时，可使用蝴蝶拍技术来加强自身资源。

可按以下指导语进行练习：

今天我们学习用蝴蝶拍来加强自身资源建设。

在你的日常生活或既往经历中选择一件你觉得愉快/有成就感/感到被关爱或其他正性体验的事件，回想这个事件。

找到一个最能代表这种积极体验的画面，以及这种体验在身体的部位及身体感受。

首先双臂在胸前交叉，右手在左侧、左手在右侧，轻抱自己对侧的肩膀。

双手轮流轻拍自己的臂膀，左一下、右一下为一轮。

速度要慢，轻拍 4~6 轮为一组。停下来，深吸一口气，感觉如何？如果好的感受不断增加，可以继续下一组蝴蝶拍。

想到这个画面，体验身体的积极感受，然后开始以上述方式进行左右交替轻拍，每次 4~12 轮为一组，在此过程中让头及身体自然地变化。

一轮结束后稍停，如果留意到的内容是积极的，可以继续以上述方式进行蝴蝶拍，直到积极的内容不再变化，或直到自己感觉充分为止，或直到出现中性内容为止。

如果在轻拍的过程中出现负性的内容，可以告诉自己"现在只需留意到积极的方面，负性的内容以后再进行处理"。这样处理后，如果出现的内容转为积极或中性，则可继续进行：如果处理后仍为负性体验，则想象有一个容器，将负性体验进行打包封存，留待以后处理。

结束蝴蝶拍后可以用一个线索词来代表这个事件，对线索词用双侧刺激来进行强化。

175

六、肌肉放松技术

肌肉放松技术对于应对紧张、焦虑、不安、愤怒的情绪或情境非常有用，可以帮助人们振作精神、消除疲劳、稳定情绪。

肌肉放松训练分为五个步骤：集中注意力、肌肉紧张、保持紧张、解除紧张、肌肉松弛。通常按以下身体部位进行放松：

(1)手臂放松。

伸出右手，握紧拳，使整个右前臂变得紧张、僵硬。伸出左手，握紧拳，使整个左前臂变得紧张、僵硬。双臂伸直，两手同时握紧拳，紧张手和臂部。

(2)头部放松。

皱起前额肌肉、眉头，耸起鼻子和脸颊，咬紧牙关，使嘴角尽量向两边咧，鼓起两腮屏住呼吸，似在痛苦状态下使劲一样。

(3)躯干部位放松。

耸起双肩，紧张肩部肌肉；挺起胸部，紧张胸部肌肉；拱起背部，紧张背部肌肉；屏住呼吸，紧张腹部肌肉。

(4)腿部放松。

伸出右腿，右脚向前用力像在蹬一堵墙，使整个右腿变得紧张、僵硬；伸出左腿，左脚向前用力像在蹬一墙，使整个左腿变得紧张、僵硬。

待上述肌肉持续紧张、僵硬约10秒钟后，同时放松全身所有肌肉，体验全身放松的感受。熟练后我们既可以部分地使肌肉紧张和放松，也可以整体对全身的肌肉进行紧张和放松练习。

第四节
其他心理调适技术

一、格式塔疗法

格式塔疗法又称完形疗法，是存在主义哲学发展出来的一种心理治疗理论。格式塔理论认为，人是一个整体的组织，而不是身体与心理简单的相加，因此不能将人分割开来看待。而人是环境的一部分，要了解人，离开环境也是不可能的。人在与环境发生交互作用的过程中，形成一种完形，如果这个完形是适应性的，人的需求就会得到满足，进而身心就会健康。反之，则会出现相应的心理问题，阻碍人的发展。格式塔疗法的重要目标就是协助来访者重新成为一个身心统合的个体，和谐而快乐地生活。以下介绍一些格式塔疗法的特点和技术。

1. 重视"当下"

格式塔疗法认为过去与未来都存在于"现在"之中，人的身心统合只能在"当下"才能实现，因此调节情绪的方法之一就是让自己能够安然处于"当下"，瑜伽、冥想、身体扫描等技术能够帮助我们做到专注于"当下"。

2. 空椅子法

用角色扮演的方式，呈现个体心理层面矛盾冲突的不同角色，以空椅子对话的方式来实现心理的统合。

3. 非言语技术

格式塔疗法认为除了大脑与言语行为很重要之外，身体的其他部分与非言语的行为同样重要。因此，格式塔疗法常常会要求来访者自我觉察自己的身体、动作、生理功能与心理变化之间的联系。同时，也借由改变身体的状态来实现调适心理状态的目的，心理剧疗法、舞动治疗等治疗技术也都有格式塔疗法的影子。

二、森田疗法

森田疗法的理论体系并非来自医学理论的发展，也不是实验室的成果，而是创始人森田正马亲身对神经症的体验和他多年临床实践的总结。从本质上而言，其"顺应自然，为所当为"的理论核心更像是一种人生态度和处世之道。

森田理论认为人在遇到生活中或者工作中难以应付的困局时，在心理方面都会产生强烈的不安感，如果还存在一些非理性的认知，就会加重这样的苦恼。对于健康水平比较高的人而言，这样的不安和苦恼是可以承受的，通常也被理解为一种正常的情况。但是健康水平不够的人就容易感到难以承受，坚定认为不安和苦恼是疾病的症状，一定要完全消除掉才能正常生活。为此，他们可能会放弃正常的生活起居和节奏，开始与所谓的"症状"进行斗争。殊不知，在放弃了正常的生活结构之后，原本的内外平衡被打破了，自我发展的资源被阻隔了，反而加剧了症状的固着，形成了恶性循环。

森田疗法"顺应自然，为所当为"的理念一方面鼓励备受苦恼煎熬、深陷挣脱不能的人们尝试容忍、承受症状，把症状正常化，并且能够基于事实，对症状的产生进行理性认识，从而接受症状也是自我的一部分。另一方面，它鼓励人们能够带着症状回归到日常的生活节奏中，重新找回生活的目标，积极地、建设性地生活，从切实可行的日常生活实践中，在行动上保持良好的习惯，通过行动逐渐转变人格。

三、积极心理治疗

传统的精神病学和心理治疗把紊乱、冲突和疾病当作出发点，因而它们确定的治疗目标是治愈疾病和消除紊乱。它们忽略了一点，就是患者身上存在的首先不是紊乱，而是被这些紊乱直接或者间接困扰着的能力。积极心理治疗的目的就是发掘与解放这些原本人们就具有的能力，从而让人们获得健康的心理状态。

在积极心理学的视野中，心理疾病与心理健康并非矛盾的两极，而是人们探索心理世界的两个维度，他们把心理世界划分为四个象限，如图9-1所示。

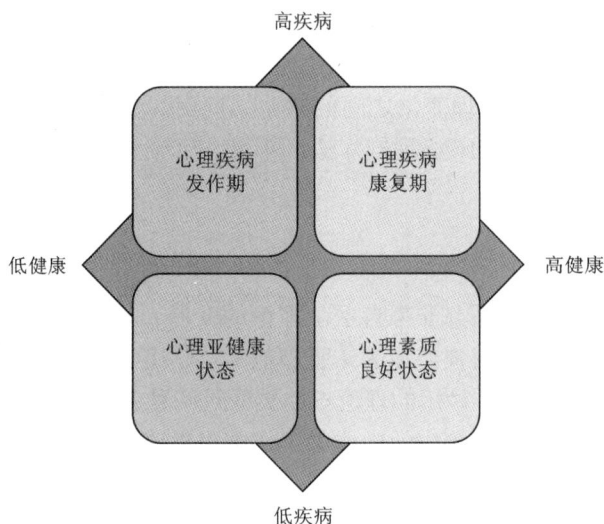

图 9-1　积极心理学视野中的心理健康状态象限图

积极心理治疗认为每一位来访者身上都有两样东西——疾病和健康，已经罹患心理疾病的人们，通过系统治疗和自我健康维护，启动和巩固自身的健康因素，也能够获得较高水平的心理健康状态。而另一部分人们虽然没有罹患心理疾病，但他们不重视自我健康的维护和能力的提升，健康因素的发展比较弱，也有可能一直处在比较低水平的心理健康状态，甚至还会影响个人的成长与发展。

积极心理治疗强调，若人们能够更好地发展自身原本就具有的有利于心理健康获得的能力，那么自然就能够获得更良好的心理健康状况和心理素质。这些能力被称为现实能力。现实能力又被分为两大类，第一能力和第二能力。第一能力指的是爱的能力，它与情感领域有关，包括爱、榜样、耐心、时间、交往、性、信任、希望、信仰、怀疑、肯定、统一等范畴。第二能力指的是认识能力，它反映个人所属社会群体的规范，包括准时、清洁、条理、服从、礼貌、诚实、忠诚、正义、勤奋、节俭、可靠、准确和认真等。当人们的这些能力都能够得到充分培养与发展，心理健康与幸福生活也就不难实现了。

课堂互动

　　你的同学小陈向你求助说道："我从小个性就比较内向，不爱说话，后来就变得不敢在陌生人面前说话，中学时是要学习，不说话也觉得没有什么，可是来到大学之后，经常会见到各种不同的人，同学、老师、楼管……我感到自己已经无法与人交流，交流时我不敢看对方的眼睛，心里特别紧张、焦虑，全身僵硬，甚至无法说话，这让我很沮丧，觉得在对方面前出丑了，一定会被对方笑话，也不会有人愿意接受我做朋友，现在我越来越逃避人多的场合，尤其是需要交流和表达的场合，可这样下去我怎么能够正常学习和生活呢？好苦恼呀。"

　　问题：如果你是朋辈心理互助员，可以使用哪些方法来帮助你的同学小陈呢？

发展性团体心理辅导的技术

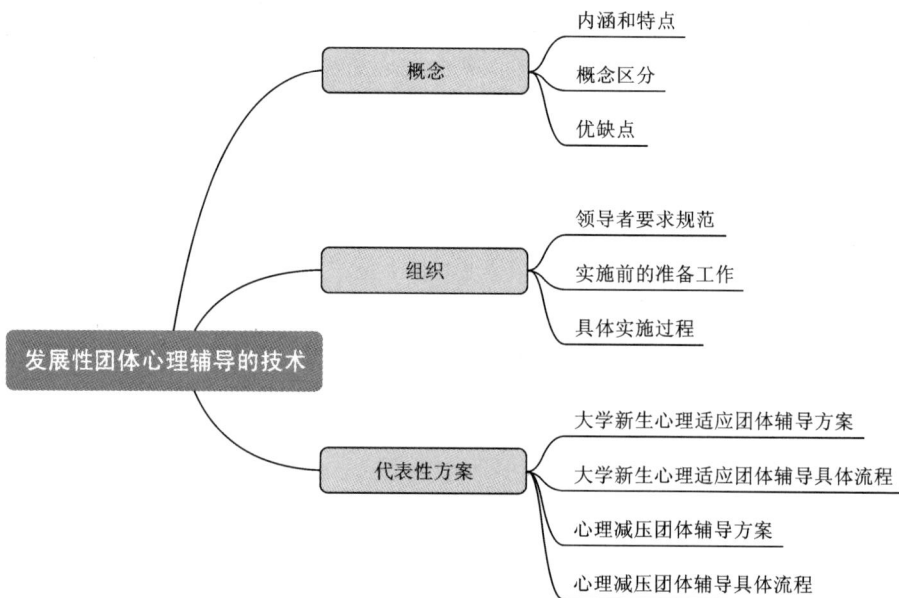

```
                                          ┌─ 内涵和特点
                          ┌─ 概念 ────────┼─ 概念区分
                          │               └─ 优缺点
                          │
                          │               ┌─ 领导者要求规范
发展性团体心理辅导的技术 ──┼─ 组织 ────────┼─ 实施前的准备工作
                          │               └─ 具体实施过程
                          │
                          │               ┌─ 大学新生心理适应团体辅导方案
                          └─ 代表性方案 ──┼─ 大学新生心理适应团体辅导具体流程
                                          ├─ 心理减压团体辅导方案
                                          └─ 心理减压团体辅导具体流程
```

近年来，发展性团体心理辅导以其工作效率高、辅导形式丰富、成员互动良好的优势深受学校心理健康教育工作者们的青睐。将团体心理辅导引入朋辈心理互助员队伍建设中来，对于优化和改善朋辈心理互助队伍培训模式和工作内容是必要且可行的。

第一节
发展性团体心理辅导的概念

一、发展性团体心理辅导的内涵和特点

(一) 发展性团体心理辅导的内涵

发展性团体心理辅导是在团体情境下进行的一种心理辅导形式，它是通过团体内人际交互作用，促使个体在交往中观察、学习、体验，认识自我、探索自我、调整改善与他人的关系，学习新的态度与行为方式，以促进良好的适应与发展的助人过程。发展性团体心理辅导是针对大学生成长与发展过程中都会遇到的主题内容而开展的面向普通大学生群体的团体心理辅导。

(二) 发展性团体心理辅导的特点

1. 参与性和互动性

与班级同学建立彼此信任的人际关系是班级心理委员开展心理工作的前提和基础。发展性团体心理辅导为此搭建了一个沟通交流的平台，营造了温暖的氛围，促使班级团体成员自由表露、探索自我，体验到尊重和信任。

同时，通过成员在团体中的行为表现对其进行更深入和全面的了解，还可能及时发现潜在的心理危机事件。

2. 针对性和可操作性

高校学生有共同成长的课题，都面临着人生一系列的选择，如学业、升学、人际关系和择业等。大学生发展性团体心理辅导的目的就是为具有共同心理需求的大学生群体提供成长的机会，通过集思广益、彼此启发、群策群力，共同探寻解决问题的途径与方法。朋辈心理队伍产生于班级内部的普通学生，能够及时地了解班级同学共同的心理需求和成长问题，从而更能因地制宜地开展心理健康教育活动和有针对性地进行危机干预。

3. 情境性和新颖性

团体辅导突破了传统的教学和心理辅导模式，以形式新颖、生动有趣的团

体游戏、活动，为学生创设一个类似真实的社会生活情境，符合青年学生的学习心理，这种寓教于乐的方式更易巩固辅导效果。同一个主题的团体辅导可以有许多不同的活动及表现形式，活动不同、表现形式不同，学生们的体验角度和感悟的深度也有所不同，但同时达到的目标却是一致的，这使得辅导效果在多次却不单调的辅导中得以巩固。

二、发展性团体心理辅导的概念区分

(一)心理咨询的主要形式

心理咨询的主要形式(见图 10-1)包括个体咨询、团体咨询和家庭治疗三大类，而在这三种方式中团体咨询起着非常重要的作用。在帮助那些有着类似问题和困扰的人时，团体咨询是一种经济而有效的方法。心理咨询师如果把自己可以胜任的工作仅局限于个别咨询的话，他也就限制了自己可以提供服务的范围(Gladding，1996)。

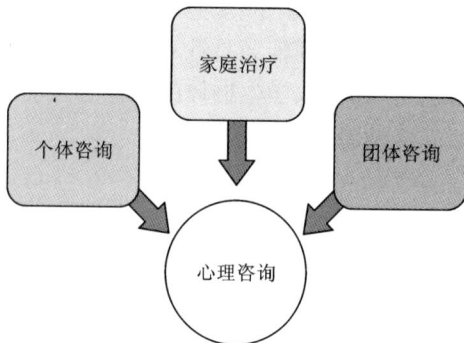

图 10-1　心理咨询的主要形式

(二)团体心理咨询的定义

关于什么是团体心理咨询，不同的学者有不同的定义。有学者认为团体心理咨询是在团体动力交互作用下，以促进成员更深的自我探索、自我了解和自我悦纳的咨询历程(Mahler，1969)。有学者认为团体心理咨询是通过事先安排时间，为共同目标而互动，以促成成员的成长、丰富成员的生活，目的是预防和矫治心理疾病与症状(Gazda，1978)。也有学者认为团体心理咨询是通过人际互动过程来达成特定的工作目标，团体心理咨询的参与者是良好功能的正常人群。团体心理咨询提供信任、可分享的气氛，使成员探索分享内在思想、情感与行为(Corey，1991)。我国团体心理咨询专家、清华大学心理学系樊富珉老师认为，团体心理咨询是在团体情境中提供心理帮助与指导的一种心理咨询的形式。它是通过团体内人际交互作用，促使个体在交往中通过观察、学习和体验来认识自我、探讨自我和接纳自我，调整和改善与他人的关系，学习新的态度与行为方式，发展良好的生活适应的助人过程(樊富珉，2005)。这个定义也是目前大家广为接受的关于团体心理咨询的定义。

(三) 团体心理辅导、团体心理咨询和团体心理治疗的异同

1. (发展性)团体心理辅导

团体心理辅导又称发展性团体辅导，是一种预防性、发展性的心理辅导工作。发展性团体心理辅导运用团体的情景，设计出活动和课程，用来预防个体在各发展阶段中碰到的各类常规问题所引发的一般性困扰，从而达到教育与预防的目的。发展性团体心理辅导的首要目标是帮助成员适应现状，避免未来发展为功能不良，同时提高成员的自尊水平和解决问题的能力。团体心理辅导的对象本质上是功能正常的个体，这些个体需要的信息、技巧和指导具有规律性、普适性和一致性。

发展性团体心理辅导人数可以为25~45人，通常有特定主题，重在信息的传递，更多是认知层面的学习。科里(Corey，2010)虽没有明确提到发展性团体辅导，但他所提出的心理教育团体类似于我们所说的发展性团体辅导，他认为心理教育团体的目标是针对正常人，发展成员的技能，预防教育缺失和心理问题，例如新生班级心理适应团体辅导。

2. 团体心理咨询

团体心理咨询注重补救性、情绪性问题解决的辅导，是借助团体动力及交互作用以促进成员更深的自我探索、自我了解、自我悦纳的历程。

团体咨询虽然也可以有主题，但更关注成员彼此之间的互动，重点在"参加的成员"上，包括认知、情绪、态度、价值与行为等的学习。团体咨询的对象是那些正在经历非严重性的生涯、教育、个人、社会和发展问题的个体。人数一般为8~12人。Corey提出的咨询性团体的目标是帮助成员解决生活中遇到的问题或需应对的发展议题，例如大学生成长小组。根据Trotzer在1999年提出的定义，团体心理咨询是促进团体成员的人际沟通、自我了解、心理成长或问题解决的咨询方式。这类团体中成员的心理功能通常是正常的，团体心理咨询的进行方式以催化成员自我表达或与他人互动时的经验与情感为主，具有预防问题发生、促进个人发展的功能。

3. 团体心理治疗

团体心理治疗是长期的、针对人格改变的临床服务，治疗过程在一个正式组成的且具有保护性的团体中进行,目的是协助个人人格及行为上的改变。团体心理治疗的对象是那些需要心理重建或治疗的个体,它聚焦于帮助那些伴有标志性痛苦和功能性损伤的急性或慢性心理障碍的个体获得症状的缓解和人格的完善。团体心理治疗处理成员深层次的问题,这些问题常常被压抑在潜意识里面。治疗性团体的人数一般为6~8人。Corey认为治疗性团体的目标是帮助产生症状的个体重建主要的人格维度。

团体心理辅导、团体心理咨询和团体心理治疗的异同如图10-2、表10-1所示。

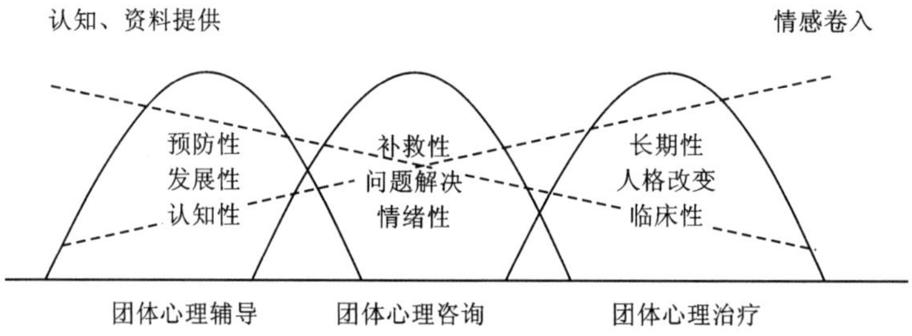

团体心理辅导、团体心理咨询与团体心理治疗只是工作层次的不同,难以截然划分,有重叠之处。

图10-2 团体心理辅导、团体心理咨询和团体心理治疗的异同

表10-1 (发展性)团体心理辅导、团体心理咨询和团体心理治疗三者区分

	(发展性)团体心理辅导	团体心理咨询	团体心理治疗
特点	重视信息提供,强调认知与环境因素	重视咨询关系,强调认知/情感/行为	重视对过去的探讨
功能	预防性/教育性	发展性/问题解决导向	补救性/矫治性
对象	正常人/教育机构为多	正常有困扰人/学校/社区	心理障碍患者/医疗机构
结构化	高结构	半结构	非结构
次数	1~8次 每周一次	6~12次 每周一次	12~24次 每周一次
目的	教育成长	问题解决	人格重建

(四)团体心理辅导与个体咨询的异同

1. 团体心理辅导与个体咨询的相同点

团体心理辅导与个体咨询具有很多的相同点。在目标上,两者都是帮助个人自我了解、自我接纳以达到自我统整和自我实现,帮助个人解决问题、减除困扰。对象上,两者均以发展中的个体为主,而以有适应困难者为优先。在原则上,两者均强调以接纳和坦诚去除当事人的自我防卫,使个人由于受到尊重而能自在地检视自我、产生自信,并能为自己的决定负责。在技术上,两者均强调辅导的技术,回馈、澄清、复述、场面构成、情感反应等。在伦理上,两者皆强调在辅导过程中要严守保密原则,尊重当事人的隐私权。

2. 团体心理辅导与个体咨询的不同点

团体心理辅导与个体咨询各具独特的功能,为不同需要的人、在不同情况和层面上提供帮助。个体咨询的情境中,人际互动为一对一的关系,非常单纯,深度够而广度不足。而团体心理辅导情境可有各种方式的人际交往,体验亲密的感受,满足社会性的需求,得到多方面的回馈。个体咨询情境中较欠缺这种合作、互助、分享的关系和气氛。而在团体心理辅导情境中,"我助人人,人人助我",团体越有凝聚力,成员间就越能互相扶持。个体咨询适合处理人深度情绪困扰问题,而团体心理辅导在处理人际关系问题上通常优于个体咨询。对于咨询师而言,个体咨询需要咨询师掌握个体咨询技巧,而团体心理辅导情境中,人际互动复杂而多变,领导者仅有个体咨询技巧是不够的,还必须观察团体的特质和动态,使用各种"催化"技巧,以发挥团体的潜力。此外,从场地上看,个体咨询仅需小空间,通常无须特别布置,而团体心理辅导需要较大的活动空间,并需要根据活动内容做特殊布置。

三、发展性团体心理辅导的优缺点

(一)优点

团体心理辅导具有感染力强、影响广泛、效率高、省时省力、效果容易巩固等优点。

(二)缺点

同时也存在团体中参与的人数多,做到保密更困难;团体需要的资源多,要组织起来比较困难;在团体中,成员得到个别的关注会比较少;对团体领导者要求比较高等缺点。

第二节
发展性团体心理辅导的组织

一、发展性团体心理辅导领导者要求规范

(一)团体领导者的培训

领导者是团体辅导活动得以顺利开展的前提和基础。因此,在团体辅导开始之前,首先要对领导者进行培训。一个优秀的领导者不仅要能接纳自己,还要能与他人和睦相处;不仅要具备团体领导技能,而且要有针对特定主题的知识。领导者的培训内容包括以下几个。

1. 心理知识学习

根据团体的主题,领导者需要提前进行相关心理知识的学习。比如:离婚的影响有哪些、怎样开展自信心训练等,这样才能更好地带领团体稳步发展。

2. 技能技巧训练

团体领导者需要对组织和运行团体所需要的基本技能技巧进行专门训练,比如对他人的情感、反应、情绪、言语产生同感的能力训练等。

3. 心理素质训练

自信、情绪稳定、善于表达情感、尊重别人、乐于助人、宽容、思维敏捷等心理素质训练也是团体领导者必不可少的。

4. 其他相关能力培训

对于比较大的团体辅导活动,还需要培训助手以帮助领导者布置场地、配合领导者开展活动。

(二)带领团体的要求

1. 了解团体成员的心理及需要

不同团体成员的身心发展所处阶段不同,生活经历不同,成长背景不同,需要和问题类型也不同。所以,团体领导者了解成员的身心发展特征及心理需要十分重要。

2. 了解团体辅导与咨询的原理

团体领导者应该接受过团体辅导的专业培训,了解有关团体辅导的各种理

论、学派的观点以及独特之处，并能择取精华，融会贯通成为自己的东西，形成自己的特色。在团体心理辅导过程中，领导者应采取包容的态度，避免权威的态度，这样才能使成员有勇气并放松地将内心话或真实感受表露出来。团体领导者尽量用鼓励的方式来增强成员的新的行为。在团体心理辅导进行中，辅导活动安排要适宜，太少会使团体成员急躁，太多则会使成员形成依赖。

3. 熟悉团体动力及团体过程

带领团体时，应明确告知团体成员有关团体的性质、目的、过程、使用的技术、预期效果和团体守则等，协助每一位成员自由决定他们的参与意愿；应与团体成员订定团体行为原则，规范成员行为，以免造成对团体发展不利而影响成员身心健康的情况；应客观、公正地处理团体内的事务，不可存有偏心或持着不公平的态度。

4. 熟练使用团体心理辅导的基本技术

作为团体的领导者必须能熟练使用各种辅导技术。领导者不要为自我表现，选用那些有危险性或超越自己知识、能力或经验的技术或活动，以免造成团员身心的伤害。如果为了成员的利益，需要采用某种有挑战性的技术或活动时，应自己先熟悉该项技术或活动的操作技巧，并事先做好适当的安全措施和保护准备。

(三) 团体领导者的条件

1. 良好的人格特质

成功的团体领导者应具备以下人格特质：有勇气和自信心，关怀他人，平易近人，热情开朗；不自我防卫；有充分的想象力和判断力；有幽默感，真诚、坦率、友善。

2. 建立良好人际关系的能力

团体领导者应对团体成员信任、理解，创设尊重和自由的团体气氛，接纳每一位团体成员；具有同理心，能准确地回应成员的感受；善于观察，勇于示范。

3. 丰富的心理咨询经验

团体领导者不仅要有个体心理辅导的经验，也要有带领团体辅导的经验；熟知团体发展的各个阶段及自己作为领导者的职责。

4. 严格遵守职业伦理道德

团体领导者要以成员的利益为重，保护当事人利益不受侵害，保守秘密，尊重成员的隐私权；尊重成员参加团体的自愿选择权；精心选择团体活动方式；了解哪些行为是违反职业道德的，严格遵守心理助人工作者的伦理要求。

(四)团体领导者的基本职责

1. 注意调动团体成员的参与积极性

团体领导者应积极关注团体内每一位成员，认真观察他们的心态变化，激发成员大胆表达自己的意见和看法；鼓励成员相互交流，开放自我，积极讨论，激发大家对团体活动参与的兴趣；对不善于表达的成员给予适当的鼓励，对过分活跃的成员适当制止，始终把握引导团体活动朝向团体辅导的目标方向发展。

2. 适度参与并引导

团体领导者应根据团体的实际情况，把握自己的角色，发挥领导者的作用。在团体形成初期，成员间相互尚不了解，团体气氛尚未形成，领导者要以一个成员的身份参与活动，为其他成员做出榜样。在引导成员开始讨论共同关心的问题时，领导者应注意谈话的中心及方向，随时适当引导。

3. 提供恰当的解释

在团体辅导过程中，当有成员对某些现象难以把握或对某个问题分歧过大而影响活动顺利进行时，领导者需要提供意见、解释。解释的时机和方式因团体活动形式不同而不同。比如，在以演讲、讨论、总结形式为主的团体内，领导者可以在开始时就成员的共同问题进行系统讲授。在提供解释时应注意表达简洁、联系实际、深入浅出，避免长篇大论，避免过分专业。同时，在整个辅导活动中应避免解释过多，影响成员的独立思考。

4. 创造接纳融洽的气氛

在团体辅导过程中，领导者最主要的职责之一是营造团体的气氛，使成员之间互相接纳、互相尊重、互相关心，使团体充满温暖、真诚、融洽、关怀、理解、亲切、安全的气氛。因为只有在这样的氛围中，团体成员才可以降低心理防御，真实坦率地开放自己，揭示自己的核心情感即真实的自我，以使每个成员都被其他人真诚地接纳，并从其他成员处得到关于自我肯定和否定的反馈，以便真正地认识自我，获得成长。

二、发展性团体心理辅导实施前的准备工作

(一)发展性团体辅导的设计

团体辅导设计是指运用团体动力学、团体辅导与咨询等专业知识，有系统

地将团体活动加以设计、组织、规划，以便领导者带领团体成员在团体内活动，达到团体辅导与咨询的目标。方案设计、活动选择必须考虑到团体成员的需求、团体目标及期待结果。如能选择适当的活动并加以运用，将会对团体的过程与发展产生很大的帮助。

发展性团体辅导设计的内容需要包括团体名称、团体目标、依据理论基础、参加对象及人数、活动地点、活动时间及安排、活动方式及内容、活动资源、方案评估方法等。在发展性团体辅导设计步骤中，需要确定以下内容：

①确定团体辅导的目标：为什么要组织团体辅导？

②明确带领团体咨询的人员：由什么人带领？

③确定参加团体的对象：什么人参加？存在哪些问题？

④确定团体辅导的类型与程序：团体辅导属于哪种类型？

⑤明确团体辅导的时长：什么时候组织团体辅导？持续时间与频率怎样？

⑥团体辅导进行的地点：在哪里进行？环境如何？

⑦团体成员的招募方式：招募采用哪些方法？是否甄选？

⑧团体辅导的效果评估：采用什么方法进行效果评估？

⑨其他条件：需要哪些花销？有无财务预算？需要哪些道具？

(二)确定团体辅导的目标

团体心理辅导开展之前，最重要的就是要选定一个合适的辅导目标，整个辅导活动都围绕这个目标开展。目标从大的方面说有发展性目标和调整性目标两类，但具体到一个实际的团体心理辅导中，目标必须具体、明确、具有可操作性。

知识拓展

"激发心理潜能、创造成功人生"团体辅导活动目标：

1.认识自身潜能，增强自信心，改进自身形象；

2.克服心理惰性，磨炼战胜困难的毅力；

3.调适身心状态，不浮躁、不颓废，更达观地面对学习与生活的挑战；

4.认识群体的作用，增进对集体活动的参与意识与责任心；

5.启发想象力与创造性，提高解决问题的能力；

6.改善人际关系，学会关心，更为融洽地与群体合作。

(三) 确定团体的性质及规模

团体的性质及规模直接影响团体辅导的效果。因此，了解不同团体性质与规模的特点十分重要。

1. 结构式团体与非结构式团体

按照团体辅导的计划程度可以分为结构式团体与非结构式团体。结构式团体是指事先做了充分的计划和准备，安排有固定的程序的活动让成员来实施的团体辅导。在这类团体辅导中，团体领导者的身份易辨认、角色明确，经常需要采用较多的引导技巧，促进团体内互动。这类团体的优点是团体早期就能增加团体成员的合作，减少参加者的焦虑，容易聚焦。一般比较适合学校及社区教育团体。非结构式团体是指不安排有程序的固定活动的团体辅导，活动弹性大。领导者常潜入团体中，身份不易被觉察，一般适合年龄较长、心智成熟、表达能力较强的人。

2. 开放式团体与封闭式团体

按照团体参加者的固定程度可以分为开放式团体与封闭式团体。开放式团体是指成员不固定，不断更换，新成员有兴趣可以随时加入。新成员的加入会使团体气氛产生很大变化。封闭式团体是指一个团体从第一次聚会到最后一次活动，其成员保持不变，一起进入团体，一起结束。这种团体有较高的和谐性和认同感。如果中间有新成员加入，必然会像平静的水面被扔下一颗石头，影响团体进展。在一般情况下，团体辅导常采用封闭式团体的方式进行。

3. 同质团体与异质团体

按照团体成员的背景相似程度可分为同质团体与异质团体。同质团体指团体成员条件或问题具有相似性。例如，学生团体参加者都是年龄相近、文化程度相同，生活环境类似、社会地位一致的大学生，本身的背景、年龄、知识、经验相似，又抱有同样的发展课题或同样的苦恼而来参加团体辅导。异质团体指团体成员自身的条件或问题差异性大、情况比较复杂。如本身的背景、年龄、知识、经验、地位极不相同的人。同时，成员所抱有的问题也不同。同样背景的人可以使团体参加者相互认同，产生"同病相怜，克病相助"的关系，共同积极地、投入地探讨解决问题的办法；不同背景、不同问题的人在一起有利于了解不同人的心理与行为，差异越大，复杂程度越高，更有充分的机会去学习和改变自己。

4. 团体规模的大小

团体规模过小、人数太少，团体活动的丰富性及成员交互作用的范围欠缺，成员会感到不满足、有压力，容易出现紧张、乏味、不舒畅的感觉；团体规模过大、人数太多，成员之间沟通不易，参与和交往的机会受到限制，团体凝聚力难以建立，并且妨碍成员分享足够的交流时间，致使在探讨原因、处理问题、学习交流技能时流于草率、片面、表面，而影响活动的效果。

从团体的类型看，开放式团体辅导一般人数较多，因为团体成员是流动的，为了成员之间有足够的交往机会，应保持一定成员数量。而封闭式的团体辅导人数不宜过多。从团体辅导的目标来看，以矫正为目标的团体辅导人数不宜多，一般为 6~10 人；以训练为目标的团体辅导人数居中，一般为 10~12 人；以发展为目标的团体，参加者可适当多一些，一般为 12~20 人。

（四）团体活动的时间及频率

一般而言，团体心理辅导产生改变的效果需要一定时间，也就是说团体经由创始期、成熟期到结束期要有一个发展的过程。团体心理辅导持续时间太短，效果受影响；但持续时间过长，成员易产生依赖，领导者和成员的时间、精力也不允许。一般认为 8~15 次为宜。活动间隔时间为每周 1 次或每周 2 次都可以，每次时间 1.5 小时到 2 小时。对于青少年来说，针对他们注意力不容易集中、兴趣易转移的特点，可增加团体心理辅导次数，减少单次活动持续时长，每次活动 40~60 分钟。假如是大学生和成年人，每周 1 次，每次 2 小时为宜。两个小时足以讨论一些比较深入的问题，而又不致使人太疲倦。

在团体辅导实际操作过程中，活动的时间虽有规定，但不必墨守成规。团体领导者可以根据具体的情况灵活掌握。如果发现预定的时间到了，而有些问题还需要深入，在征得成员同意后可适当延长时间。也有一些团体领导者在团体开始时并不规定活动时间及间隔，由团体成员视活动情况自行决定。

（五）团体活动的场所

团体活动场所的基本要求有以下几个：

（1）避免团体成员分心。要使团体成员在没有干扰的条件下集中精神投入团体活动。

（2）有安全感。能够保护团体成员的隐私，不会有被别人偷窥、监视的感觉。

（3）有足够的活动空间。可以随意在其中走动、活动身体、围圈坐。

（4）环境舒适。安静、温馨、优雅，使人情绪稳定、放松的环境为适宜环境。

一般而言，一间宽敞、清洁、空气流通、气温适当、有隔音条件、没有固定桌椅的房间最为理想。团体活动中成员可以在地毯（板）上席地而坐，随意坐成大圈，或分组坐成小圈；或用折椅围圈而坐，使团体成员都有面对面谈话的机会。

（六）团体辅导的活动宣传

宣传招募是最常用的团体辅导宣传途径。宣传方式也是多种多样的，如贴海报、开讲座、利用大众传媒等，这里要注意的是宣传应有吸引力，同时又不能过分夸张。此外，对活动时间、地点、内容、经费、报名起止时间等都要说清，以便成员选择。

（七）团体成员的甄选

1. 团体成员选择的条件

团体领导者在筹划团体辅导时，就应该根据团体的目标明确服务对象。通常，参加团体辅导的成员可以是背景、问题相似的人，也可以是背景、问题不同的人。从团体辅导的特点看，参加团体的成员应具备以下三个条件：

①自愿参加，并怀有改变自我和发展自我的强烈愿望。

②愿意与他人交流，并具有与他人交流的能力。

③能坚持参加团体活动全过程，并遵守团体的各项规则。

过度自我封闭和有严重交往障碍的人不宜参加团体辅导与治疗。

2. 团体成员的来源途径

团体成员的来源途径主要有三种：一是通过宣传手段，成员自愿报名参加；二是领导者根据平时辅导情况，选择有共同问题的人，建议他们报名参加；三是由其他渠道，如班主任介绍，或其他途径转介而来。发展性团体辅导主要是通过广告、通知来招募成员。

3. 团体成员甄选的方法

主动报名、自愿报名参加团体辅导的申请者并不一定都适合成为团体成员。因此，团体领导者还要对申请者进行甄选，以便排除一些无法在团体中得益，而只会阻碍和破坏团体的人。筛选可分为初筛与第二次筛选。

初筛时，一般用量表进行筛选，可以用1~2个合适的量表，选出组分较高的人然后进行。

第二次筛选时，可同时用几种技能。一是面谈法，了解一些报名者的基本情况；二是量表法，即填一些能反映活动目标的量表，以备以后评估之用；三是请他们写一份简单的自我情况报告，包括入组目标、生活中重要的人和事等，经过这次筛选就可以确定最终的组员。另外，这时还需要让组员们填写申请书，以保证他们遵守小组规则，顺利完成各项活动。常用的甄选方法有直接面谈、心理测验和书面报告等。

知·识·拓·展

面谈甄选：

面谈一般为15~25分钟，由团体领导者按约定的时间与报名参加团体的人一对一地见面。可提出的问题有：

你为什么想要参加这个团体？

你对团体的期望是什么？

你以前参加过团体心理辅导吗？

你需要的帮助是什么？

你是否有不愿与之一起的某个人或某类人？

你认为你会对团体做出哪些贡献？

对于团体和领导者你有什么问题要问吗？

书面甄选：

让候选成员填写一张表格，提供必要的信息，如年龄、性别、婚姻状况、生活环境、参加动机、面临的主要问题、期望等。

4. 填写知情同意书

团体领导者需确认参加团体心理辅导的成员都填写了《团体心理辅导知情同意书》。知情同意书的主要内容是团体心理辅导过程中的契约。契约，是任何一个想要成功地完成既定目标的团体在共同讨论和约定下所达成的规则，每一个团体成员需遵守这样的规则，发挥契约的精神，只有这样才能保障团体心理辅导的顺利进行。

知·识·拓·展

人际交往团体心理辅导知情同意书

1.我自愿参加人际交往技巧训练。

2.我相信,参加人际交往技巧训练后,我的人际交往能力将会有很大的提高,我会以自觉的态度对待交往,以真诚之心投入交往,责己严、责人宽。

3.我保证按时参加每一次活动,有事提前请假。

4.我愿意在小组活动中坦诚地谈论自己的一切。

5.我保证对小组活动保守秘密。

6.在小组活动中,我会与组员保持团结友爱的关系,不攻击、贬损任何组员。

7.积极服从、配合主持老师和同学的安排。

8.我保证认真完成老师布置的每一项作业。如果有两次不完成作业的现象发生,愿意接受开除小组的决定。

9.希望参加训练后,得到:＿＿＿＿＿＿＿＿＿＿＿＿＿。

申请人：×××

年　月　日

三、发展性团体心理辅导具体实施过程

(一)热身准备阶段

1.暖身活动

在团体心理辅导开始之初,应开展暖身活动,目的是为了增进相互了解,消除紧张与陌生感,拉近成员之间的距离,初步建立一种安全、信任的团体氛围,为整个团体活动的开展奠定良好的基础。因此,暖身活动又称为热身活动、破冰活动。暖身活动通常以唱跳、游戏等非言语的身体活动为主,这类活动易于激发成员参与团体活动的热忱。

王老太太去买菜

形式：团队热身游戏，10人以上。

时间：10分钟以上。

适应对象：全体人员。

操作程序：

1. 规则讲解：所有男士代表五角钱，所有女士代表1元钱。领导者报出菜的价格，团体成员要迅速与其他伙伴组成领导者报出的菜价金额并抱成一团，没有与其他成员抱在一起，或是组成金额与领导者报出金额不符的成员将受到奖励。例如，领导者报：2元钱，那么可以是两个女士一起，或是4个男士一起，也可以是一个女士与两个男士一起组成小队。

2. 活动准备：所有成员都站立并在场内不停走动。

3. 指导语：有一天王老太太去菜市场买菜，好多新鲜的蔬菜呀。那她想买什么菜呢？她走啊，走啊，看啊，看啊(领导者在成员中走动，营造一点紧张的气氛)，黄瓜好新鲜呀，黄瓜多少钱一斤呀？黄瓜(拖长声音)2元钱！以此类推，多进行几次。

4. 最后可以邀请落单的成员或者金额不符的小组接受其他成员的鼓励、夸奖或拥抱。

2. 相互介绍、认识活动

团体活动开始时，成员大都互不认识。一方面他们很想知道其他成员的背景、问题等，同时又有点恐惧、焦虑，怕不被人接纳，又怕在他人面前出丑。所以这一阶段的活动一般是一些比较简单、容易的互相认识的游戏活动。

"让我们相识"

适用对象：6~8人，人数超过时可分组进行。

阶段及时间：团体初期阶段，约30~40分钟。

材料与场地：纸、笔，安静舒适的场地。

目的：利用一系列交互介绍，使彼此熟识，增进团体成员间温暖、熟悉的感觉。

实施过程：成员围坐一圈，领导者给每人发一小张白纸，同时要成员按 1、2 报数。

单数者与圆圈正对面的单数者两人配成一组。二人一组互相介绍自我，将对方自我介绍的内容写在白纸上。自我介绍内容包括：姓名、籍贯、家庭状况及爱好以及三个"最"（如最值得回忆的事、最高兴的事、最难过的事），然后回到团体围圈坐，向全体介绍刚才认识的朋友，被介绍人可以补充或修正。所有成员介绍完后，领导者引导进行讨论，如：被介绍时感觉如何？向别人介绍自己的朋友时你的感受如何？参与此活动，你有些什么感受？

要使团体发挥功能，必须使成员尽快相识。传统的自我介绍法常会使人在介绍自己时因不自然而有所保留。若采取交互介绍的方式，就能较快地激发个人对他人的认识与兴趣。也可以采用"滚雪球"的方式，即先两人组互相自我介绍，然后合并为四人组进行他者介绍，再到八人组进行连环自我介绍。

（二）规范形成阶段

1. 目标澄清

团体心理辅导开始时由领导者做简短的开场白，说明团体的性质和目标及进行方式，帮助成员清晰地了解团体的方向，以及可能给自己带来的成长，也协助成员调整自我对团体辅导的期望，积极投入团体。领导者的角色要从"此时此地"出发，以解除成员的心理困惑。

2. 订立团体契约

为保证团体顺利进行，需要成员共同遵守一些规则。团体开始时，可以要求成员自己讨论团体契约，便于自觉遵守和互相提醒。也可以由领导者提出，得到成员的复议。如准时参加、集中注意力、坦诚相待、保守秘密、全心投入等。

（三）工作阶段

工作阶段是团体心理辅导的关键阶段，团体心理辅导的目标主要都是在这一阶段达到的。工作阶段中，团体成员之间已经形成了相互信任、相互坦诚的关系，在此基础上，成员彼此之间相互影响，在安全抱持的氛围里谈论自己或别人的心理困扰以及成长经验，争取其他成员的理解、支持与指导；利用团体内互动反应，发现自己的缺点和弱点，努力加以纠正等形式，把团体当成一个安全的实验场所，练习改善自己的心理与行为，以期能扩展到现实和理想生活中。

这一阶段采取的团体活动形式和技能因辅导目的、类型、对象的不同而不同。根据团体方案,团体过程中领导者会采用不同的活动和技术,以达到不同单元的目标。

1. 团体心理辅导的常用技能

团体心理辅导的技能有很多种:头脑风暴、难题解决办法、角色扮演行为训练、各种习作与活动、演讲会、报告会、参观访问、影视观赏等。一般根据团体活动目标和参加对象的不同而不同。所有技能中运用得最多的是头脑风暴、角色扮演和行为训练,下面分别予以简介:

(1)头脑风暴。

头脑风暴是运用得最普遍的团体辅导活动技能,主要目的在于沟通意见、集思广益以帮助解决问题。人们常常因为假想的禁忌对自我的创造性造成不必要的限制,这些禁忌可能根本不存在或者可以做出改变。头脑风暴就是让团体成员在融洽信任和不受任何限制的气氛中进行讨论、座谈与交流,打破常规,积极思考,畅所欲言,充分发表自己的看法。一旦思想得以敞开,成员可以做出创造性的改变,这种改变会消除以往思维被限制而带来的负性影响。

头脑风暴的基本原则是:所有的想法,不管它多么奇异或者疯狂,都可以被提出和表达。在头脑风暴的过程中,各种想法不被评论和指责,成员的防御感也会因此而降低。头脑风暴可以在整个团体内或以三四人为小组进行。设置一个限定的时间可以帮助团体成员聚焦话题本身而避免不必要的闲谈。

(2)角色扮演。

角色扮演是指用表演的方式来启发团体成员对人际关系及自我情况有所认识的技能,角色扮演通常由团体成员扮演日常生活情境中的角色,使成员把平时压抑的情绪通过表演得以释放、解脱,学习人际关系的技巧及获得处理问题的灵感并加以练习。角色扮演有助于找到成员情绪压抑的症结所在,从而找到解决的技能。角色扮演一般由成员在自己的生活中找到素材,然后稍加准备,对全体成员讲明场景,让成员自愿选择角色,扮演中可以互换角色。最后,要注意发起成员进行讨论、互相启发、互相支持。

(3)行为训练。

行为训练是指以行为学习理论为指导,通过特定程序,学习并强化适应的行为,纠正并消除不适应的行为的一种心理辅导技能。团体中的行为训练是通过领导者的示范、指导和团体成员间的人际互动实现的,行为训练包括放松训练、自信训练、情绪表达训练、打招呼训练等。

行为训练一般应由易到难,首先提供示范,对行为训练做得好的成员要及时强化,具体步骤可分为:①选择情景,比如公众发言;②确定训练目标;③集体讨论；④示范；⑤正式训练；⑥集体讨论。行为训练应和澄清认知结合起来，这样往往事半功倍。

2. 团体心理辅导的常用活动

在团体心理辅导中，有的采用讲座、讨论、写作会、写日记等形式；有的采用自由讨论的形式；有的采用行为训练、角色扮演等形式；其中以多种形式相结合的居多。常用的团体心理辅导活动有自我探索的活动、价值观探索的活动、相互支持的活动、示范作用的活动等。尽管各类团体心理辅导依据的理论不同、活动方式不同、实施技能各异，但整体的组织过程是相同的。

（四）结束阶段

团体心理辅导结束时，领导者的任务是回顾与总结团体经验；评价成员的成长与变化并提出希望；协助成员对参加团体经历做出个人的评估；鼓励成员表达对团体心理辅导结束的感受；对团体心理辅导的效果做出评估；帮助成员把在团体心理辅导中学习获得的以及因团体心理辅导学习带来的转变运用到实际生活中。

结束活动的方式可分为三种：

1. 回顾与总结

回顾与总结即回想团体心理辅导过程中自己做了什么，有哪些心得，以及有哪些意见。

2. 祝福与道别

成员间用心意卡或小礼物彼此祝福、道别，增进并维持友谊。

3. 计划与展望

讨论今后应做些什么，对未来生活有什么展望。

在这一阶段，常采用的活动有总结会、联谊会、反省会、大团圆等。通过前两阶段的活动，原来互不认识的人已成为朋友，集体的气氛和谐亲密、轻松舒畅、信任包容，在这种气氛下离别多少都会有些伤感。因此，需要安排好结束工作。活动结束后，也可在必要时再重新聚会，进一步交流，了解团体活动的保持效果情况。

（五）评估团体实效阶段

团体活动运行结束，接下来就该总结一下活动是否达到预期目标，成员是否满意，之后再组织团体心理辅导应做哪些改进。这就是团体活动效果的评估。领导者可以运用不同的评估工具认真评估团体过程中成员的改变程度。团体结束后一般还需要继续追踪成员适应生活的状况。比较常用的评估技能主要有以下几种：

1. 主观感受评价

成员的主观感受是对活动的最好评价。可以用开放式提问的方式形成问卷，邀请成员进行填写。

2. 行为计量法

行为计量法要求团体成员自己观察某些行为出现的次数并做记录，或请与成员有关的人（老师、家长、朋友）等做观察记录，以评估成员的行为是否有改善，领导者可以根据具体小组活动设计一些行为观察表让成员填写。

3. 心理测验法

选取一些信度、效度较高的心理测试量表，让团体成员在入组前（筛选时）填写一次，结束时再填写一次，对前后两次的量表得分进行统计分析，以判断辅导前后组员是否有显著变化，如使用 SCL-90 量表等。

4. 问卷调查法

由辅导者设计一系列有针对性的问题，让成员填写。问卷内容应包括成员在小组中的感受，成员对小组过程、气氛、辅导者等的意见。由于它能让成员自由发表想法和感受，所以可以搜集到一些宝贵的第一手资料。

除了以上四种主要技能外，还可以通过成员的日记、自我报告和领导者的工作日记、观察记录等来评估小组的发展和效果。

◆ 知 识 拓 展 ◆

团体心理辅导心得体会反馈表

请用心记下自己成长的点滴：

1. 在这次团体心理辅导活动中你是否有收获？

A. 收获很大　　B. 有点收获　　C. 没有收获：原因是_____

2. 如果你选择了有收获，可否写出你的收获有哪些？（本题也可根据团体辅导目标设计为多项选择题）

_____

3. 你觉得最打动你的或最让你喜欢的是其中的哪个环节？简述原因。

_____

4.你觉得此次团体心理辅导的环节中,哪些地方需要改进?

_____

5.你认为团体心理辅导领导者做得好的方面有哪些?

A.活动设计合理,逐层深入　　　　B.活动节奏控制得好

C.调动了大家积极性,引导大家思考　　D.公平,兼顾了所有同学

E.有亲和力,始终微笑　　　　　　F.其他

6.你希望团体心理辅导领导者可以改进的方面有哪些?请在下方填写:

_____

第三节
发展性团体心理辅导的代表性方案

一、大学新生心理适应团体辅导方案

(一)大一年级学生心理适应常见问题

经历过多年苦读的莘莘学子,每一个都怀着无比喜悦、兴奋的心情和美好的憧憬,踏入大学校园。然而,在他们真正开始享受自由快乐的美好时光的时候,却强烈地感受到理想与现实的强烈反差:马不停蹄地上课,在不同的教室来回穿梭,在食堂长长的队伍里焦急地等待,没完没了地填写各类表格、信息,参加各种各样喜欢不喜欢的活动,应对各个部门按部就班的招新面试……还要上网抢课,买课外教材,做英语视听说,自己洗衣、充电费、续网费……忙不完的事情,理不清的头绪,面对着一张张陌生的面孔、一个个陌生的环境,孤独、迷茫、无助。如何尽快地适应并融入学习自主、生活自理、交友自由、行动自控的大学新环境中,通常是每一位大学新生入校面临的首要的问题。

对于大学新生来说,在地域、校园环境、学习、人际交往等方面都存在需要心理适应的问题,这几乎是每个新生都会面临的问题。对于发展性的适应问题,重要的是让新生了解到目前的种种"难以适应"是正常的,将其正常化,减低新生"我到底怎么了""只有我一个人这样吧"的焦虑即可应对大部分同学的心理适应困扰。每个新生自己都是自己的心理专家,只要能认识到心理适应过

程的必经阶段，理解心理适应过程的情绪反应，对这个过程多一些了解，就会少一些慌乱，就能发展出适合自己的应对方式和新习惯，把大学生活学习变得"习以为常"，帮助新生走出"沼泽地"，跨越"迷茫期"，轻车熟路地逐梦前行，昂首阔步地迎接胜利的光芒。同时，通过主题团体心理辅导可进行心理健康宣传，让存在严重心理适应的学生有求助意识，进而针对有严重心理适应困扰的学生再分类开展具有针对性的主题团体心理辅导。这样会有更佳的效果，让更多学生受益。

(二)团体辅导的名称

心理适应，我们携手同行。

(三)团体辅导的性质

封闭式、结构式、志愿式、发展性。

(四)团体辅导的目标

1. 认知目标

(1)帮助成员了解大学生活与高中生活的区别以及心理适应的必要性；

(2)帮助成员了解心理适应期产生困扰是正常的，是心理适应的过程，将心理适应问题正常化；

(3)帮助成员了解很多同学都存在心理适应过程中的困扰，并不是自己一个人的问题，将心理适应问题普遍化。

2. 情感目标

(1)为成员提供机会和途径，述说自己上大学后的烦恼与困扰，表达自我，宣泄情绪；

(2)让成员体验到团体对自己的共情以及被支持的力量；

(3)体验团体心理辅导的用处。

3. 行为目标

(1)通过团体力量，集思广益，提供一些心理适应问题的解决方案；

(2)帮助成员发掘自身拥有的心理资源和能力；

(3)鼓励成员将所学所获运用于实际生活，为实际服务。

(五)团体辅导的理论支持

1. 团体理论

(1)团体动力理论：团体成员之间的互动体验、动力流动能为成员提供支持和启发；

（2）社会学习理论：每个人都有通过对他人经验的模仿、迁移等方式来促进自身发展的能力。

2. 咨询理论

以人为中心的人本主义理论：每个人都有成长的潜能，如果外界条件合适，便能激发这种潜能的释放，团体心理辅导正是能创建良好外部环境和关系的极佳方式。

（六）团体辅导的领导者

一人作为团体领导者，根据需要配助手若干名。

（七）团体辅导规模

20~30 人。

（八）团体辅导对象

大一学生。

（九）时间频率及次数

单次元，一次完成，约 120~150 分钟。

（十）团体辅导的地点要求

需要有可移动桌椅的场地，便于开展游戏活动。

二、大学新生心理适应团体辅导具体流程

（一）破冰阶段（30 分钟）

1. 欢迎仪式

（1）领导者与助教自我介绍；

（2）手指欢迎操：

伸出双手，跟着领导者完成动作：食指互相敲击、双手拍打大腿、双脚跺脚、双手拍掌。

按照领导者的手势和指导语："现在开始下小雨（食指互相敲击），小雨变成中雨（双手拍打大腿），中雨变成大雨（双脚跺脚），大雨变成暴风雨（双手拍掌），随着不断变化的手势，使学员发出的声音不断变化，最后让学员们把暴风雨（双手拍掌）般的掌声送给自己，表示对其参加这次团辅的热烈欢迎。

2. 热身：揉肩操

（1）活动目的：

①破冰，活跃气氛；

②把目前同学们在大学学习生活中的一些日常安排以绕口令的方式嵌入活动中，增强趣味性，同时引导同学们对大学日常生活进行回顾与思考；

③在适当的分享中指出：适当的肢体接触有利于增速感情升温。

（2）活动时间：约8~10分钟。

（3）活动流程：

①请大家肩并肩围成圈站立，向右转，成前后站立队形，双手搭在前面的人的肩膀上；

②根据指令，请后面的成员为前面的成员捏肩、捶背、掐腰，边走边做边唱：

> 走起来呀走起来
> 捏捏肩呀捏捏肩
> 捶捶背呀捶捶背
> 掐掐腰呀掐掐腰

③每个口令重复做两遍，然后全体向后转，重复刚才的口令和动作；

④全体站立不动，双手搭在前面的人的肩上，原地为他揉肩、捶背，并且真诚地说一句"你辛苦了，谢谢你"。然后全体向后转身，重复刚才的动作和语言；

⑤全体按"头—肩—背—腰"的顺序逐一按摩，同时跟读按摩操口令词：

> 揉揉你的头啊，学习不用愁啊；
> 揉揉你的肩啊，晨练要用心啊；
> 捶捶你的背啊，熄灯不能废啊；
> 揉揉你的腰啊，手机要上交啊。

⑥每个口做一遍，然后全体向后转，按"头—肩—背—腰"的顺序逐一按摩，同时跟读按摩操口令词：

> 揉揉你的头啊，学习要加油啊；
> 揉揉你的肩啊，自习要用心啊；
> 捶捶你的背啊，生活不会累啊；
> 揉揉你的腰啊，朋友要广交啊。

领导者过渡语： 在刚刚的热身操中，大家相互接触，按摩，很舒服，很开心，同时，刚刚配着的绕口令可能就说出了现在大家每天被要求做的一些事情，每天经历的大学生活。在每天的大学生活中大家有苦也有乐，有抱怨也有欢笑，今天我们就是要来一起讨论和分享大家刚刚"尝鲜"的大学的滋味！在分享之前，我们先讨论一些要遵守的"心理契约"。

3. 团体心理契约的建立

(1)活动目的:

①形成团体心理辅导的规范;

②增强成员的安全感和归属感。

(2)活动时间:约8~10分钟。

(3)活动用具:支架白板、白板笔或大白纸。

(4)活动流程:

①举例,在团体中需要保密、坦诚相待等;

②让成员自由发挥,建立自己觉得重要的团体心理契约,领导者在白板或白纸上进行记录;

③让成员手拉手站成一个圈,按指导语:"伸出你的左手,手心向上,代表接受;再向右伸出你的右手,手心向下,代表给予。把你的左手放在你左边同学的右手上,同时把右手放在你右边同学的左手上。现在大家跟着我一起来回顾刚刚大家约定的心理契约(记录的内容),如果你愿意接受这些契约,请你捏捏握紧的这个同学的手。"

领导者过渡语:刚刚我们同心协力制订了心理契约,我们也承诺彼此,下面就让我们安心地处于这个环境,放心地相信彼此,舒心地敞开心扉,开始今天的谈心之旅。

(二)工作阶段(120分钟)

1. 找自己

(1)活动目的:

①通过活动加深成员的认识与接触;

②让成员体验到在生活中有时我们会在繁忙中迷失自己,而在迷失自己的过程中,在没有控制感的过程中,自己是慌乱、无助的;

③让成员体验到我们可以通过朋友、同学的帮助来找回自己,他人能给我们支持与力量。

(2)活动时间:约30分钟。

(3)活动流程:

①全体成员在教室中间自由站好,相互握手,相互之间开始做自我介绍,然后交换身份;例如:

张三:"你好,我叫张三。"

李四："你好,我叫李四。"

相互交换身份

张三："你好,我叫李四。"

李四："你好,我叫张三。"

②带着他人的身份继续与其他任意同学做相互介绍,直到遇到的这个同学带着的是自己的名字,即该同学找到了自己;

③当有十个同学"找到自己"时,活动结束;

④分享:自己在没找到自己的过程中是什么感觉?在找寻自己的过程中的心理感受是什么?当找到自己时是什么感觉?

领导者过渡语:其实大学就是一个找自己的过程,我想问,现在的你们,觉得找到自己了没?觉得找到自己的举手。觉得没有找到自己的举手。

可能有些同学觉得自己找到了自己,每天的生活都在有序的计划中,有些同学就像刚刚这种情况,感觉找不到自己,每天在繁忙地找自己,忙得不可开交但又没有方向感,下面就让我们通过一个活动来感受一下自己现在的状况。

2. 我的大学生活画

(1)活动目的:

①用绘画这样的投射测验的方式展示自己以前的高中生活和目前的大学生活状态,通过不同画作的对比,促进成员对两者区别的思考;

②引导成员看到目前自己的大学生活状态;

③给成员提供表达自我的空间和机会。

(2)活动时间:约40分钟。

(3)活动用具:A4白纸、彩笔。

(4)活动流程:

①请大家把一张A4白纸对折,一边写上"高中生活状态",一边写上"大学生活状态";

②请大家在纸上随意作画,展示之前的高中生活状态和目前的大学生活状态。想到什么就画什么,想用什么颜色就用什么颜色,可以写实,可以抽象,一切都随自己而定,想怎么画就怎么画。(时间为10分钟);

③画完之后,和身边的同学相互分享(每人分享5分钟,共10分钟):

A.你画的是什么?为什么用这样的颜色?想表达的高中、大学生活的状态是什么样子的?

B.摊开白纸,通过两幅画的对比,你觉得两种生活之间,区别是什么,各有什么特点？

C.对折白纸，只看目前的大学生活画作，你有什么感受？最强烈的感受是什么？（欣喜、焦虑、忧郁、迷茫等）

④大组自愿分享(时间为 10~15 分钟分钟)。

领导者过渡语：刚刚我们通过画图直观地看了看我们现在的大学生活状态，有同学提到在大学生活中有很多的烦恼和迷茫，下面我们通过一个活动来看看是什么导致了我们现在的烦恼和迷茫呢？

3. 寻找"烫手山芋"

(1)活动目的：

①让成员了解给自己大学生活带来困扰的因素有哪些；

②让成员意识到不仅自己一个人有这样的困扰，把困扰普遍化；

③让有相同困扰的成员相互倾诉，相互交流，相互支持。

(2)活动时间：约 40 分钟。

(3)活动用具：白纸、中性笔。

(4)活动流程：

①同学们集思广益，觉得哪些大类的问题可能会成为困扰自己大学生活的"烫手山芋"，如学习、人际关系、地域适应、规章制度等；

②通过同学们的讨论，列出 5 项大家公认的困扰大学生活的"烫手山芋"；

③给每位同学发一张纸，每个同学把公选出的 5 项"烫手山芋"列在纸上，同时根据自己的情况，给这 5 项"烫手山芋"排序，最困扰因素排"1"，最不困扰因素排"5"。（时间为 3 分钟）

④请最困扰因素(排序为 "1")相同的成员坐到一起，成为一个小组。

⑤小组内相互分享，在这个大类"烫手山芋"里面，是什么困扰自己。例如"学习"困扰组，小组成员分享，学习的什么方面困扰自己。每组选一个同学记录，一个同学总结发言，发言中可举例子。（每人分享 3 分钟）

⑥各组代表总结发言，每组发言时间 5 分钟。

领导者过渡语：就像前面"找自己"的活动中，我们看到每个人可以通过别人的帮助来找到自己，在大家的作画过程中有同学说大学生活其实也是非常丰富有趣的，在刚刚寻找"烫手山芋"时，我们发现不同人的"烫手山芋"也都不太一样，每个人都会有自己的短板、烦恼，但也会有自己的长处与光彩。下面我们通过一个活动来分享一下在自己的大学生活中的"成就"。同时通过别人"成就"的启发，也可以更好地"找自己"。

4. 互补加油站

(1)活动目的：

①帮助成员从自己的亲身经历中找到自己具有的优势资源；

②探讨今后如何把自己身上的优势资源运用到实际问题解决中；

③在大家的优势资源分享中，团队成员可以相互学习，经验互惠。

(2)活动时间：约30分钟。

(3)活动用具：抽签盒、抽签纸条。

(4)活动流程：

①每个人回想一件上大学以来发生的事情，这件事情是你经过自己的努力，克服了一些困难，最终做成了的事情。(时间为3分钟)

②通过抽签将两人分成一组：在一个盒子里放入写有数字的纸条，同一数字含有两张纸条，抽到相同数字的同学组成一组；

③相互分享讨论(每人5分钟)：

A. 这是一件什么事情？

B. 这件事情的困难在哪里？

C. 为这件事情你做了哪些努力？

D. 做成之后是什么感觉，有怎样的体会、感悟？

E. 在做这件事的过程中，你觉得自己最棒的地方是什么？这对于你的现在和未来有什么帮助？

④相互反馈(每人3分钟)

A. 你在听了对方的分享之后，有什么样的感受和想法可以反馈给对方？

B. 你从对方的事例中觉得有什么可以学到和吸取的经验？

⑤大组分享(15分钟)：

在整个团体中进行分享，两个小组成员互讲对方的事例以及自己的感受。

(三)结束阶段(30分钟)

1. 许愿树(15分钟)

(1)活动目的：

①让成员留下美好回忆，期许未来；

②探讨今后如何把自身的优势资源运用到实际问题解决中；

(2)活动时间：约15分钟。

(3)活动用具：彩色便利贴、提前画好许愿树的大海报纸。

(4)活动流程：

①每人发一张彩色便利贴,请大家把对于自己的大学生活想说的话写下来;(3分钟)

②每个成员轮流分享自己写的话,并贴在许愿树上。(12分钟)

2. 领导者总结(5分钟)

(1)对每个活动进行总结,重点总结成员比较好的一些分享和感受;

(2)把活动过程和目的串联起来,点明团体心理辅导目标;

(3)鼓励成员将团体心理辅导的体验迁移到日常生活中。

3. 拍照留念(10分钟)

在许愿树前集体合影留念。

三、心理减压团体辅导方案

(一)大学生心理压力常见问题

大学生总是会遇到来自各方面的心理压力。课业难度大带来的学业压力、同学之间产生误会带来的人际压力、对未来何去何从的迷茫带来的生涯规划压力等都是发展性问题。压力不可怕,重要的是让同学们明白这些都是正常化、普遍化的压力源,并非自己独有的"病态症状"。在正确认识压力的同时也需要让同学们学会一些合理减压的技巧和方法,当出现压力过大的情况时学会调控压力、缓解压力。

每个学生都是自己的问题的专家,只要能认识到压力带给自己的影响,了解到压力与成就的"倒U"曲线关系,以及正确看待压力这把"双刃剑",就会少一些慌乱,就能发展出适合自己的应对压力的方式。所以,可采用单次元压力管理团体心理辅导的方式,达到营造真诚、理解、支持的团体氛围的目的,使同学们通过活动和分享,学会认识自我、悦纳自我、调节自我,学会正确面对压力,及时化解压力与冲突,提高心理承受能力,促进心理健康。通过这一次团体心理辅导也可起到心理健康宣传的作用,让存在严重心理压力的学生产生求助意识,针对严重心理压力困扰的学生再开展深入的、具有针对性的团体辅导,这样效果更佳,受益的学生也更广泛。

(二)团体辅导的名称

减轻压力,跑得更快。

(三)团体辅导的性质

封闭式、结构式、志愿式、发展性。

(四)团体辅导目标

1. 认知目标

(1)帮助成员意识到每个人都有压力,将心理压力问题普遍化;

(2)帮助成员了解感受到压力是一件正常的事情,将心理压力问题正常化;

(3)帮助成员认识只要我们怀有正视压力、不逃避的心态,掌握自我调节的方法,压力可以得到缓解。

2. 情感目标

(1)为成员提供机会和途径,述说自己的压力源和目前的状态,表达自我,宣泄情绪;

(2)让成员体验到团队对自己的尊重和共情以及被支持的力量;

(3)体验团体心理辅导的用处。

3. 行为目标

(1)通过团体力量集思广益及领导者的指导,提供一些心理减压的经验和方法;

(2)帮助成员发掘自身拥有的心理资源和能力;

(3)积极鼓励成员将所学所获运用于实际学习和生活。

(五)团体辅导的理论支持

1. 团体理论

(1)团体动力理论。
团体成员之间的互动体验、动力流动能为成员提供支持和启发;

(2)社会学习理论。
每个人都有通过对他人经验的模仿、迁移等方式来促进自身发展的能力。

2. 咨询理论

以人为中心的人本主义理论:每个人都有成长的潜能,如果外界条件合适,便能激发这种潜能的释放,团体心理辅导正是能创建良好外部环境和关系的极佳方式。

(六)团体辅导的领导者
一人作为团体领导者,根据需要配助手若干名。

(七)团体辅导规模
20~30人。

（八）团体辅导对象

心理压力大的学生（自愿报名参加）。

（九）时间频率及次数

一次完成，大约 120~150 分钟。

（十）团体辅导的地点要求

需要有可移动桌椅的场地，便于开展游戏活动。

四、心理减压团体辅导具体流程

（一）破冰阶段（20 分钟）

1. 欢迎仪式（4 分钟）

（1）带团者与助教自我介绍；

（2）手指欢迎操：

伸出双手，跟着带领者完成动作：食指互相敲击、双手拍打大腿、双脚跺脚、双手拍掌。

按照带领者的手势和指导语：现在开始下小雨（食指互相敲击），小雨变成中雨（双手拍打大腿），中雨变成大雨（双脚跺脚），大雨变成暴风雨（双手拍掌），随着不断变化的手势，使成员发出的声音不断变化，最后让成员们把暴风雨（双手拍掌）般的掌声送给自己，表示对其参加这次团辅的热烈欢迎。

2. 热身：减压按摩舞

（1）活动目的：

①破冰，活跃气氛；

②在适当的分享中指出：适当的肢体接触有利于增速感情升温、拉近距离。

（2）活动时间：约 8 分钟。

（3）活动用具：节奏欢快的歌曲。

（4）活动流程：

①放音乐，然后请大家全体站立、出列、向右转。每列站在最前面的人，一起拍手。后面的人依次把手放到前面人的太阳穴上，开始按摩。

②按摩的顺序为太阳穴、耳朵、肩膀、背部、腰部、大腿、小腿。

③全部按摩完毕后，培训师说"付出终会有回报"，然后请所有人向后转，将第一遍的按摩按顺序进行，再做一遍。

④在按摩的过程中，领导者可以让大家问一下前面的人"舒服吗?""我的

服务你满意吗?"这些话可以进一步鼓舞人们的情绪。

⑤选择一些节奏欢快的歌曲或者乐曲,但不要选择过于激烈的摇滚乐和舞曲。

领导者过渡语:刚刚的减压按摩操活动活跃了氛围,大家都全心投入,形成了一个积极的场域。为了巩固和维持这个好的氛围,下面我们要进一步建立"心理契约",分队,拟定队名、口号。

3. 团体心理契约的建立

(1)活动目的:

①形成团辅规范;

②增强成员的安全感和归属感。

(2)活动时间:约8分钟。

(3)活动用具:白纸(A3若干)、彩笔(3套)。

(4)活动流程:

①分组,将所有成员分为三组(围成一大圈,报数1、2、3,报相同数字的成员组成一组);

②让成员自由发挥,拟定队名、口号,建立自己觉得重要的团队心理契约,带团者在黑板上进行记录;

③让成员手拉手站成一个圈,按指导语:"伸出你的左手,手心向上,代表接受;再向右伸出你的右手,手心向下,代表给予。把你的左手放在你左边同学的右手上,同时把右手放在你右边同学的左手上。现在大家跟着我一起来回顾刚刚大家约定的队名、口号和心理契约(粘贴于墙上),如果你愿意接受这些契约,请你捏捏握紧的这个同学的手。"

领导者过渡语:刚刚我们同心协力制订了心理契约,我们也承诺彼此,下面就让我们安心地处于这个环境,放心地相信彼此,舒心地敞开心扉,开始今天的谈心之旅。

(二)工作阶段(80分钟)

1. "九宫格"画说压力

(1)活动目的:

①用绘画的方式展示自己目前的心理压力,引导成员看到自己和他人的压力状态;

②给成员提供表达自我和宣泄的空间和机会;

③画出积极意向，找到内在的自我支持力量。

（2）活动时间：约 20 分钟。

（3）活动用具：A4 白纸、彩笔。

（4）活动流程：

①请大家把一张 A4 白纸对成九等份，横放，在最左边的顶部格子写上"压力状态"，在最右边的顶部格子写上"安全平静状态"，在中间顶部格子写上"关键词"；

②请大家在左边的两个格子上画出你目前最感压力的两个画面，在最右边的两个格子画出你感觉非常安全平静的两个画面。想到什么就画什么，想用什么颜色就用什么颜色，可以写实，可以抽象，一切都随你自己而定，可以加简单的注解；(时间为 10 分钟)

③画完之后，和身边的一位成员相互分享(每人分享 5 分钟，共 10 分钟)：

A. 你画的是什么？表达的状态是什么样子的？

B. 左边画面带给你最强烈的感受是什么？右边画面带给你最强烈的感受是什么？并写到中间的"关键词"位置(焦虑、忧郁、迷茫、幸福、平静、安全、欣喜等)

领导者过渡语： 刚刚我们通过画图直观地看了看我们现在的压力状态，下面我们通过一个活动来看看是什么导致了我们现在的状态。

2. 寻找"烫手山芋"

（1）活动目的：

①让成员了解给自己带来压力的因素有哪些；

②让成员意识到不仅自己一个人有这样的困扰，把困扰普遍化；

③让有相同困扰的成员相互倾诉，相互交流，相互支持。

（2）活动时间：约 20 分钟。

（3）活动用具：白纸、中性笔。

（4）活动流程：

①同学们集思广益，觉得哪些大类的问题可能会成为压力源，即"烫手山芋"，如学习、人际关系、生涯规划、婚恋问题等；

②通过同学们的讨论，列出 5 项大家公认的"烫手山芋"(5 分钟)；

③给每位同学发一张纸，每个同学把公选出的 5 项"烫手山芋"列在纸上，同时根据自己的情况，给这 5 项"烫手山芋"排序，最困扰因素排"1"，最不困扰因素排"5"。(时间为 3 分钟)

④请最困扰因素(排序为 "1")相同的同学坐到一起，成为一个小组。

⑤小组内相互分享，在这个大类"烫手山芋"里面，是什么困扰自己。例如"学习"困扰组，小组成员分享，学习的什么方面困扰自己。每组选一个同学记录，一个同学总结发言，发言中可举例子。(6分钟)

⑥各组代表总结发言，每组发言时间2分钟。(共6分钟)

领导者过渡语：在刚刚寻找"烫手山芋"时，我们发现不同人的"烫手山芋"都不太一样，每个人都会有自己的短板、烦恼，但也会有自己的长处与闪光点。下面我们通过一个活动来分享自己的"成就"。同时通过别人"成就"的启发，也可以更好地"找自己"。

3. 互补加油站

(1)活动目的：

①帮助成员从自己的亲身经历中找到自己具有的优势资源；

②探讨今后如何把自己身上的优势资源运用到实际问题解决中；

③在大家的优势资源分享中，成员可以相互学习，经验互惠。

(2)活动时间：约20分钟。

(3)活动流程：

①每个人回想一件读大学以来感受到压力的事情，这件事情是你经过自己的努力，克服了一些困难，最终做成了的事情。(时间为2分钟)

②通过1、2报数将组内成员组队，一人讲述压力事件，一人为反馈方。

③相互分享讨论(每人5分钟)：

A. 这是一件什么事情？

B. 这件事情为什么会带给你压力？

C. 为这件事情你做了哪些努力？

D. 做成之后是什么样的感觉，有什么样的体会、感悟？

E. 在做这件事情的过程中，你觉得自己最棒的地方是什么？这对于你的现在和未来有什么帮助？

④相互反馈(每人3分钟)：

A. 你在听了对方的分享之后，有什么样的感受和想法可以反馈给对方？

B. 你从对方的事例中觉得有什么可以学到和吸取的经验？

⑤大组分享(10分钟)：

每个小组选一位反馈方作为代表发言，谈对方的事例以及自己的感受。

4. 放松礼包大派送

(1)活动目的：

①教给成员一些实用的放松方法；

②帮助成员从自己的亲身经历中找到生活中的积极资源；

③引导大家将积极资源引发的积极情感用于替代压力重重的感觉，获得内心的平静和应对压力的内在力量。

(2)活动时间：约 30 分钟。

(3)活动用具：眼罩、轻音乐。

(4)活动流程：

①腹式深呼吸法：

A.介绍胸部呼吸以及其局限性。

我们大多数人都采用胸式呼吸，即吸气时胸廓前后、左右径增大。由于呼吸时，空气直接进入肺部，胸腔会因此而扩大，腹部保持平坦。胸部呼吸只是肋骨上下运动及胸部微扩张，许多肺底部的肺泡没有经过彻底的扩张与收缩，得不到很好的锻炼。这样氧气就不能充分地被输送到身体的各个部位，时间长了，我们身体的各个器官就会有不同程度的缺氧状况，很多慢性疾病就因此而产生。

在长时间高负荷的紧张工作环境下，机体的耗氧量很大，但是我们的呼吸通常是浅短、急促的，每次的换气量非常小，往往在吸入的新鲜空气尚未深入肺叶下端时，便匆匆地呼气了，这样等于没有吸收到新鲜空气中的有益成分。所以造成在正常的呼吸频率下，依然通气不足，体内的二氧化碳累积；经常出现头晕、乏力、嗜睡等工作综合征，甚至还会出现紧张、失眠、焦虑、抑郁等症状。

B.介绍腹式呼吸。

腹式呼吸以膈肌运动为主，吸气时胸廓的上、下径增大。能够增加膈肌的活动范围，而膈肌的运动直接影响肺的通气量。膈肌每下降一厘米，肺通气量可增加 250 至 300 毫升。坚持腹式呼吸半年，可使膈肌活动范围增加四厘米。

C.腹部呼吸训练。

a.首先观察自然呼吸一段时间。

b.然后右手放在腹部肚脐，左手放在胸部。吸气时，最大限度地向外扩张腹部，胸部保持不动。呼气时，最大限度地向内收缩腹部，胸部保持不动。

c.循环往复，保持每一次呼吸的节奏一致，细心体会腹部的一起一落。

d.经过一段时间的练习之后，就可以将手拿开，只是用意识关注呼吸过程即可。

D.腹部呼吸注意事项。

a.呼吸要深长而缓慢。

b.用鼻呼吸而不用口。

c.一呼一吸掌握在 15 秒钟左右。即深吸气(鼓起肚子)3~5 秒，屏息 1 秒，然后慢呼气(回缩肚子)3~5秒,屏息1秒。

d.每次5~15分钟。做30分钟最好。

e.身体好的人,屏息时间可延长,呼吸节奏尽量放慢加深。身体差的人,可以不屏息,但气要吸足。每天练习1~2次,坐式、卧式、走式、跑式皆可,练到微热微汗即可。腹部尽量做到鼓起缩回50~100次。

f.呼吸过程中如有口津溢出,可徐徐下咽。

②渐进式肌肉放松法(具体指导语见附录1)。

A.准备动作。

要求成员先自行紧张身体的某一部位,如用力握紧手掌10秒钟,使之有紧张感,然后放松约5~10秒,经过紧张和放松多次交互练习,成员在需要时便能随心所欲地充分放松自己的身体。施行紧张松弛训练的身体部位是手、手臂、脸部、颈部、躯干以及腿部等肌肉。

B.正式训练。

让成员舒适地坐在椅子上,并让成员拿掉眼镜、手表、腰带、领带等容易妨碍身体充分放松的物品。依次进行肩部、背部,颈部、胸部,腿部、臀部,面部的放松。

③冥想放松法。

A.冥想介绍。

冥想(meditation)是一种改变意识的形式,它通过获得深度的宁静状态而增强自我意识和良好状态。在冥想期间,人们集中在自己的呼吸上并调节呼吸,采取某些放松的身体姿势(瑜伽姿势),使外部刺激减至最小,产生特定的心理想象,或什么都不想。

B.具体步骤。

a.让成员舒适地坐在椅子上,并让成员拿掉眼镜、手表、腰带、领带等容易妨碍身体充分放松的物品。

b.为成员进行冥想放松。选择合适的背景音乐,可用指导语录音,也可领导者自己朗读指导语。

c.结束后,教导成员进行冥想放松的技巧。

④关键词放松法。

A.引导成员做两到三个深呼吸;

B.请回想一个画面,让你有安全感,或者是你喜欢的,能让你平静或觉得幸福的画面;

C.当你想到这个画面时,请注意你这时的感受,注意你身体涌上来的感觉——你的胸脯、肚子、肩膀或脸庞。注意是不是感觉很棒,是否有积极感受,然后睁开眼睛；

D.请确定一个可以恰当描述这种情感的词，如"平和"或"树林"等，一个关于你这个经历的标签；

E.再次闭上眼睛，然后回想这一景象，注意那些愉快的感受，然后在心理说出那个词；

F.重复一次以上步骤；

G.领导者可告知成员，这个练习每天连续做5次，每次大概1分钟。当有压力袭来时，便可以自发地用这个技术来缓解压力，获得内心的平静和应对压力的力量。

⑤音乐想象放松法(具体指导语见附录2)。

A.放上一段舒缓的音乐，闭上眼睛，想象自己躺在舒适的草地上；

B.想象着有微风，有阳光，有花草香，有鸟鸣；

C.进入这个情景后，想象阳光投到上身，到四肢，到手指、脚趾，依次温暖地照耀着，带动着血液的循环，全身暖洋洋的，沉浸在这个画面中；

D.伴随着深呼吸慢慢醒来。

⑥日常使用放松法。

A.倾诉法。

指导语：你有没有发现，有时当你遇到困难、挫折，心理压力很大时，和好朋友说一说，可能问题还在，但是感觉心情好多了。你如果再感到难过，可以找室友、好朋友吐吐槽。

B.运动法。

指导语：运动能让人产生一种物质叫多巴胺，这种物质是人的快乐感受产生的生理基础，所以当你感觉压力很大时，可以跑跑步，有句话叫说得好，"当你心情不好时，就去跑步吧，当泪水变成汗水流出了，你就舒服多了"。

C.注意力转移法。

指导语：在你压力很大时，不要逼迫自己去做事，这段时间你可以找一些自己非常感兴趣的事情做，让自己沉浸在其中，将压力暂时抛到脑后，心情也会好很多。

(三)结束阶段(20分钟)

1. 许愿树(10分钟)

(1)活动目的：

①让成员留下美好回忆、期许未来；

②探讨今后如何把自己身上的优势资源运用到实际问题解决中；

（2）活动时间：约 10 分钟。

（3）活动用具：彩色便利贴、许愿树大海报。

（4）活动流程：

①每人发一张彩色便利贴，请大家把自己对于自己的大学生活想说的话写下来；（3 分钟）

②每个成员组内轮流分享自己写的话，并将便利贴粘贴到许愿树上。（7 分钟）

2. 领导者总结（5 分钟）

（1）对每个活动进行总结，重点总结成员比较好的一些分享和感受；

（2）把活动过程和目的串联起来，点明团体心理辅导目标；

（3）鼓励成员将团体心理辅导的体验迁移到日常生活中。

3. 拍照留念（5 分钟）

在许愿树前集体合影留念。

课·堂·互·动

请根据你的班级的实际情况设计一个发展性团体心理辅导方案。

附　录

附录一
渐进式肌肉放松法操作指导语

1.以您觉得舒适的方式坐下，闭上眼睛。让我们来做两个深而长的呼吸。当我说吸气时，请您尽自己最大的努力深深地吸入一口空气，并保持住，当我说呼气的时候，请您缓缓地吐出这口气。

吸气，请您好好地感受一下气流正缓缓地通过您的鼻腔进入您的气管慢慢地到达您的肺部，进入到您每一个肺泡，请保持一会。（停5秒）

2.好的，呼气。缓缓地将空气呼出，感受这口气从您的肺部缓缓地运输到空气中，和空气浑然一体，同时您感受到一股暖流正慢慢地从您的心脏向四处延伸，向上到达了您的头部，延伸到您的双臂，到达每一个手指，向下经过您的大腿，到小腿、双脚，最后到达您每一根脚趾头，您的整个身体都被这股暖流包围着。（停5秒）很好，我们再来一次，吸气，保持一会。（停5秒）

3.呼气。请慢慢地把气呼出来，慢慢地把气呼出来，慢慢地全身感受到暖流。（停5秒）

4.刚刚做得很好，下面我将使您全身肌肉逐渐放松。为了做到这一点，我将让您先紧张并伴随着像刚刚一样深深的吸气，保持一会，然后伴随着缓缓的呼气放松紧绷的肌肉。从紧张到放松的意义在于使您体验到放松的感觉，从而学会如何保持松弛的感觉。

5.下面我们将会从头部开始，依次到颈部、肩部、背部、胸部、腹部、上肢、下肢，直到双脚，依次对各组肌群进行先紧后松的练习，最后达到全身放松的目的，整个过程大约需要半小时的时间，如果您准备好了，请点头向我示意。

6. 好的，现在我们开始头部肌肉的放松。

请您把所有的注意力都集中到您额头部的肌肉。（停2秒）

请您皱紧额头的肌肉，使额头尽可能地产生足够多的皱纹，在此过程中，深深地吸气。很好，保持一会儿，感受这种肌肉紧绷的感觉。（停5秒）

现在将额头的肌肉慢慢地舒缓放松，同时缓缓地呼气，好好感受这种放松的感觉。（停5秒）

7. 现在请您把所有的注意力集中到您的眼部。（停2秒）

请您把闭上的双眼用力地紧闭，闭得再紧一些，同时深深地吸气。好的，请保持一会儿(停5秒)

好，现在把紧闭的双眼肌肉慢慢地放松，同时缓缓地呼气。（停5秒）

8. 现在请您把所有的注意力集中到您的嘴部。（停2秒）

请您紧紧地咬紧您的牙齿，用力地咬紧，同时深深地吸气。很好，保持一会儿。感受牙齿紧绷的感觉。（停5秒）

现在，请您慢慢地把咬紧的牙齿放松，同时缓缓地呼气。感受气流是如何流淌的，如何进入空气中的。（停5秒）

9. 现在请您把所有的注意力集中到您舌头的部分。（停2秒）

请您用舌头使劲地顶住上腭，同时深深地吸气，这样保持一会儿。（停5秒）

好，现在请您慢慢地把上顶的舌头放松，同时缓缓地呼气。好好感受舌头放松的感觉。（停5秒）

10. 现在请您把所有的注意力集中到您下巴的部分。（停2秒）

请您收紧下巴，用颈向内收紧，再紧一些，同时深深地吸气。好的，保持一会儿。（停5秒）

很好，现在请您慢慢地把下巴放松，放松到您舒服的状态，同时缓缓地呼气。（停5秒）

11. 现在请您把所有的注意力集中到您的颈部。（停2秒）

请用力将头向后压，用力，同时深深地吸气。好的，请保持一会儿。（停5秒）

好的，请慢慢地把颈部放松，回到舒适的位置，同时缓缓地呼气。感受这种舒适放松的感觉。（停5秒）

12. 现在请您把所有的注意力集中到您的肩部。（停2秒）

请您用尽全力向前收紧您的双肩，请再紧一些，同时深深地吸入一口气。好的，保持一会儿。（停5秒）

现在请您缓缓地把双肩放松，放松到您觉得舒服的状态，同时缓缓地呼气，感受这种放松的感觉。（停5秒）

13. 现在请您把所有的注意力集中到您的胸部。（停2秒）

请您收紧双肩向后，把胸尽量向前扩，同时深深地吸气。很好，保持一会儿。（停5秒）

现在请您慢慢地把胸部放松，放松到您舒服的状态，同时缓缓地呼气，感受这种有紧到松的感觉。（停5秒）

14.现在请您把所有的注意力集中到您的背部。（停2秒）

请您尽量将您的背紧紧地靠在沙发上，靠得再紧一些，同时深吸一口气。很好，请保持一会儿。（停5秒）

现在请您慢慢地把紧靠的背部放松，离开紧靠的沙发，以一种您感到最为放松、舒服的状态坐下。同时缓缓地呼气，感受气流是如何从您的肺部通过气管经由鼻腔汇入空气中的。（停5秒）

15.现在请您把所有的注意力集中到您的腹部。（停2秒）

请您尽可能地收腹，尽力地收腹，同时深深地吸气。好的，保持一会儿。（停5秒）

现在请您慢慢地把紧收的腹部放松，放松到您舒服的状态，同时缓缓地呼气，感受这种肌肉放松的感觉。（停5秒）

16.现在请您把所有的注意力集中到您的前臂。（停2秒）

请伸出您的前臂，用力握紧拳头，用力握紧，体验您拳头握紧的感觉，同时深深地吸气，保持一会儿。（停10秒）

好，现在请放松，缓缓地放松您紧握的拳头，放松您的双手，同时慢慢地呼气，体验放松后的感觉。（停5秒）

17.现在请您把所有的注意力集中到您的双臂。（停2秒）

现在请您向里弯曲您的双臂，用力绷紧双臂的肌肉，体验双臂肌肉紧张的感觉，同时深深地吸气。很好，请保持一会儿。（停5秒）

好，现在请您放松您弯曲的双臂，使其自然下落，回到您觉得舒服的状态，彻底放松您的双臂，同时缓缓地呼气，体验这种放松后的感觉。（停5秒）

18.现在请您把所有的注意力集中到您的大腿。（停2秒）

请您用脚跟向前向下紧压，绷紧大腿肌肉，再紧一些，同时深吸一口气。好的，请保持一会儿。（停5秒）

现在请您放松您的大腿，缓缓地回到您觉得舒服的状态，彻底放松您的大腿，同时缓缓地呼气，体验这种由紧到松的感觉。（停5秒）

19.现在请您把所有的注意力集中到您的小腿。（停2秒）

请您将脚尖用劲向上翘，脚跟向下向后紧压，绷紧小腿部肌肉，同时深吸一口气，保持一会儿。（停5秒）

现在请您放松您的小腿，缓缓地回到您觉得舒服的状态，彻底放松您的小

腿，同时缓缓地呼气，体验这种彻底放松的感觉。（停5秒）

20.现在请您把所有的注意力集中到您的双脚。（停2秒）

好，让你双脚的肌肉紧张起来，让双脚紧紧地贴在地面上，同时脚趾用力向后抓紧，用力绷紧您的双脚，同时深深地吸气，请保持一会儿。（停5秒）

现在请您放松您的双脚，缓缓地放松紧握的脚趾，回到你觉得舒服的状态，彻底放松您的双脚，同时缓缓地呼气，体验这种彻底放松的感觉。（停5秒）

现在我们已经完成了整套的肌肉放松训练，您可以继续闭上双眼，保持这种舒适、放松的状态，细细地感受这种全身肌肉都放松了的感觉，体会这种彻底放松的状态。（停10秒）

21.现在我会慢慢地数1、2、3，当我数到3时，请您缓缓地将双眼张开，在您张开双眼的同时也意味着你的肌肉是彻底放松的，舒适的。1……2……3……

来，睁开眼睛。

附录二
音乐想象放松法操作指导语

初夏时节，一片鸟语花香的景象，一束温暖的阳光暖暖地照在你的头顶，你觉得头部放松了特别地安逸舒服，这股暖流从整个头部慢慢地流向你的额头，你紧锁的眉头舒展开了。（请你仔细体会一下眉头舒展之后的放松的感觉，你觉得好舒服好轻松）

扫一扫，
听指导语音频

你觉得额头凉丝丝的，脸上的每一块肌肉都特别放松，你觉得舒服极了。你的颈部放松了，你的颈椎放松了，你的双肩放松了，你的手臂也放松了，一股暖流顺着你的手臂流向你的手心、流向你的手指尖，所有的疲惫、烦恼都从你的手指尖流走了。当这种烦恼和疲惫都消失了的时候，你有一种无拘无束的感觉，你的感觉真的好极了。

你的胸部放松了，你的躯干放松了，尤其是你的颈部、颈椎、双肩、腰部都非常地放松，你体验到一种从未有过的放松感觉。你的髋关节放松了，你的臀部放松了，你身上所有的肌肉都非常非常地放松，请你慢慢地体验，好舒服好轻松！

现在你觉得浑身放松，心情舒畅，就像躺在蓝天白云下绿色如茵的草原一样，暖风徐徐吹过你的整个身躯，还有一丝淡淡的青草的香味，你闭上眼睛，深深地陶醉在这片生机盎然的美丽风景，你觉得心胸特别地宽广，心情特别地愉快，全身的肌肉非常地放松。好，现在请你慢慢体验一下这种放松后愉悦的感觉。

现在你觉得浑身特别特别地放松，心情特别特别地愉快，你觉得舒服极了！现在我们随着音乐好好地享受这份轻松、宁静与愉悦……

好，请你慢慢地睁开眼睛，你觉得头脑清醒，思维敏捷，浑身都充满了力量。

参考文献

［1］Mamarchev H L. Peer Counseling. Searchlight Plus：Relevant Resources in High Interest Areas［M］. Ann Arbor. Ml：ERIC Clearinghouse on Counseling and Personnel Services，1981：5.

［2］符双. 高校大学生朋辈心理辅导队伍建设研究［J］. 高教学刊，2016（15）：191-192.

［3］刘燕. 高校朋辈心理辅导员培训的实践探索［J］. 镇江高专学报，2011，24（1）：69-72.

［4］施鸿，吴炎苗. 朋辈互助对大学生的影响因素及建设策略［J］. 教育教学论坛，2010（35）：24-26.

［5］成静. 大学生朋辈心理辅导的理论与实践研究［D］. 南京：南京林业大学，2012.

［6］熊强，徐学俊. 大学生心理委员胜任力模型建构［D］. 武汉：湖北大学，2010.

［7］张元洪. 高校开展大学生朋辈心理辅导工作的理论与实践探讨［J］. 思想政治教育研究，2015，31（6）：121-123.

［8］刘宣文. 心理辅导活动课的设计与评价［J］. 教育研究，2002（5）：58-64.

［9］钱铭怡：心理咨询与心理治疗［M］. 北京：北京大学出版社，1994：227.

［10］叶浩生. 心理学理论精粹［M］. 福州：福建教育出版社，2000：323-325.

［11］成静. 大学生朋辈心理辅导的理论与实践研究［M］. 南京林业大学出版社，2012：14-26.

［12］闻羽，桑志芹. 朋辈心理咨询：高校心理健康教育的新发展［J］. 江苏高教，2009（5）：151.

［13］贾红英. 环境控制与行为养成——行为主义心理学在大来访者行为教育中的应用［J］. 北京化工大学学报（社会科学版），2003（4）：51-54.

［14］曹新美，刘翔平. 学校心理健康教育模式的反思与积极心理学取向［J］. 教师教育研究，2006（03）：65-69.

［15］贺庆莉. 萨提亚家庭治疗模式的个案研究及其在中国本土化发展的价值探讨［D］. 西安：陕西师范大学，2010.

［16］王玲. 焦点解决短期心理咨询法的评介［J］. 中国心理卫生杂志，2002（10）：675-676.

［17］魏源. 解构并重述生命的故事——叙事疗法述评［J］. 台州学院学报，2004（4）：78-82.

［18］颜农秋. 朋辈心理辅导理论与技巧［M］. 广州：中山大学出版社，2007.

[19]詹启生. 心理委员工作手册[M]. 哈尔滨：哈尔滨工业大学出版社，2008.

[20]马建青，王晓刚. 高校班级心理委员培训教程[M]. 杭州：杭州出版社，2010.

[21]北京高校学生心理素质教育工作研究中心. 学生心理委员读本[M]. 北京：经济管理出版社，2009.

[22]弗洛伊德. 梦的解析[M]. 陈天群，译.南昌：江西人民出版社，2017.

[23]弗洛伊德. 精神分析引论[M]. 徐胤，译.杭州：浙江文艺出版社，2016.

[24]弗洛伊德. 性学三论[M]. 徐胤，译.杭州：浙江文艺出版社，2015.

[25]Nancy McWilliams. 精神分析案例解析[M]. 钟慧，译.北京：中国轻工业出版社，2015.

[26]Jill S. Scharff, David E. Scharff. 客体关系入门[M]. 邬晓艳，余萍，译.北京：世界图书出版社，2009.

[27]华生. 行为主义[M]. 李维，译.北京：北京大学出版社，2012.

[28]王伟. 人格心理学[M]. 北京：人民卫生出版社，2011.

[29]崔丽娟. 心理学是什么[M]. 北京：北京大学出版社，2002.

[30]何华. 认知心理学理论和研究[M]. 上海：上海交通大学出版社，2017.

[31]王甦，汪安圣. 认知心理学[M]. 北京：北京大学出版社，1992.

[32]彭聃龄. 普通心理学[M]. 北京：北京师范大学出版社，2019.

[33]R. J. Sternberg. 认知心理学[M]. 杨炳钧，陈燕，邹枝玲，译.北京：中国轻工业出版社，2006 年.

[34]乐国安. 对现代认知心理学的理论思考[J]. 天津师大学报(社会科学版)，1989(03)：28−34.

[35]黄希庭. 心理学导论[M]. 北京：人民教育出版社，2015.

[36]David Hothersall. 心理学史[M]. 郭本禹，译.北京：人民邮电出版社，2011.

[37]Marjorie Taggart White. 自体心理学的理论与实践[M]. 吉莉，译.北京：中国轻工业出版社，2013

[38]叶奕乾. 现代人格心理学[M].2 版. 上海：上海教育出版社，2011.

[39]沈渔邨. 精神病学[M]. 北京：人民卫生出版社，2005.

[40]马建青. 大学生心理危机干预的理论与实务[M]. 杭州：杭州出版社，2011.

[41]Rita Sommers-Flanagan, John Sommers-Flanagan. 心理咨询面谈技术[M]. 陈祉妍，译.北京：中国轻工业出版社，2001.

[42]D. L. 卡巴尼斯. 心理动力学个案概念化[M]. 孙铃，译.北京：中国轻工业出版社，2015.

[43]亚瑟·乔拉米卡利. 共情的力量[M]. 王春光，译.北京：中国致公出版社，2019.

[44]Alf Gerlach. 精神分析性心理治疗[M]. 仇剑崟，徐勇，译.北京：人民卫生出版社，2018.

[45]Lieberman M D. Social cognitive neuroscience：A review of core processes[J]. Annual Review of Psychology, 2007, 58：259−289.

[46]岳晓东. 登天的感觉[M]. 上海：上海人民出版社，2004.

［47］M.斯科特·派克. 少有人走的路［M］. 于海生，译.吉林：吉林文史出版社，2007.

［48］诺斯拉特·佩塞施基安. 积极心理治疗——一种新方法的理论和实践［M］. 白锡堃，译.北京：社会科学文献出版社，2004.

［49］长谷川洋三. 行动转变性格——森田式精神健康法［M］. 李治中，译.北京：人民卫生出版社，1992.

［50］汤宜朗，许又新. 心理咨询概论［M］. 贵阳：贵州教育出版，1999.

［51］徐俊冕，季建林. 认知心理治疗［M］. 贵阳：贵州教育出版，1999.